Servizo de Publicacións

Universida_{de}Vigo

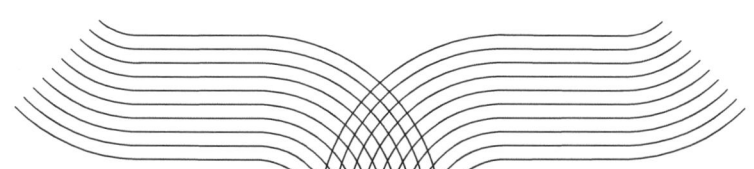

Monografías

Serie humanidades e
ciencias xurídico-sociais

n.º 127

Edición
Universidade de Vigo
Servizo de Publicacións
Rúa de Leonardo da Vinci, s/n
36310 Vigo

Deseño gráfico
Tania Sueiro Graña
Área de Imaxe
Vicerreitoría de Comunicación e Relacións Institucionais

Imaxe da portada
Adobe Stock

Maquetación e impresión
Tórculo Comunicación Gráfica, S. A.

ISBN
978-84-8158-986-3

Depósito legal
VG 38-2024

Servizo de Publicacións
Universidade**Vigo**

Nápoles en la literatura española de los siglos XVI y XVII

Textos literarios, ambiente cultural e intercambios intelectuales en el virreinato partenopeo

Autor

Manuel Ángel Candelas Colodrón

Nápoles (...) antes se llamó *Parthénope*, por una de las tres serenas que así se llamaba, cuyo cuerpo allí se halló. Y fundaron aquella ciudad los calcídicos, que son los de Negroponte. Y siendo la ciudad asolada por los cumanos, vino sobre ellos gran peste. Y, por consejo del oráculo de Apolo, la tornaron a edificar muy mejor y a diferencia de la vieja la llamaron *Neápolis*, que significa nueva ciudad.

Francisco Sánchez de las Brozas, el Brocense.

Nápoles, antiguamente ilustre con el túmulo de Virgilio, hoy con las cenizas de Pontano. Escribe Luca Contil en el libro I de sus *Epístolas* que Nápoles está puesta en un llano que pende dulcemente; encima le hace espaldas el monte de san Martín, que la defiende de los soplos del cierzo, vestido de fructíferos jardines y bellísimos edificios, aunque es yerto y antes montaña que collado. La ciudad es nobilísima, como dice Juan Bautista Giraldi Cintio en sus *Hecatomitos o Cien fábulas*, y llena de muchos caballeros y gente rica y famosa por la excelencia de los estudios de las letras y por la manificiencia de los hechos de caballería. (...) Fue domicilio de hombres ociosos, que muchos por huir de negocios se iban de Roma a ella y otros a Zaragoza de Sicilia. Así dice Horacio en el épodo *ode* 5: "*et ociosa credidit Neapolis*". Y Ovidio en el 15: "*et in ocia natam Parthenopem*".

Fernando de Herrera

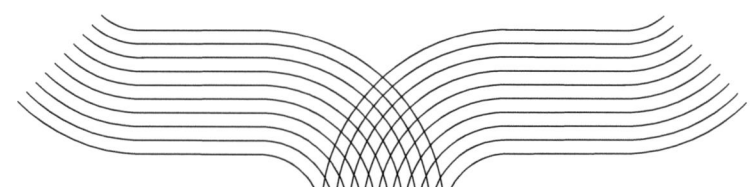

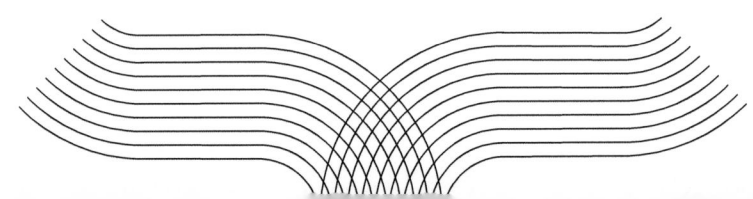

Preámbulo

La ciudad de Nápoles, durante los siglos XVI y XVII, constituye un espacio fundamental en el desarrollo de la cultura y de la literatura en lengua española. Desde la llegada de los aragoneses, con Alfonso V el Magnánimo, la ciudad partenopea supuso el principal enlace entre las dos penínsulas. A partir del año 1504 en que es conquistada por Gonzalo Fernández de Córdoba a los franceses, Nápoles se convierte en un enclave político de primer orden, hasta el punto de que, visto con perspectiva, se conforma como un espacio ejemplar para la interpretación y representación culturales de la dinastía de los Austrias.

Nápoles, pues, es el objeto fundamental de este libro. Largos periodos de tiempo entre sus calles despertaron mi interés por las variadas capas de uno de los palimpsestos urbanos más visibles de Europa y animaron la idea de escribir sobre la ciudad partenopea como espacio físico y como concepto o construcción mental a partir de los textos literarios en sentido amplio, escritos en lengua española relativos a un periodo determinado de su historia, el que coincide, desde un punto de vista historiográfico, con el modelo político del virreinato. El periodo histórico comienza con la toma de posesión de los Austrias de lo que fue durante el siglo XV dominación aragonesa y concluye a comienzos del siglo XVIII, con el final de la crisis y de la guerra, a nivel europeo, por la Sucesión española y la instauración del Reino de Nápoles bajo la dinastía borbónica. Durante estos dos siglos, la dominación se produce bajo el régimen político del *viceregno*, una fórmula de gobernanza de uso en otros lugares del imperio habsbúrguico, pero que en Nápoles, una urbe de cien mil habitantes que crece hasta los trescientos mil en estas dos centurias, adquiere un desarrollo singular y bien diferenciado.

Me limitaré a la ciudad de Nápoles, a pesar de que el poder emanado de tal virreinato afectaba a todo el sur de la península itálica. La paulatina constitución de la capital como centro de poder explica su desarrollo demográfico y económico, con evidentes signos de ampliación urbanística, creación de ambiciosas infraestructuras, organización de las tareas mercantiles, estructuración de las labores administrativas y, en fin, la construcción de una *polis* en la que se pueden trazar, como si se tratara de un microcosmos, las principales innovaciones sociales de los siglos XVI y XVII.

12   Doscientos años de su historia es un periodo demasiado amplio para abarcarlo como un único bloque. He procurado establecer, con el auxilio de la historiografía más reciente, varios Nápoles, en torno a lapsos históricos más definidos o a ambientes ideológicos o cortesanos que permitan un estudio autónomo, por supuesto, engarzado y vinculado siempre a la vertebración cultural de la urbe partenopea. Suelen estar relacionados con un determinado dominio virreinal, dada la impronta y el control cultural ejercidos por ese mecanismo de poder, y con la presencia de un autor español de relieve en ese ambiente. Con esa premisa distingo una parte introductoria, de consideraciones generales, y un núcleo principal dividido en cuatro capítulos: 1) la primera mitad del siglo XVI, bajo la corte de Pedro de Toledo; 2) los primeros años del siglo XVII, con el conde de Lemos como principal, pero no único eje, 3) el virreinato del duque de Osuna y la sucesiva crisis de los años 40 y 4) el periodo que va desde la revuelta de Masaniello (1647) a la llegada de los Borbones.

Los textos y los autores elegidos para su (re)lectura e interpretación son necesariamente heterogéneos, colocados en distintas posiciones del canon, más o menos centrales o más o menos periféricas, y, en ocasiones, en los límites discutibles de su propio estatuto literario. La selección comprende algo más que los textos canónicos de la invención y de la ficción conocidas y se abre a otros discursos, de orden argumentativo, con poco artificio ficcional, y, ya puestos, a textos con escasa voluntad estética o poética, pero que permiten conocer mejor la mentalidad de una época o los acontecimientos en su dimensión escrita.

La *questione napoletana* se plantea, así, de forma compleja, a varios niveles y en distintos planos. No solo es una marca geográfica o topográfica si se admite el matiz de la representación, sino también una construcción política, jurídica o social a través de los textos. Es también una Nápoles que funciona como puro escenario y, en no pocas ocasiones, como espacio simbólico: un lugar donde se producen los libros y donde se leen o comprenden de particular modo ciertos discursos o ciertas innovaciones poéticas, una Nápoles inventada en mayor o menor grado por la nostalgia o la lejanía, y, al tiempo, una Nápoles que la erudición reduce a tópico interesado pero eficaz. Comprender, al mismo tiempo, todas esas Nápoles, a través de los textos escritos en español en los siglos XVI y XVII, es la razón última de este libro.

Introducción

Con la cautela del preámbulo, el libro debe comenzar con una *descriptio urbis*. O más bien con la descripción de una urbe en perpetuo movimiento, en evolución y expansión continuada. La cartografía de Nápoles para esos años es abundante, desde la famosa Tavola Strozzi hasta los primeros planos de la ciudad que registran los planes urbanísticos que, desde el virreinato de Pedro de Toledo, procuran delimitar la ciudad con murallas, jalonadas con varias puertas que hoy en día aún persisten. Se hace necesario el concurso de un libro como *La città di Napoli* de Pane-Valerio (1988), para explicar que, desde el año 1566 y gracias al grabado de Antonio Lafréry (estampador) y Étienne Du Pérac (dibujante), la ciudad cuenta con una representación más o menos precisa, correspondiente a lo que los autores del catálogo llaman "prima iniziativa di controllo urbanistico posta in atto dal governo virreinale". La importancia de este mapa, que constituye la referencia indiscutible durante al menos dos siglos en la cartografía partenopea, reside en la voluntad del propio poder político de señalar los límites de crecimiento de la ciudad como complemento a la consolidación de la soberanía. El mapa nace al lado de la propia ciudad y crece con la misma ciudad, como muestran los sucesivos grabados que van apareciendo durante estos siglos. Hay que esperar a la extraordinaria *Mappa topografica della città di Napoli e de' suoi contorni* promovida por Giovanni Carafa, duque de Noja, y dedicada en sus comienzos a Carlos III (Carlos I de Nápoles) y a Fernando IV, rey de las dos Sicilias, a su término en 1775, realizada a expensas públicas, para ver renovada la cartografía que instituyó para el virreinato la obra de Lafréry-Du Pérac.

La presencia en las representaciones de los tres grandes castillos -el viejo de sant'Elmo en la cima de la montaña; el llamado Castel Nuovo, hoy conocido como Maschio Angioino; y el Castel dell'Ovo, en la isla debajo mismo del promontorio de Echia- permiten identificar una urbe rodeada por murallas, a las orillas del mar, con un puerto atestado de barcas, supuestamente preparadas para las batallas y para las transacciones comerciales. El recurso a los planos conduce a la marca topográfica de los espacios del poder (virrey, órganos consiliares, cortes municipales, sedes judiciales), de la actividad cultural (academias, salones para la fiesta, aulas para el encuentro amistoso, villas con sus jardines para el recreo ocioso e intelectual), de la actividad festiva o de celebración (calles largas y rectas como la via Toledo o la via dei Tribunali o plazas como la del Gesù o la de santo Domingo, vinculadas a las principales órdenes; o la del Carmen o del mercado, destinadas finalmente a los actos de castigo o a las representaciones religiosas), de las iglesias que acogen confraternidades dedicadas a la misericordia o al cuidado de enfermos o de desamparados (Incurabili), de las tabernas o bajos fondos de la Nápoles que la literatura española sacará como recurso repetido en sus narraciones más vulgares, como la célebre posada del Cerriglio, que tanto a Cervantes como a Caravaggio pareció importarles mucho, o de los emplazamientos militares como los famosos cuarteles, Quartieri Spagnoli, que Pedro de Toledo mandó construir en la ladera de la montaña con una novedosa y moderna disposición en cuadrículas.

A esta cartografía social conviene añadir la toponimia de sus barrios, numerosos y reducidos a seis asientos (seggi) en la representación política de la ciudad, reunida en la iglesia de san Lorenzo, en el mismo eje del cardus y los decumani de la vieja ciudad romana. La conformación de la ciudad como el desarrollo de la antigua Neapolis (ese oxímoron) permite comprender el espacio en el que se mueven sus habitantes, en una densidad desconocida en la Europa de entonces. No debe olvidarse, por ejemplo, la altura de sus edificios y la disposición arquitectónica de sus palazzi, conformada en torno a un patio, que da acceso a distintos niveles, correspondientes a los distintos órdenes sociales. No conviene olvidar el sesgo interclasista que puede suponer una forma de vivienda semejante en el que las categorías económicas no funcionan por espacios delimitados sino que conviven muy fácilmente en espacios más reducidos.

La indicación de estos elementos debe conducir a la descripción de la vida política de Nápoles en lo que se refiere a la organización del territorio. La mención de Nápoles en las historias de la literatura como el lugar de estancia de autores españoles o como espacio narrativo de la ficción o como escenario de la dramatización apenas permite conocer algo más de su estructura política. Puede que ocurra algo parecido con la sede central de la administración austríaca en Madrid, pero hay algo del conocimiento histórico de años de historia centrada en la península que permite al menos entender ciertas cuestiones. En el caso de Nápoles carecemos de ese conocimiento. Ni siquiera del funcionamiento del entramado político o jurídico de la ciudad napolitana.

Conviene recordar el carácter de capital de un territorio que ocupa todo el sur de Italia, dividido en varias provincias, que fueron redistribuidas a lo largo del tiempo. El territorio incluía el control de todos los cabos de su costa y además los presidios de Piombino, en Toscana, o de Porto Ercole. Estos pequeños detalles permiten explicar ciertas referencias literarias, pero, sobre todo, calibrar el área de influencia social de una ciudad asomada a un golfo del Mediterráneo, bajo la sombra y la historia amenazante del Vesubio. La isla de Sicilia y la isla de Cerdeña, aunque no estuvieron bajo su control directo, participaron de una forma u otra en el impacto y las consecuencias de las decisiones adoptadas en la ciudad de Nápoles, que se hacen más visibles en el terreno cultural o en la difusión de libros o de textos manuscritos.

La sociedad napolitana, que luego quedará más o menos expresada en las instituciones, aparece escindida entre la clase nobiliaria urbana, las familias procedentes de feudos rurales del *Regno*, la elite burocrática de la nobleza hidalga española que ocupa puestos de responsabilidad política, los menestrales y artesanos que, organizados en potentes gremios, ejercen un notable poder en sede parlamentaria, una burguesía que comercia con todo el Mediterráneo con un creciente poder de decisión, y unas clases bajas, también llegadas de los entornos rurales en busca de un ascenso social no siempre posible. Hay que añadir a este visible marco social el invisible, pero destacadísimo, de la esclavitud, ya que es impensable comprender la riqueza de la ciudad sin el concurso de un elevado número de cautivos que realizan los peores trabajos en tierra, pero, sobre todo, en las galeras que recorren las costas italianas. El estudio de Filioli Uranio (2020) sobre una de las flotas de esclavos (26 galeras en 1585) ejemplifica la importancia capital que supuso para la economía napolitana el mercado intenso y muy lucrativo de esclavos.

La estructura social también cuenta con la presencia al principio de un buen número de judíos expulsados de España. La situación de los judíos en Nápoles (estudiada por Bonazzoli, 1981) se va deteriorando durante el siglo XVI, hasta que el año de 1541 se dicta la expulsión de todo el Reino de Nápoles por parte de Pedro de Toledo. Se sabe que el rey Fernando el Católico estuvo en la ciudad de Nápoles, del 1506 al 1507, e intentó imponer a los judíos la colocación en el pecho de una marca distintiva con una tela de color rojo; el Gran Capitán le disuadió de que llegara a expulsarlos, tal y como era su intención última, por razón del interés económico para la ciudad. No obstante, en 1510 se publica un edicto de expulsión, con la salvedad para ciertas familias de altos recursos que pudiesen afrontar el pago de una imposición anual. Se cuenta que unos treinta mil judíos se vieron obligados a abandonar el Reino de Nápoles entre 1510 y julio de 1511. Entre ellos se hallaba León Hebreo, quien permanecerá en Nápoles por lo menos diez años más (con esporádicas visitas a Ferrara o a Pesaro) y tenemos noticia de que le fue encomendada la salud del mismo virrey al menos en 1521. Isaac Abarbanel se había instalado, con el decreto de expulsión de los judíos, dictado por Fernando e Isabel, en el Reino de Nápoles. Hay datos de que León Hebreo llega a Nápoles en el año 1494: el sucesor de Ferrán II, Alfonso II, le concede los mismos privilegios que al resto de judíos residentes en la ciudad. La llegada de los franceses dispersa a la familia de León Hebreo por distintos lugares de Italia (Génova, Monopoli), pero con la llegada del Gran Capitán en 1504, León Hebreo se instala de nuevo en la urbe partenopea, tras pasar un periodo no muy largo en Venecia.

Si me detengo en la vida del famoso autor de los *Dialoghi d'Amore* es porque representa el paso de la diáspora judía por Nápoles: los diarios de Sanudo (Novoa 2005) señalan que "intervino ante el virrey para contrarrestar el acoso de un fraile franciscano, Fra Francesco de l'Angelina, quien pedía que se impusiese un gorro amarillo a los judíos del Reino, como en Venecia. Tristemente los esfuerzos de Abarbanel solamente postergaron las medidas antijudaicas y el 28 de abril de 1521 se publicó un decreto imponiendo el gorro amarillo a los judíos del Reino".

16

A lo largo del siglo XVI y XVII Nápoles se consolida como capital y refuerza de forma extraordinaria las redes de relaciones políticas y administrativas de la nobleza del sur de la península. Las instituciones y los órganos de poder creados por los primeros Austrias para organizar tal territorio contribuyen a construir un espacio bien definido y muy cohesionado. En la cúspide se halla el Virrey, nombrado por el Rey entre destacados miembros de la nobleza de origen española. La historia de los virreyes designados por los monarcas enseña que fueron variando las influencias a lo largo del tiempo. Al principio se siguieron nombrando nobles procedentes del reino de Aragón, tal vez por inercia o tal vez como resultado de una mayor preponderancia de los procedentes de esa zona en la administración menuda de aquella plaza, aún no dotada del poder de decisión que adquirirá más tarde. A partir de Carlos V se produce un ligero giro hacia nobles de la zona central de España; luego, en épocas ulteriores, con un buen número de nobles que procedían de la zona de Valladolid, y en el siglo XVII, volvieron a incluir nobles de la zona levantina. No se puede establecer una sistemática orientación en la elección del Virrey, pero en todos ellos se muestra el cargo como un premio extraordinario a una trayectoria ya consolidada en otros puestos de relieve. Eso significa que la dinastía austríaca entiende el puesto de virrey de Nápoles como uno de los más importantes del organigrama político de su imperio.

Al principio el cargo estaba limitado por un tiempo (unos tres años de plazo). En la práctica, esa fue la media de los virreyes en Nápoles, salvo excepciones que representan, además, un impacto singular. Conviene, pues, recordar este aspecto, porque las figuras más sobresalientes de la política napolitana lo fueron por su mayor presencia en la ciudad, fruto de algunas prórrogas excepcionales para su mandato. Latente estaba en el ambiente político el obligatorio origen español del virrey, lo que condicionaba el delicado equilibrio de poder en las demás instituciones napolitanas o del sur de Italia. La figura del virrey, gracias a esas contrabalanzas que controlaba con desigual flexibilidad según los casos, ejercía un poder autoritario, con impronta muy notable. No es causa final, pero es esa plenipotencia la que permite distinguir, entre los más de cincuenta virreyes en el periodo de dos siglos, a una media docena capaces de mudar las condiciones o la naturaleza de la ciudad partenopea.

Al lado del virrey se situaba el *Consiglio Collaterale*, el máximo órgano político administrativo, potenciado por Pedro de Toledo desde el comienzo del siglo XVI con la idea de conciliar la centralización dinástica del imperio con las jurisdicciones locales, de naturaleza feudal. La composición de ese tribunal (unos cinco miembros más el propio virrey) debía contar con dos napolitanos y dos españoles como mínimo, distribución que se intentaba mantener en casi todas las demás instancias administrativas. Aunque fue variando ligeramente con los distintos virreyes, se encargaba de cuestiones legislativas (prematicas o edictos), de nombramientos de distintos cargos y de cuestiones de política exterior, como podía ser la organización de alguna empresa bélica ocasional.

Eso hizo que buena parte de la administración de la justicia se trasladara a otro tribunal, el de *Vicaria*, que fue además instalado en Porta Capuana, en el extremo nororiental de la ciudad, a la salida de Capua, el principal camino por tierra de Nápoles, lejos, en cierto modo, del Castel Nuovo y del Palazzo Reale, que estaban junto al mar. La composición de ese tribunal era también paritario en cuanto al origen, dividido en secciones civiles y criminales, pero dejaba gran libertad a los originarios de Nápoles para ejercer sus funciones jurisdiccionales.

En ese mismo espacio residía el otro gran tribunal napolitano: el de *Sommaria*, que llevaba todo lo relativo a la hacienda napolitana, compuesto por un lugarteniente, seis presidentes togados (tres napolitanos y tres españoles) y tres presidentes llamados *idioti,* que solían ser dos napolitanos y uno español. Estas instituciones tenían su origen en el reinado de Alfonso V, pero fueron mudando con el tiempo, aunque durante los dos siglos que duró el virreinato sus funciones se mantuvieron más o menos semejantes.

De esta estructura administrativa se deduce un gran interés por equilibrar la presencia de funcionarios castellanos o aragoneses (menos) con representantes de la nobleza urbana napolitana. Donde mejor se advierte es en otro de los más activos tribunales que ejercía el poder a un nivel doméstico, interno, social: el de los *seggi*, o *piazze,* o también llamado de san Lorenzo, por ser en el interior del convento y de la iglesia de san Lorenzo, en el viejo foro romano, donde se cruza el decumano mayor, la llamada via dei Tribunali y el cardo, donde se celebraban las reuniones. Los *seggi* napolitanos eran seis durante la mayor parte del tiempo de los virreyes: cinco nobles (Porto, Capuana, Montagna, Nido y Portanova) y uno popular. Cada *seggio* era gobernado por seis caballeros elegidos entre las *piazze* de cada uno de los territorios en que estaba dividida la ciudad; el *eletto del Popolo* estaba controlado por diez consejeros. Estos diputados electos ejercían un poder parlamentario sobre aspectos de la vida cotidiana de la ciudad: normativas o disposiciones sobre el mercado o sobre el uso de la vía pública, pero a la larga representaban los intereses de los pequeños artesanos, de las clases menestrales, de las profesiones liberales o de los estamentos más bajos, con lo que el ejercicio de sus funciones llegaba a suponer un constante riesgo para la estabilidad del virreinato (Hernando Sánchez, 2003). En fechas muy señaladas, estos pequeños contrapoderes (con un descontento de base contra lo que consideraban una monarquía foránea) se rebelaron contra la corona austríaca y lograron en algunos casos modificar o alterar las decisiones de los virreyes. El ejemplo palmario es la cruenta rebelión (promovida desde los *seggi* urbanos) contra la introducción del Tribunal del Santo Oficio en el territorio napolitano (en 1547, bajo la autoridad de Pedro de Toledo), que fue efectiva, ya que el tribunal, tal y como sí actuó en otros lugares del dominio hispánico, no pudo ejercer las funciones punitivas que la nobleza napolitana (y otros estamentos del poder local) temía. Este hecho distinguirá a Nápoles de otros lugares del imperio y, en cierto modo, puede explicar algunas construcciones mentales sobre la libertad de acción individual en el reino napolitano.

Pero también pone de relieve la sofisticación política de la ciudad partenopea, que parece organizarse de forma bastante autónoma, a pesar de su evidente dependencia y subordinación al poder monárquico de los Austrias instalados en la capital del imperio. No cabe duda de que cuando el Gran Capitán vence a los franceses no está conquistando cualquier plaza más o menos estratégica, sino una ciudad con un nivel de desarrollo cívico, económico, organizativo muy superior incluso al observable en las principales ciudades de la península. Es cierto que la historiografía reciente (Musi 2000) ya ha advertido de la necesidad de comprender el fenómeno de manera análoga a lo que no solo ocurre en otros lugares del imperio sino en el mismo espacio peninsular. Galasso (1995) habla de Nápoles como la "periferia del imperio", con tales salvedades que, eliminada la condición del poder virreinal como de rango inferior al dominio del imperio, las circunstancias en que evoluciona la ciudad partenopea permiten presentarla como una verdadera capital dinámica, en progresión permanente, ejemplo urbano eminente de la nueva sociedad moderna.

La descripción minuciosa de este marco territorial y político permite también hacerse una idea del espacio cultural e intelectual de Nápoles. Varias son las facetas que deben atenderse y varios los lugares en los que se desarrolla la actividad artística y creativa en la Nápoles de estos dos siglos. No es difícil empezar por la descripción del ambiente de la corte virreinal. Los antecedentes de los reyes aragoneses preludiaban la constitución de un marco de relaciones entre las élites sociales vinculadas al entorno real. Siempre resulta complejo el retrato de los distintos actantes en ese ámbito, pero sí se puede rastrear, por ejemplo, la ejecución de planes arquitectónicos para dar cabida a todo esa clase burocrática que debe administrar y organizar el ejercicio del poder en una ciudad, cabeza de un territorio que abarca el sur de la península itálica. El Castel Nuovo, construido en época de los Anjou y fortalecido y ampliado por Alfonso V, quien manda incorporar una puerta ornamentada con un arco de entrada, fue el espacio elegido. En la disposición del castillo o del baluarte, a priori defensivo, se introducen elementos de propaganda dinástica, con el recuerdo de las victorias del rey aragonés. No es una decisión meramente iconográfica: plantea la necesidad de colocar la propia historia de la ciudad como parte de una legitimación política. Cuando entre triunfante el Gran Capitán en Nápoles, hará posesión de ese espacio como articulación primera cultural.

No obstante, Pedro de Toledo, en su actuación como virrey, verá insuficiente este espacio y tomará la decisión de construir un nuevo palacio, no muy lejos del Castel

Nuovo, un poco más arriba, alejado del mar y con jardines, en el lugar en que da comienzo la larga calle que hoy lleva su nombre, la via Toledo. Es conocida la iniciativa edilicia del duque de Alba con el amurallamiento de la ciudad (Hernando Sánchez, 2001b, 2001c), la construcción de sus puertas de entrada o la urbanización de los llamados cuarteles españoles, *Quartieri Spagnoli*, destinados a la milicia. En ese afán por engrandecer la ciudad, el lugar de la corte virreinal adquiere una importancia decisiva. No quedan restos de este palacio, porque en el año 1600, el primer virrey conde de Lemos decide afrontar la construcción, con el encargo al famoso arquitecto Domenico Fontana, del que ahora es Palazzo Reale, al lado del anterior. Quedó adosado durante muchos años hasta que posteriormente fue derruido para abrir la actual plaza de Trento y Trieste, en el antiguo Largo di Santo Spirito, ahora Largo di Ferdinando, ya en el siglo XIX.

En estas dos fases, en apenas un siglo, se puede ilustrar la expansión de una corte, cada vez más sofisticada, con un aumento considerable de funciones organizativas, que necesita un buen número de personas a su cargo. Las dependencias del palacio de Pedro de Toledo, que fue virrey desde 1533 hasta 1555, mantenían una estructura castellana, con torres de defensa, y presentaban una dimensión semejante al anterior Castel Nuovo. Frente a las modestas dimensiones del palacio virreinal del duque de Alba, el nuevo Palazzo Reale de Lemos (nombrado así porque se pretendía fuese residencia ocasional de los reyes) ofrecía un aspecto imponente, más residencial, con varios patios interiores y corredores largos, con espacios más amplios para la recreación o la vida social. La corte de los virreyes napolitanos, pues, en el siglo XVII se sitúa en un edificio de grandes dimensiones, que fue creciendo con el tiempo, capaz de competir con los principales espacios de la monarquía que se están construyendo en toda Europa. Resulta necesario hacer hincapié en este aspecto porque permite explicar el atractivo para los artistas y escritores españoles de formar parte no solo del séquito del virrey sino de participar en un lugar con tales estímulos intelectuales.

La corte virreinal no fue el único espacio para la constitución de un ámbito cultural. De forma paralela, la nobleza napolitana promovió iniciativas de todo tipo. Las villas construidas a las afueras de la ciudad, en particular en la zona de la playa (Chiaia), de Mergellina (el lugar de Jacopo Sannazaro) o de Posillipo, con construcciones edificadas sobre el mismo mar como el célebre Palazzo Donn'Anna, construido por Anna Carafa, esposa del entonces virrey Ramiro Núñez de Guzmán, duque de Medina de las Torres, pero perteneciente a una de las familias nobles más importantes de Nápoles, fueron los lugares preferidos (véase la tesis de Viceconte, 2012). Pero no conviene olvidar otro de los lugares particulares de la cultura napolitana: el antiguo burgo de Antignano, en la colina del Vomero, en el camino por las montañas hasta Pozzuoli, en la zona de los Campi Flegrei. Ahí poseía una villa con huertos espléndidos Giovanni Battista Pontano, quien construyó, a la manera de Sannazaro con su Mergellina, un espacio idealizado, de reminiscencias grecolatinas. Tanto Sannazaro como Pontano, a finales del siglo XV, no solo construyen sus residencias sino que, a imitación de los autores latinos, como la villa tusculana de Cicerón o también las casas del napolitano Estacio o de Virgilio, quienes se supone habían vivido en esos mismos lugares, acogían a *optimates* dispuestos a la conversación o a la exaltación de los placeres simposíacos.

De este primer entramado de ambiente cortesano surge, a imitación de la Academia platónica, la constitución de diferentes academias, animadas por la voluntad de algunos nobles patricios napolitanos. Lorenzo Giustiniani refiere, con erudición de 1801 (*Breve contezza delle accademie istituite nel regno di Napoli*), las innúmeras que se crean a partir del siglo XV, con discusión sobre si fueron las academias napolitanas las primeras italianas. Sin duda, coloca en el reinado de Alfonso V el inicio de la *Accademia pontaniana*, que entiende la primera. A la muerte de Pontano, siguió Sannazaro la labor académica hasta su propia muerte. Luego aparece el nombre de Bernardino Martinaro y su Villa Leucopetra (Pietra Bianca, Portici), que dio cobijo al mismo Carlos V, cuando venía de Calabria, o al mismísimo Juan de Valdés, como demostró Sánchez (2007) cuando situó el *Diálogo de la Lengua,* no en la Mergellina sannazariana, sino en este espacio al pie del Vesubio, en las atarazanas de Portici, en el camino de la costa hacia el sur. O el de Aulo Giano Parrasio, creador de la *Accademia Cosentina*. Aparecen nombradas la *Accademia de' Sireni* (vinculada al *sedile* del Nido, en el patio claustro de Sant'Angelo del Nido: entre ellos Carafa y Placido di Sangro/ 1546), *degli Ardenti* (al *sedile* de Capuana), e *degli Incogniti* (en un patio de la *Annunziata*, probablemente en el *sedile* Portanuova). El cronista Domenico Parrino, en su *Teatro eroico,* escribe que "fiorirono come la rosa, che ha culla e tomba in un giorno".

El 3 de mayo de 1611 se creó en el claustro de la iglesia de Santa Maria delle Grazie la *Accademia degli Oziosi*, cuyo nombre se vincula al *motto* de la propia academia, *non pigra quies*, sacado de Estacio: esto es, la fértil pereza del ocio. De Miranda, en trabajos recientes (2000 y 2005), ha sintetizado este *sodalizio* literario. Giambattista Manso fue el promotor de esta academia y en ella aparecieron, en distintos momentos, Giambattista Basile o Giambattista Marino. Se cree que algunas de sus sesiones se celebraron precisamente en la casa del propio Manso en la ladera de Chiaia, en el Palazzo Balsorano. Pero no están claros los espacios de los encuentros ya que también se añade la casa, en el barrio de Nido, que ahora es sede de la *Fondazione Monte Manso*. Esta *Accademia* se confunde con iniciativas de caridad en las que su promotor, Manso, participaba de forma muy activa. Es inseparable, por ejemplo, del *Pio Monte della Misericordia*, otra institución reglada y organizada (por siete nobles napolitanos entre los que se hallaba el propio Manso unos años antes, 1602) para paliar el dolor y la miseria de los menos favorecidos, de acuerdo a los principios de las siete obras cristianas de misericordia. Caravaggio fue encargado de realizar la pintura de la iglesia construida en la via Tribunali, en el camino que llevaba a los delincuentes hacia la *Vicaria*.

En esta *Accademia degli Oziosi*, que pedía sobrenombres arcádicos y cuyos miembros eran despedidos en su muerte con honras poéticas en latín, participaron los principales escritores del momento, relacionados de una manera u otra con el virrey, el conde de Lemos, de quien Parrino dice que se leyó incluso una comedia. Se entiende, pues, esta institución como una prolongación de la corte virreinal, dada su importancia. La nómina de autores es extensísima y, a pesar de ello, quedan dudas sobre, por ejemplo, la presencia de autores españoles entre ellos. Se habla de Juan Tassis, el conde de Villamediana (quien imitó con frecuencia las ingeniosidades del *cavalier* Marino), o de los hermanos Argensola, pero pocas son las noticias al respecto, salvo que, por ser secretarios o consejeros del conde de Lemos, se hace plausible su pertenencia a semejante cenáculo. Durante el periodo del duque de Osuna, se señala que Quevedo bien pudo haber participado, pero no hay constancia de ello, por ejemplo, aunque sí lo deja claro su primer biógrafo, Pablo de Tarsia, que así firma su *Vida de Quevedo*. De todos sus miembros, quizá el más notable es Giambattista Marino, quien ocupó el puesto de príncipe destinado al mismo Manso. Al lado de la *Accademia degli Oziosi* también funcionaba (lo cuenta el propio Marino) una reunión académica en la casa del marqués de Anzi, Francesco Carafa: por lo que señala el poeta napolitano, los poemas leídos en ese cenáculo eran más picantes y más vulgares y las sesiones se celebraban primero en san Lorenzo y luego en el claustro de san Pietro a Majella. No hay mucha más noticia de esta *accademia*, pero parece que no duró en exceso, dado el apoyo que la de los *Oziosi* recibía por parte del poder virreinal.

Sí duró más la *Accademia degli Infuriati*. Se recogen datos de reuniones de semejante naturaleza en san Gregorio Armeno y en 1663 la creación de la *Accademia degli Investiganti*, una academia de médicos, con un *cane braco* como emblema. Era de corte científico, antiaristotélica: el humanista *novator*, Juan Caramuel, obispo de Satriano, en la Campania, por ejemplo, perteneció a esta *Accademia*. La apertura a otras disciplinas no puede hacer olvidar la posible *Accademia dei Secreti*, al parecer creada por Giambattista della Porta en su casa (en la actual Piazza della Carità), que no admitía a gente que no fuese célebre por haber hecho algo extraordinario y que no llevase un secreto maravilloso. Se sabe que Quevedo estuvo en la casa, como así lo cuenta en *Providencia de Dios*. Se habla también de las siguientes: *Scatenati* (1628), *Laurenziana*, *Lunatici*, *Pigri*, *Intronati*, *Obscuri*, *Rinomati*, *Rinnovati*, *Sicuri*, Volanti, Assetati. La *British Library* ofrece un elenco extraordinario de academias italianas, con la posible composición y con las publicaciones relacionadas con todas ellas: en este elenco se demuestra imposible cualquier aproximación a la cultura de la época sin tenerlas en cuenta. Recuérdese que, en muchos textos impresos, se acompaña el nombre del autor con la pertenencia a una de las academias, como muestra de relieve social. Es, pues, este espacio uno de los principales estímulos para la actividad literaria: en el análisis de ciertas obras, el concurso académico se antojará determinante.

La extensión de la red académica lleva a pensar en figuras centrales, capaces de aglutinar este fenómeno. Más arriba se han mencionado de pasada: Giovanni Pontano, fallecido al comienzo del siglo XVI, con su villa en Antignano; Jacopo Sannazaro, en Mergellina, el pequeño puerto de pescadores al final de Chiaia, cerca del lugar donde se halla la que se cree tumba de Virgilio; Giambattista Manso, en el centro de la ciudad, en el *sedile* del Nido, con iniciativas lúdicas como los *Oziosi* o sociales, como el Pio Monte della Misericordia; Giambattista Marino, sucesor en la tarea de Manso, pero, al tiempo, promotor de diferentes actividades; Giambattista della Porta, figura eminente entre los filósofos naturales, que reúne en su casa a personas de destacada preparación científica. Podríamos concebirlas como iniciativas privadas, en algo parecido a lo que hoy se denomina sociedad civil, institucionalizadas en cierta manera, pero no del todo atadas a un régimen de propaganda o de legitimación de poder dinástico. En ese sentido, se trata, más que de un mecenazgo económico, de un marco propicio para los contactos culturales, un espacio de socialización cultural, del que surgen actos, libros, honras, conmemoraciones: es decir, un cúmulo de acciones muchas veces autocelebrativas, de consumo interno y cíclico, que da prestigio mutuo y, en las ocasiones en que puede exhibirse hacia fuera, otorga al participante una aureola de distinción que resulta definitiva.

En la historiografía moderna, cuando se habla de mecenazgo, se hace en relación con el mundo del arte y, en general, tiene que ver con encargos, con contratos entre artistas y cargos públicos, cercanos al poder, que son los responsables de llevar adelante los proyectos. Es un modelo que podría recibir el adjetivo de *clientelar*, paralelo al de las academias, cercano por cuanto comparten elenco de participantes, pero en el que se observa y se practica una teleología política indudable, no siempre con resultados contrastables, pero siempre homogénea en su dimensión propagandística. Las estrategias de este mecenazgo son unívocas, confluyen en una misma tesitura: la de reforzar, a través de las imágenes, la autoridad del poder virreinal, como delegación al menos de la consolidación de la monarquía hispánica. Es posible que los efectos sean inocuos, pero la ornamentación de las calles, la inscripción en los muros de las iglesias y palacios, la construcción de estatuas que exaltan las figuras principales de la dinastía austríaca forman parte de un plan concebido desde arriba por mecenas que, con artistas a su servicio, tratan de imponer un lenguaje visual público dominante. Por no hablar de los programas de arquitectura efímera para fechas señaladas en los que se celebra, en comunión social, alguna efeméride bélica o circunstancial de la vida de algún rey. Lo mismo se puede predicar de toda la iconografía religiosa, ya que tanto la imaginería del poder como la mitografía cristiana constituyen el objetivo esencial del arte del siglo XVII. Nápoles, en este sentido, conoce un incremento extraordinario de las artes suntuarias, a mayor gloria de las distintas órdenes religiosas, del papado o del arzobispado napolitano: el número de iglesias, capillas o refectorios construidos durante este siglo, así como los obeliscos conmemoratorios (las llamadas agujas, *guglie*) de san Gennaro, imitados en la piazza del Gesù o de san Domenico en honor de la Inmaculada, representan ese nuevo orden.

Los estudios recientes sobre los inventarios de los virreyes, como el de Carrió-Invernizzi (2008 y 2018) en concreto sobre el de Pedro Antonio de Aragón, que llegó a conservar unos 1100 cuadros, con escaso parangón entre las clases nobiliarias europeas de aquel entonces, explican el trasiego de las obras artísticas realizadas en Nápoles hasta llegar a España y, sobre todo, describen el propósito político que este fenómeno adquiere no solo en el ejercicio del poder en la ciudad campana, sino en la misma consideración en la capital española. En este sentido, la disposición de las obras de Pedro Antonio de Aragón en su casa madrileña (una casa, por otra parte, frecuentada por la nobleza española interesada en intervenir en la vida política de la corte en plena regencia de Carlos II) permite hacerse una idea cabal de cuál era el concepto mental que Nápoles suponía entre las elites culturales de la segunda mitad del siglo XVII. El mecenazgo, pues, se alía con un coleccionismo casi profesional, dotado también de una red de enlaces que aseguran la multiplicación de la creación artística y cultural, tal y como Mauro (2018) delimita a propósito, por ejemplo, de las acciones del conde de Castrillo, el duque de Medina de las Torres o del marqués del Carpio.

A la corte virreinal y al conjunto de academias reunidas en las villas o en las residencias o casas de recreo de los nobles napolitanos hay que añadir las distintas fábricas de la devoción cristiana: conventos de las varias órdenes religiosas, parroquias e iglesias con sus correspondientes redes internas en forma de capillas o devociones particulares (oratorios o altares), los espacios de la archidiócesis alrededor del Duomo u otras instancias a medio camino entre lo seglar y lo eclesiástico, como ocurre con la Basílica y Convento adyacente de san Lorenzo, que alberga en su refectorio el lugar de reunión de los *seggi* de la ciudad, el parlamento partenopeo, que es conocido porque en él Boccaccio confesó haber conocido a su Fiammetta.

En relación con los primeros, no debe olvidarse la importancia capital de los franciscanos y, de modo especial, la monumental basílica de santa Clara en el centro mismo de la ciudad, con una presencia más que notoria. Con el paso del tiempo, y con la introducción paulatina de las nuevas disposiciones papales de la Contrarreforma, se acometen en la ciudad dos obras de engrandecimiento artístico y cultural. Por un lado, la reforma de la Certosa de san Martino, encargada al famoso arquitecto, Cosimo Fanzago, y, por otro, el voluminoso e imponente (en todos los sentidos de la palabra) Gesù Nuovo de los jesuitas, trazado sobre el terreno del famoso Palazzo Sanseverino del príncipe de Salerno y construido para ocupar un espacio extraordinario (la llamada *insula gesuitica*) en pleno centro de movimiento de la ciudad. La Cartuja ya estaba construida por los angioinos en lo alto de la colina principal de la ciudad, al lado del viejo castillo. Pero es a finales del siglo XVI cuando se comienza a configurar como un complejo grandioso de distintas edificaciones hasta alcanzar en pleno siglo XVII la forma que hoy presenta, en un claro ejemplo del arte barroco napolitano. La Certosa constituye un espacio de primer nivel en la conformación social de la cultura partenopea. Los distintos programas iconográficos que se pueden ver en sus numerosas salas (sacristías, capítulos, refectorios, claustros) constituyen un epítome visual de la propaganda contrarreformista.

24 Algo parecido se puede decir de la Iglesia y dependencias anexas de la Compañía de Jesús en el Gesù Nuovo. El antiguo propietario del palacio destacó en las revueltas contra la decisión de la monarquía hispánica de implantar el Santo Oficio: pagó con el exilio y con la persecución política su rebeldía y su propiedad fue vendida a los jesuitas, que hicieron de ese espacio singular y central un núcleo de irradiación ideológica. Sería muy largo referir el elenco de obras conservadas en su interior, concebidas y ejecutadas durante el siglo XVII. Los talleres de los principales obradores napolitanos trabajaron para esa fábrica de la exaltación cristiana. El grande espacio, casi teatral, que se abre delante de su fachada, famosa por su almohadillado en forma de punta de diamante, fue lugar de efemérides y ceremoniales, culminado por la erección de una columna conmemorativa de uno de los dogmas más buscados y combatidos durante el siglo XVII como el de la Inmaculada Concepción.

Son los ejemplos más conspicuos estos que aduzco más que nada por su posición geográfica en las ágoras o en la acrópolis napolitanas. Pero la proliferación de espacios de devoción responde a estrategias de visibilización constante de la doctrina o de los dogmas tridentinos, así como la exaltación de figuras de la vida social de la ciudad contribuye a consolidar la identidad urbana o a magnificar el entorno y el poder de Nápoles. Es notable comprobar, por ejemplo, el uso de las capillas o de los altares de las diferentes iglesias de la ciudad para la honra fúnebre de los personajes más importantes del momento. La iglesia que alberga el fastuoso monumento a Sannazaro, modificado para eliminar de él las referencias mitológicas paganas y convertirlas en ortodoxia cristiana, es buen ejemplo. Pero también las capillas de san Giovanni a Carbonara o las de sant'Anna dei Lombardi, edificaciones de época tardomedieval o góticas, que son utilizadas como espacio para la memoria (con lápidas a la manera grecorromana, de grandes dimensiones, con alusiones a su épico heroísmo) de nobles napolitanos. El cenotafio de Pedro de Toledo en la iglesia de san Giacomo degli Spagnoli, Santiago de los Españoles, hoy difícilmente visitable, olvidado en la penumbra de una iglesia casi abandonada, responde a este plan de reforzamiento de la identidad nobiliaria.

Estas obras, que quedan fijadas en los nichos y los mármoles de las iglesias napolitanas, presentan su continuidad en otros lugares de la ciudad, al abierto. La Piazza del Mercato, el lugar de las ejecuciones o de las rebeliones populares, donde se representan algunas obras de carácter jocoso, conforma una especie de plaza mayor napolitana. Pero también el espacio conocido como el Largo delle Corregge, o Largo del Castello, que unía el Castel Nuovo con el centro de la ciudad, en lo que hoy es básicamente la via Medina, servía para los paseos, para algunas procesiones anuales (como la de san Juan, hasta la plaza del Mercato) o para algunas representaciones parateatrales. Las relaciones que narran estas fiestas son numerosas y ponen de manifiesto la exhibición constante de la representación de la soberanía o del poder eclesiástico. Con el paso de tiempo, y en particular bajo el virreinato del conde de Oñate se intentó ampliar las calles y construir lugares de concurrencia popular en forma de plazas, más como resultado de la necesidad de albergar una sociedad ya de masas (procedentes de los distintos territorios del Reino) que como una propuesta urbanística de mejora de las condiciones de sus habitantes.

No es raro que en torno a ese mismo trayecto, al lado de dos iglesias, la de san Bartolomeo y la de la Pietà dei Turchini, se desarrolle una potente industria del espectáculo, con la aparición de los teatros *dei Genovesi* o el del propio Teatro San Bartolomeo, lugares de la representación de comedias y entremeses a cargo de las compañías de cómicos *dell'arte* provinientes de toda la península itálica. Es precisamente en el teatro de los *Genovesi* donde se constituye una de las primeras compañías estables (con Carlo Fredi/Luzio Fedele) de Nápoles, que lleva a las tablas por primera vez la máscara de Pulcinella, creada al parecer por Silvio Fiorillo, un autor de la Capua cercana a Nápoles. Las distintas variedades geográficas del italiano y el napolitano alternaban con el castellano (español) en las representaciones de comedias, pero se especula que una *coiné* estandarizada para las actuaciones de los y las comediantes era lo habitual y que tal uso obligaba a una mayor apoyatura gestual, a una mayor codificación corporal y, en general, a una cierta exageración convencional que constituía rasgo de estilo. Los arquetipos de la *commedia dell'arte* se desarrollan con mayor nitidez en estos espacios, propicios para la confluencia de espectadores venidos de distintos lugares del mundo.

La actividad teatral en Nápoles en buena parte del periodo virreinal (1575-1656) ha sido estudiada con particular profundidad por Teresa Megale (2017). Describe con detalle los espacios de la representación pública, con especial atención a lo que ella misma denomina "spazio urbano invero di massima concentrazione spettacolare", en el que asoman los principales nombres de la escena cómica. Esa actividad, adjetivada "di terra" se complementa con otra bien singular "di mare": la que se lleva a cabo en el golfo de Nápoles, en los paseos en falúas o pequeñas embarcaciones (a modo de góndolas) desde la zona del Palazzo Reale o del Castel Nuovo, esto es el *Molo* o muelle principal de la ciudad, hasta Posillipo, donde comienzan a asentarse las nuevas residencias de la nobleza napolitana, como las *Villa del Traetto* o el famoso Palazzo Donn'Anna a comienzos del siglo XVII. Las representaciones musicales o teatrales se realizan en esas villas, en forma de églogas piscatorias o de ambiente marino, aunque, en un proceso de sofisticación cultural, se llegan a construir plataformas flotantes (en época del exquisito marqués del Carpio) en las que se celebran justas (con toros) o festejos con todo tipo de fuegos voladores, que podrían ser vistos desde tierra por todo el mundo o desde el mar (en suntuosas naves) con un fasto extraordinario. Puede resultar anecdótica esta indicación, pero puede ser considerada como un ejemplo notorio del grado de espectacularización y exhibición de la cultura y del arte en este tiempo. En el *Pusílipo* de Suárez de Figueroa, que se analizará más adelante, aparecerá este ambiente singular.

26   La música es un elemento esencial en la planificación de las exhibiciones públicas. Los espacios para el aprendizaje se multiplican en la ciudad, al calor de los orfanatos, los *conservatori*, nacidos de la misericordia de ciertas iglesias. Cuatro son las escuelas de música de la ciudad, aunque con el paso del tiempo se fundirán en una sola, en el célebre Conservatorio de san Pietro a Majella. Uno de ellos, quizá el más importante, aparece vinculado a las representaciones teatrales: el de la *Pietà dei Figlioli Turchini*, que luego se fundirá con el que los españoles creen en san Giacomo degli Spagnoli, de gran importancia durante el siglo XVII. Como señala Romana Veneziano (2018), la *Real Hermandad de los Nobles españoles de Santiago de Compostela* organizaba toda la producción musical ligada "al calendario litúrgico ordinario, a las ceremonias extraordinarias que se celebraban en Santiago de los Españoles y a las actividades extralitúrgicas y devocionales organizadas por la iglesia: la procesión de los Cuatro Altares en la Octava del *Corpus Domini*, la festividad del apóstol Santiago, los actos de Semana Santa y las fiestas solemnes vinculadas a las onomásticas de la familia real española durante el periodo del virreinato". A este espacio hay que añadir la Real Cappella del Palazzo Reale, cuyos músicos (unos cuarenta) participan en todas las representaciones religiosas de palacio, así como en las de corte más profano: aunque, con Alessandro Scarlatti como principal maestro de capilla, fue la ópera o los espectáculos de esa índole los que proliferaron en la segunda mitad del siglo XVII, de modo muy especial bajo el virreinato del marqués del Carpio. No cabe duda de que el auge del fenómeno operístico, tanto en la corte como en los teatros de comedia, fue extraordinario y contribuyó, de modo decisivo, a la consolidación de Nápoles como espacio destacado en la creación y producción de tales géneros.

La Universidad de Nápoles está considerada como la más antigua de las fundadas por una institución dinástica. Los estudios generales de Bolonia o de París lo fueron por iniciativa de los profesores o de gremios determinados de la ciudad. Federico II fue el fundador de la universidad partenopea (el *Studium generalis*) en el siglo XIII, en julio de 1224, con la idea concreta, añadida a la general de extender el arte y la ciencia, de formar funcionarios o administradores competentes para la maquinaria burocrática que un reino como el suyo de Sicilia precisaba. Su desarrollo corre paralelo al de la ciudad durante las dominaciones angiovina o aragonesa. Su sede se encontraba en el entorno de la iglesia de san Domenico, donde, entre otros, impartió clase Tomás de Aquino. Se cree que tanto Boccaccio como Petrarca pasaron por sus aulas, aunque no resulta demasiado fiable esta conjetura. Grendler (2002) advierte que durante este periodo la relación poder y universidad fue muy estrecha, hasta el punto de que jueces de los tribunales, médicos de la corte o consejeros reales eran al tiempo profesores de la universidad. Recuerda que Alfonso V atrajo a muchos humanistas a la capital del reino, pero no necesariamente a las aulas universitarias:

aduce Grendler (que pone nombres y apellidos, así como los cursos académicos, a los profesores de Retórica, de Gramática o de Griego) los casos de Lorenzo Valla o del propio Pontano para ejemplificar lo que parece una reticencia sobre la institución. De hecho, Grendler señala que la Universidad napolitana sufrió constantes cierres y aperturas durante el dominio aragonés, debido a las guerras o a falta de presupuesto, que le impidió tener una actividad continuada. Gracias a Grendler sabemos que, a finales del siglo XV y principios del XVI, la universidad era apenas tres salas alquiladas al convento de san Domenico en las que se impartían las clases.

Durante el siglo XVI hubo intentos de potenciarla con el traslado a la sede arzobispal, pero quedó en nada esa decisión hasta que el conde de Lemos decidió utilizar las caballerizas que estaban situadas al norte de la ciudad, justo al lado de la muralla y de la Porta Reale, para construir ahí las *Scuole Pubbliche*, la sede de la Universidad, en lo que hoy es el edificio del *Museo Archeologico Nazionale*. Se trata de una decisión en cierto sentido moderna, ya que aleja del centro, donde se hallaban las demás instituciones religiosas dedicadas a la enseñanza, en particular el *Collegio* jesuítico, el mundo universitario, al que le otorga una preeminencia y un privilegio indudables. Imita el modelo de Salamanca, pero no parece que tuviera éxito su decisión: Rao (2005), en un amplio artículo sobre los principales actores de la cultura napolitana del XVII y XVIII, lo achaca a la fortaleza de los colegios eclesiásticos y a las escuelas privadas, donde también daban clase los mismos profesores y a la independencia interna de cada una de los colegios (doctores, medicina y teología), que impidieron una unificación de las estructuras. La propia Rao concluye que la universidad en las elites culturales e intelectuales de la Nápoles virreinal compartió espacio y compitió con otras instituciones en el desarrollo del aprendizaje de los jóvenes descendientes de las clases adineradas del reino. La visión que ofrece la historiografía (Galasso o Musi) al respecto es la de una institución en decadencia o, al menos, la de una institución a espaldas de otros modos de creación y difusión de la cultura.

En general, la historiografía no se detiene en el análisis de la presencia de la universidad en los tiempos de los virreyes españoles, a excepción de este periodo concreto del conde de Lemos, y casi al final con la introducción de los estudios más científicos y con el traslado, desde la sede propuesta por Lemos, al lugar donde estaba el *Collegio Massimo* de la Compañía de Jesús. Los *collegi* eran un complemento más importante en ocasiones que la propia Universidad. Sobre todo a partir de la expansión de la Compañía de Jesús en este orden didáctico. La creación del *Collegio Massimo*, en 1552, a imitación del romano, fue el comienzo de una penetración formativa extraordinaria: se sabe que en 1612 había unos 800 estudiantes en el *Collegio* y que la Compañía decidió ampliar su implantación en distintos lugares de la ciudad, vinculados en ocasiones a gremios (san Giuseppe en Chiaia) o a espacios de clases populares (en la plaza del Mercado). La demanda llevó a crear un noviciado en la zona de Pizzofalcone, aunque no hay que olvidar que en Nola y en Salerno los jesuitas también habían creado instituciones para formar a los cuadros de las clases nobiliarias en cuestiones de derecho o de organización administrativa. No debe desdeñarse el intento de crear un colegio selecto para hijos de la nobleza napolitana, como el impulsado por el omnipresente Giovan Battista Manso, promotor de la *Accademia degli Oziosi*, del Pio Monte della Misericordia. Un elenco cerrado de las familias más ricas o con el estatuto más noble de la ciudad crean el Monte Manso y con él un colegio, con becas instituidas para favorecer los estudios de los jóvenes pertenecientes a ese grupo, aún hoy en día en vigor.

Rao sintetiza en una serie de rasgos la situación de la imprenta en Nápoles en el siglo XVI: anclada a contenidos de naturaleza católica y conservadora, sin ediciones de las obras mayores de la Reforma italiana, muy dependiente de la imprenta veneciana en lo que se refiere a los clásicos grecolatinos y especializada en una producción celebrativa y de ocasión. También apunta a un hecho común con buena parte de Europa y, en particular, con la península ibérica: la prohibición de traducciones de la biblia y el fuerte control inquisitorial sobre las escrituras sagradas o sobre cualquier materia sacra.

En el siglo XVII parece aumentar la producción librera con la incorporación del mercado español, pero aún así siguen sin aparecer libros de ciencias y artes. Los dueños de las imprentas, como ocurría con frecuencia, procedían de otros tórculos de la península itálica o de otras partes de Europa: flamencos, alemanes, venecianos, franceses o también españoles se hacían cargo de la labor editorial. Marco Santoro, en su libro sobre la edición impresa napolitana en el siglo XVII custodiada en la Biblioteca Nazionale di Napoli (1986), considera que más de 500 personas trabajaban en alguna tarea relacionada con el oficio de la estampa y computa unas 2756 obras publicadas en ese siglo. La mayor parte es de índole religiosa (un 36,7 %), mientras otras categorías, como lo que se puede llamar invención literaria (un 24,3 %) y sobre derecho (un 15,2 %), alcanzan proporciones significativas.

Las relaciones entre las imprentas y círculos culturales o de poder son obligatorias: así es fácil comprender el buen número de relaciones de fiestas o plasmaciones casi notariales de actos celebrativos en muchas imprentas, como modo de perpetuar y prolongar el efecto de los acontecimientos comunitarios en objetos de conservación perdurables. Esta profusión se acompaña de un buen número de libros o pliegos sueltos (nacen aquí las *gazzete* informativas) que recogen noticias, avisos o textos leídos con ocasión de alguna festividad concreta. La alianza entre eventos programados y las *stamperie* parece una de las constantes culturales de la Nápoles virreinal. No es de extrañar que, en el caso de la vida cotidiana, Nápoles pueda contar con libros como el diálogo *Il forastiero* de Giulio Cesare Capaccio, publicado en 1630 (corregido a mano: en 1634), que tiene la intención de registrar una historia completa de la propia ciudad, a mayor gloria de Nápoles, a través de la imprenta.

28

La imprenta tiene su correlato en la lectura y esta, en el caso de los libros impresos, en las bibliotecas. La *Bibliotheca* napolitana, en el sentido casi borgesiano del término, el que recoge Chartier en su trabajo "Bibliotecas sin muros", se nutre de distintos espacios físicos. Las órdenes religiosas son las principales conservadoras del libro: en Nápoles se distinguen la de los agustinos, en san Giovanni a Carbonara, con el famoso Girolamo Seripando, amigo de Garcilaso, que fue capaz de custodiar valiosos ejemplares de códices griegos y latinos. San Domenico Maggiore, como alojamiento de la universidad, fue otra de esas bibliotecas fundamentales, así como la propia de los jesuitas en el *Collegio Massimo* (hoy sede de la Biblioteca Universitaria), la de los cartujos de san Martino o la de los Girolamini, custodios de una colección extraordinaria de manuscritos y textos clásicos, hoy todavía por reconocer con criterios modernos y exhaustivos. La afición bibliófila de contados clérigos contribuyó a la construcción de esa biblioteca: piénsese en el cardenal Francesco Brancaccio, cuyos libros y manuscritos, ahora en la Biblioteca Nazionale di Napoli, en sección aparte conocida como brancacciana en su honor, permiten reconocer el perfil del erudito o del humanista amante de la lectura, capaz de crear, tal y como muestra Trombetta (2002), la primera biblioteca pública abierta, la *Libreria di sant'Angelo a Nido*. También trae a colación Trombetta que el predicador franciscano Diego de Arce, Inquisidor General en España y obispo de Cassano desde 1614, poseía una biblioteca muy importante (en su discurso *De las librerías* dice que es su hermano Juan, quien la posee) y es muy posible que participara en la iniciativa del conde de Lemos de reestructurar la biblioteca universitaria creada al norte de la ciudad.

No solo las instituciones religiosas realizan la tarea de reunir en un mismo espacio los libros (al margen de la de catalogar, resumir u organizar los textos): particulares en Nápoles, sabios aislados, también coleccionan, entre otros objetos artísticos, un buen número de libros, en general de un tema especial o de interés muy definido. Tal es el caso del *Museo* de los hermanos Della Porta que Fulco (1986) describe con detalle, en el que se junta su bibliofilia singular a un coleccionismo de arte, por otra parte difundido en este final del siglo XVI y comienzos del XVII. Refini (2016), en un trabajo sobre las cartas que Della Porta adjunta a envíos de libros al cardenal Borromeo, apura un poco más el interés material y añade una caracterización que bien puede ser metáfora del modo en que se relacionan los humanistas con el pasado grecolatino: "Io vorrei trasformarmi in libri" escribe Giovan Battista Della Porta al cardenal Borromeo en 1612. En tales cartas uno puede hacerse una idea de la biblioteca ideal de un sabio renacentista en ese límite del siglo XVI y XVII, aunque, tal vez, no uno de tantos sino uno bien singular, con un talento para varias disciplinas científicas (geometría, óptica, alquimia) o filosóficas, y no solo desde un punto de vista especulativo, sino también práctico.

Más ejemplar, por responder tal vez a una figura más convencional y extendida, es el caso del inventario de libros (y su correspondiente lectura) de Antonio Matina, un canónigo del que se sabe bien poco, pero cuyo trabajo, inconcluso, arroja muy interesantes informaciones. El elenco de obras, descrito por Fulco (1977), se halla conservado en un manuscrito (XIII H 64) en la Biblioteca Nazionale di Napoli bajo el título de *Myrobiblon seu de libris perlectis iudicium et syllabus*. Se trata de una lista de más de 1200 obras que debieron de formar parte de su biblioteca, con pequeños comentarios. Fulco cree observar en el catálogo una muestra de las lecturas más extendidas entre el público contemporáneo, con una notoria orientación hacia contenidos de lo que denomina área cultural meridional. Del total, noventa, apenas un diez por ciento, están escritos en lengua española. Marcello (2018) ha dedicado un pormenorizado artículo a destacarlos, lo que sirve de retrato instantáneo, útil e interesante, de la forma de lectura, en palabras del mismo Fulco, "di un consumatore di letteratura barocca a Napoli", en concreto, la de un clérigo culto de la segunda mitad del XVII que fallece al concluir el siglo en 1701.

No debe faltar en este apartado la alusión a la transmisión manuscrita. En ese pozo sin fondo de la comunicación humana, se advierten algunas de las prácticas de sociabilidad más heterogéneas. Desde billetes de soldados que solicitan la paga (con el correspondiente relato breve de su curriculum heroico y de sus heridas de guerra) hasta preciosas *coronas* poéticas concebidas para reunir con un primor particular las composiciones en honor a una dama o a un caballero, pasando por todo tipo de anotaciones, avisos o relaciones sobre cualquier suceso cotidiano: cuentas, pagarés, medidas de un escenario, que, debido a la creciente burocratización del sistema tributario, acaban conservados en los archivos de la ciudad. Es tópico en la investigación sobre los siglos de la dominación española la mención de los bombardeos de la Segunda Guerra Mundial (así como a las distintas revueltas en la ciudad, de forma particular el levantamiento de Masaniello de 1647 y el de la proclamación en 1799 de la República Partenopea) como causantes de los daños recibidos en los archivos y bibliotecas napolitanos que custodiaban esos papeles. En el *Archivio di Stato* pueden consultarse aún algunos de esos billetes (no de forma correlativa), así como en la biblioteca de la Società di Storia Patria, en el Castel Nuovo. En la biblioteca del Monte Manso se guardan también algunos (pero pocos) de esos textos, como uno donde se especifica la cantidad pagada por el Giovan Battista Manso por un esclavo, así como en el de Pio Monte della Misericordia. La exhumación de buena parte de estos archivos permitiría reconstruir las relaciones cotidianas y la expresión de los intereses de las personas de aquella época, pero, en general, toda esa literatura social queda seriamente truncada por la ausencia de documentación precisa.

En compensación, algunos textos que hoy constituyen testimonios de notable importancia se conocen por vía manuscrita. Es el caso del *Diálogo de la lengua*, que no vio la luz en ninguna imprenta, y aparece de modo explícito vinculado a un instante de la vida de Nápoles. O los interesantísimos relatos de Miguel de Castro o de Duque de Estrada, que retratan al natural la vida cotidiana de la corte napoliana. También es el caso del texto, aunque escrito en italiano, *I Giornali* de Francesco Zazzera, que persigue casi literalmente la vida diaria del virrey Osuna y permite obtener información sobre las actividades palaciegas a principios del siglo XVII. O el mencionado discurso de Diego de Arce, comentado muy a propósito de la biblioteca universitaria promovida por el conde de Lemos en Nápoles, que permaneció manuscrito hasta el siglo XIX.

Capítulo 1
La primera mitad del siglo XVI.
La corte de Pedro de Toledo

La construcción de una corte cultural con los últimos reyes aragoneses del siglo XV aparece bien descrita por la bibliografía reciente. A pesar de las dificultades con que el rey Fernando el Católico logra imponerse, frente a los franceses, en el sur de Italia, no deja de funcionar de forma continua un núcleo bastante homogéneo de poetas, eruditos y artistas, que escriben en italiano y en castellano (también en catalán) durante ese periodo. La llegada del Gran Capitán al poder y la constitución del virreinato como fórmula de gobierno tanto de la ciudad de Nápoles como del Reino comienza a consolidar la presencia hispánica. La historia de estos primeros años del virreinato es la de una sucesión de triunfos bélicos: los primeros virreyes, de origen catalano-aragonés, procuran aprovechar la infraestructura social y política creada por los monarcas aragoneses, pero enseguida ven la necesidad de reforzar el control de la ciudad con nuevas instituciones. Tanto Fernández de Córdoba como Juan de Aragón o Ramón de Cardona buscan legitimar la nueva dinastía con un ordenamiento administrativo y un nuevo impulso cultural. Cardona creará, por ejemplo, el *Consiglio Collaterale*, formado por nobles napolitanos y por juristas procedentes de las elites aragonesas, que acompañará al virrey en sus decisiones hasta bien entrado el siglo XVIII cuando Carlos III lo elimine. El mismo Cardona aparecerá vinculado con otra de las decisiones más controvertidas, que, por otra parte, funcionará como constante polémica a lo largo de los distintos virreinatos: la imposición del tribunal inquisitorial, que encuentra notables resistencias entre la clase nobiliaria napolitana y que serán definitivas y violentas un poco más tarde cuando lo vuelva a intentar el mismo Pedro de Toledo.

De esta época de reforzamiento político y de uniformidad religiosa que Cardona estimula, data también la expulsión de los judíos (1511), ya comentada, y que afecta de forma singular a la figura de León Hebreo, Judá Abravanel. Sus *Dialoghi d'Amore*, aunque publicados en Roma en 1535, pudieron haber sido escritos en la Nápoles de principio de siglo; su biografía personal explica muy bien las vicisitudes de la vida de los sefarditas en la ciudad napolitana: al principio, en ocupaciones diversas alrededor de la corte (con el probable ejercicio de la medicina), y, poco después, perseguidos hasta la expulsión o el pago, para evitar el exilio, de una onerosa gabela. No deja de resultar paradójica la función de un autor semiclandestino en Nápoles como introductor de las ideas neoplatónicas en Italia (Buonarroti, Bruno) y, a través de sus traducciones, en toda Europa y en España como se puede comprobar en *La Diana* de Montemayor o en los textos pastoriles de Cervantes.

Este proceso de afianzamiento de las posiciones españolas en el sur de Italia conoce con Pedro de Toledo, el marqués de Villafranca del Bierzo, su momento más importante. No sólo por lo prolongado de su virreinato (del 1533 al 1553), sino por el número de intervenciones y reformas introducidas en el funcionamiento de la ciudad. Algunas ya se han indicado: las nuevas murallas del núcleo urbano, el trazado de calles rectas como la via Toledo, llamada así precisamente en su recuerdo, la construcción de los cuarteles para los soldados españoles, la reestructuración del Castel de sant'Elmo, que domina la ciudad desde lo alto, la reorganización burocrática con el traslado de los oficios administrativos al Castel Capuano, donde se crea la *Vicaria*, el órgano judicial de Nápoles. Tampoco debe olvidarse el esfuerzo por construir a lo largo de la costa de influencia napolitana una serie de torres de aviso, con el objeto de defender la integridad del territorio, aspecto que cuidará con extrema diligencia así como la alianza estrecha con el poder religioso, lo que lo lleva a intentar implantar, con rotundo fracaso, el Tribunal de la Inquisición (con la marea del concilio tridentino de fondo) para combatir a los detractores del poder pontificio.

En la historiografía autolegitimadora que abunda en los siglos ulteriores, la figura de Pedro de Toledo aparece magnificada y asociada por completo a la expansión definitiva de la ciudad, a la manera de un *condottiero*, de un *dux* o de un príncipe de estirpe maquiavélica, más temido que amado entre sus súbditos. Su final, algo abrupto y teñido de una cierta controversia, en una misión diplomática en Siena, cierra una etapa de engrandecimiento de la ciudad: su túmulo vacío, en la abandonada iglesia de San Giacomo degli Spagnoli, realizado por Giovanni da Nola, puede ser paradigma de su importancia. Los trabajos de Hernando Sánchez (1993, 1993b y 1994) ofrecen una semblanza exhaustiva del marqués de Villafranca, y, dentro de ella, un detallado análisis de su faceta como protector de las artes y de la cultura. El examen del inventario de su biblioteca permite hacerse una idea de su concepción intelectual del mundo: libros de artes militares o de crónicas medievales, volúmenes sobre arquitectura, urbanismo o cosmografía, textos sobre debates de filosofía moral o de agricultura, pero también libros de caballerías y lecturas de poesía, con Luigi Tansillo y Garcilaso como principales figuras de su entorno. La formación es, pues, la de un patricio humanista, preocupado, como muchas otras figuras de las *polis* italianas (Ferrara, Venecia, Florencia), en construir un espacio (casi un estado) autónomo, expansivo, basado en dos pilares esenciales de la ciencia política más extendida: la *fortitudo* y la *sapientia*. Con la aplicación de ambas virtudes, Pedro de Toledo constituye, quizá, el principal virreinato de los dos siglos de dominación hispánica.

Question d'Amor, 1513.

Question d'Amor aparece publicada en el año 1513 en la imprenta de Diego de Gumiel, en Valencia. Constituye, pues, la *editio princeps*, a la espera de que quizá pueda aparecer otra publicada en Nápoles inmediatamente antes, no del año 1512, ya que en el interior del texto se transcribe una carta de uno de los protagonistas firmada en Ferrara el 17 de abril de 1512. El autor de este libro sigue siendo una incógnita o, al menos, las indagaciones están en el mismo punto en que las dejó hace ya más de un siglo Benedetto Croce en su famoso trabajo "Di un antico romanzo spagnuolo relativo alla storia di Napoli: "Question d'Amor", de 1894, revisado para su publicación en el libro *Spagna nella vita italiana durante la Rinascenza*, en 1915.

En su detallado estudio de *Question d'Amor*, Croce pasa revista a las distintas opciones sobre el autor, con una ligera inclinación a pensar que se trata del mismo Vázquez que aparece mencionado en el *Cancionero general* como responsable del poema dirigido a la reina de Nápoles, "a petición del cardenal de Valencia", *Dechado de amor*, compuesto por el año 1510 y relacionado de forma explícita con el ambiente cortesano que también aparece en el libro de *Question d'Amor*. En fechas muy recientes, Cáseda Teresa (2020) ha presentado una hipótesis muy convincente, que corrobora las sospechas de Croce: se trata de ese Vázquez que postula Croce, que fue impresor toledano a finales del siglo XV, al que se le perdió la pista después de 1492, fecha de la expulsión de los judíos, y que quizá se exiliase en Nápoles durante un tiempo. Cáseda Teresa va más allá y considera que Juan Vázquez, como judío converso, se tuvo que exiliar de nuevo de Nápoles, en 1512, a raíz de otro decreto de expulsión, lo que explicaría, por un lado, la publicación primera en Valencia y, sobre todo, la edición de Toledo (en 1515) en la imprenta de un tal Juan de Villaquirán, que Cáseda considera el nuevo nombre de Juan Vázquez. En la misma imprenta toledana se publicará, no por casualidad, en 1517 una reedición del *Cancionero general*, por supuesto, con el *Dechado de amor*.

> Con poco margen de duda, el Vasquirán que situamos en la *Cuestión de amor* y que Benedetto Croce considera el autor tanto de esta obra como del *Dechado* es el impresor Juan Vázquez, de probables orígenes judíos, el cual se establecerá de nuevo en Toledo con el nombre de Juan de Villaquirán, una vez hubo regresado del reino de Nápoles.Cuando vuelva a España, en 1512, concretamente a Toledo, con el nombre de Juan de Villaquirán, lo primero que hará será publicar ambas obras en su imprenta.

Las investigaciones sobre la autoría parecen dar la razón a las especulaciones de Croce. Pero quizá más interesantes son las observaciones, a mi juicio poco atendidas, de Croce sobre la estructura y el contenido de *Question d'Amor*. Menéndez Pelayo, en sus escritos sobre los orígenes de la novela y, en particular, sobre la novela sentimental, tomó al pie de la letra el juicio de Croce. Pero es obvio que incluir *Question d'Amor* en ese terreno convirtió el libro, a pesar de las sutilezas interpretativas de

Croce (ya digo: copiadas por Menéndez Pelayo), en un ejemplo de ficción novelesca, a medio camino entre la literatura erótica y la pastoril. El título del libro es muy significativo de la dificultad primaria de asignarle un género o de catalogarlo en algunas de las marcas poéticas de la época.

36

> Question de amor de dos enamorados: al uno era muerta su amiga; el otro sirve sin esperanza de galardón. Disputan cuál de los dos sufre mayor pena. Entretéjense en esta controversia muchas cartas y enamorados razonamientos. Introdúcense más una caza, un juego de cañas, una égloga, ciertas justas e muchos caballeros e damas con diversos e muy ricos atavíos, con letras e invenciones. Concluye con la salida del señor visorrey de Nápoles, donde los dos enamorados al presente se hallaban para socorrer al santo Padre, donde se cuenta el número de aquel lucido ejército e la contraria fortuna de Ravena. La mayor parte de la obra es historia verdadera. Compuso esta obra un gentilhombre que se halló presente a todo ello.

"Cuestión de amor" es la primera frase de un largo sumario de elementos que en él figuran: cartas, razonamientos amorosos, dentro de un mecanismo dialogal o dialéctico, la descripción de un momento de caza o de un juego de cañas; la inclusión de una égloga autorreferencial, la pintura pormenorizada de una justa de caballos, pero también de una disputa cortesana con letras e invenciones. Todo esto en una primera parte, que claramente mira al tema del amor como asunto principal. Pero, en una segunda parte, se incluye la narración de la preparación del ejército formado por el virrey de Nápoles para combatir en Ravenna a favor de la Liga Santa. El narrador se detiene con el elenco de nobles que participan, con los caballos y con los siervos que le acompañan, y hace un detallado repaso a las galas (tipos de telas, colores, insignias en las cartelas) de los caballeros que emprenden la batalla. El detalle con el que se cuenta todo esto responde a esa "historia verdadera" que aparece en el título y que induce a calibrar el texto anónimo como documento histórico fiable.

En cualquier caso, la crítica ha querido ubicar el texto de *Question d'Amor* dentro de un género sentimental, en el que los elementos pastoriles sobresalen. La égloga incluida en su interior, con Garcilaso como ulterior mediación involuntaria, ofrece un interés notable en los últimos tiempos. Sobre todo porque se presenta como una sofisticada multiplicación de planos ficcionales, ya que el relato de los protagonistas (supuestos trasuntos de otras personas que se eluden por diversas razones) incorpora una representación teatral en la que ellos mismos protagonizan, con otras máscaras y otros nombres, un encuentro pastoril de confrontación dialéctica. Es, pues, un doble ocultamiento, que reduce la verbalidad a un artificio codificado que solo se puede comprender desde dentro o dentro de un marco de reconocimiento evidente. Los antecedentes boccaccianos (en alguna edición posterior, como la de 1553, en Venecia, en la imprenta de Gabriel Giolito de Ferrari, aparece con la adición de las trece *quistiones* del *Filocolo* del autor italiano) sitúan el tema amoroso en los espacios del debate casuístico, alimentados por esa ambientación eglógica que, por otra parte, no es más que una representación dramática en el interior de un ambiente de galantería cortesana, de desafíos y justas literarias.

Pero esta parte o este nivel de discurso se ve claramente superado por un porme- norizado retrato de las circunstancias de tales representaciones festivas. Las justas, la caza, el juego de las cañas resultan tan interesantes y tan importantes como el debate amoroso: la puntillosa descripción de la vestimenta debió de ejercer un atractivo particular en los lectores, dada la extensión y el primor con que se realiza. Es un claro ejemplo de la preocupación por la retórica visual del mundo renacentista, en los términos en los que Heinrich H. Plett (2004) lo plantea. En uno de los primeros apartados del libro, por ejemplo, el titulado "Las cosas que Flamiano mostró a Felisel que para la fiesta tenía aparejadas", el detallismo es máximo: "no quise aquel día más vestirme de una loba frisada forrada de damasco negro, acuchillada toda por encima, de manera que por ella mesma se mostrase la forradura con las cuchilladas todas atadas con unas madejas de seda negra con una letra que decía "Claro descubre mi pena/ mi tristeza y el ajena". Más adelante cuando Flamiano le anuncia que se va a presentar a una fiesta en la casa de la duquesa de Meliano (la duquesa tal vez de Milán), le muestra las ropas que pretende lucir: "para esto tengo hecho esto que agora verás". El narrador describe: "e así le mostró unos paramentos y una guarnición de raso encarnado, chapados todos de unos braseros de plata llenos de brasas y la cimera de lo mismo con una letra que decía "Es imposible faltar/ de las brasas donde muero/ pues que me abrasa el brasero". Luego, "una ropa de brocado blanco forrada de raso encarnado, con unas fajas de raso, por de fuera llenas de unas villetas de oro de martillo o "doce vestidos para doce mozos y un paje de damasco blanco y raso encarnado con todo su cumplimiento", como pequeño preámbulo a un largo elenco de asistentes a las fiestas, presentados con todos los perfiles de sus vestidos. Ocioso será aducir ejemplos numerosísimos de este tenor (como el extenso pasaje de la caza, donde aparecen uno a uno los asistentes) para considerar que tal vez el éxito enorme de este libro (probado en las sucesivas ediciones a lo largo del siglo XVI) se haya debido al interés suscitado por estos pequeños pormenores de la ropa, en una especie de *gossip* anticipado, que bien podía ser de consumo ávido entre la clase nobiliaria que competía en sofisticación cortesana.

El gusto literario más moderno encuentra estas páginas, que predominan sobre la *disputatio* erótica, algo impertinentes, pero bien pueden constituir razón de su celebrado éxito, sobre todo porque el autor se cuida de crear una *cornice* enigmática para luego desvelarla en un juego de seducción literaria bien interesante. Al comienzo, lo deja claro:

> El autor en la obra presente calla y encubre su nombre (...); también muda y finge todos los nombres de los caballeros y damas que en la obra se introducen y los títulos, ciudades y tierras, perlados y señores que en ella se nombran por cierto

respeto al tiempo que se escribió necesario, lo cual hace la obra algo escura. Mas para quien querrá ser curioso y saber la verdad las primeras letras de los nombres fingidos son las primeras de los verdaderos de todos aquellos caballeros y damas que representan, y por las colores de los atavíos que allí se nombran o por las primeras letras de las invenciones se puede también conocer quién son los servidores y las damas a quien sirven.

El juego cortesano se traslada al texto, ya que solicita del lector un compromiso para descubrir las identidades ocultas. El autor, más adelante, no se sabe si de forma voluntaria u, olvidado de esta premisa, da pistas sobre las correspondencias. Croce, que llama al libro novela de clave, es el que proporciona al lector contemporáneo las relaciones entre los nombres inventados de los personajes y los nombres de personas de carne y hueso que podrían estar viviendo en la Nápoles de comienzos del siglo XVI. Su estudio es exhaustivo, pero baste presentar a los protagonistas para darse cuenta del envoltorio lúdico del volumen: Vasquirán, de nación española, (de Todomir/Toledo) se enamora de Violina (de Ciracunda/ Zaragoza) y acaban en Felernisa (Palermo), ciudad de la "gran ínsula" (Sicili); y Flamiano (de Valdeana/ Valencia) se enamora de Belisena, hija de la duquesa de Meliano (Milán) en la ciudad de Noplesano, que, por lapsus no sé si ignorado aparece antes mencionada como Nápoles. Después de celebradas las justas en la tela y la fiesta nocturna correspondiente, el autor

> deja de especificar las cosas que en la fiesta siguieron, ni la determinación del juicio de los precios: esto, tanto por la brevedad cuanto por que, pues que los atavíos e invenciones y letras están relatados, tengan los lectores en qué especular y porfiar a quién cada precio se debe dar, según el juicio de cada uno. Y esto conformará con la causa principal de la obra, pues su fundamento es sobre la porfía o questión de Flamiano y Vasquirán, la cual también se queda indeterminada.

La naturaleza lúdica de la primera parte de la obra queda explícita: dar motivo a la especulación y al debate entre los lectores. A partir de aquí, el autor anuncia que va a cambiar el estilo y va a declarar los nombres verdaderos. Así anima a los lectores que lo han seguido hasta aquí a que vuelvan sobre sus pasos "tornen atrás" y hallen las correspondencias. Las páginas siguientes, casi un tercio, relatan la marcha del virrey a Ravenna. Aquí se sustituye la relación en clave por la mención exacta de los caballeros que lo acompañan al combate. Las palabras parecen acta notarial: "para mejor esto contenderse es de saber que las cosas en este tratado escritas fueron o se siguieron o escribieron en la nobilísima ciudad y reino de Nápoles en el año de quinientos y ocho y quinientos y nuevo y diez y once, que fue la mayor parte y quinientos y doce que fue la fin de todo ello". En este mismo parágrafo aparece uno de los textos más elocuentes sobre la relación de los españoles con los napolitanos, unos pocos años después del triunfo de Gran Capitán.

En el cual tiempo todos estos caballeros mancebos y damas y muchos otros príncipes y señores se hallaban en tanta suma y manera de contentamiento y fraternidad los unos con los otros, así los españoles unos con otros como los mismos naturales de la tierra con ellos, que dudo en diversas tierras ni reinos ni largos tiempos pasado ni presentes tanta conformidad ni amor tan esforzados y bien criados caballero ni tan galanes se hayan hallado.

El relato hasta aquí procede con aires ligeros, de fiestas de galantería, de celebraciones varias, al calor y estímulo de juegos de ocio cortesano. A partir de aquí, el autor introduce un elemento trágico (en cierto modo, prefigurado en algún sueño anterior) y una atmósfera sombría: la armonía acaba siendo derrotada por la fortuna, que pone "en medio de este fuego una fuente de agua tan cruel y fría que la mayor parte como agora se diría en espacio de pocos días casi consumió". El narrador explica la causa de la reunión de todo el ejército en torno a Ramón de Cardona, virrey del realme de Nápoles (la convocatoria de la Liga Santa), pero adorna la relación histórica, minuciosa, con elementos inquietantes: las muertes seguidas de la condesa de Avellino, del cardenal de Valencia, Luis de Borgia, de la jovencísima Leonor de Sanseverino, princesa de Bisignano, y de Marina de Aragón, princesa de Salerno, son consideradas augurio terrible de lo que va a acontecer. Ese mismo sino aparece en el sueño de Vasquirán, premonición ostensible de la muerte de su amigo Flamiano.

La parte, pues, segunda de esta *Question d'Amor* ha sido más desatendida por alejarse de la especie sentimental que parece condicionar al libro. No es tampoco ajena a esa desatención la presencia en la primera parte de numerosas composiciones en verso, desde las breves letras de invenciones, hasta la égloga en endecasílabos, pasando por una variedad notable de coplas de arte mayor o también de pie quebrado. La materia lírica mezclada con una prosa epistolar, de silogismos escolásticos para dar cuenta de las reflexiones sobre el amor, y con una ocasional ambientación pastoril parece responder a un canon ficcional más interesante para la crítica literaria que una relación más o menos descriptiva de una batalla de orden histórico. Y, sin embargo, es esta parte la que justifica la frase del largo título del libro. Y la que permite entender el porqué de un libro plenamente integrado en la realidad casi cotidiana de la aristocracia napolitana que está consolidando su posición en torno a la figura del virrey napolitano, incipiente órgano unipersonal, necesitado de un refrendo cortesano, de celebraciones festivas donde reconocerse y de empresas bélicas donde mostrar su fortaleza.

Convendría, pues, compensar la lectura de *Question d'Amor* con una perspectiva política, que intente explicar el libro como una fórmula heterogénea, capaz de cobijar en un mismo marco buena parte de la producción literaria del momento y también de dar noticia de la vida de Nápoles entre los años 1508 y 1512, a modo de calendario o almanaque de festejos y justas cortesanas, destinado a conformar un espacio político cohesionado e identificado con un propósito dinástico evidente. François Vigier

(2006), en su edición moderna del libro, parece sugerirlo cuando descubre el callejón sin salida al que conduce la porfía dialéctica entre Vasquirián y Flamiano y, al tiempo, el enorme espacio otorgado a la presencia de una clase nobiliaria, con nombres y apellidos, verdaderos y fingidos, en torno a las calles y a los tablados napolitanos: esta quizá fue la clave del libro y, tal vez, como considero, la razón de su éxito editorial, como testimonio visual (construido con palabras) de una sociedad celebrativa y arraigada a través de su participación colectiva en saraos y competiciones festivas.

A Juan de Valdés, el protagonista del *Diálogo de la lengua,* le pregunta Marcio: "Del libro de *Cuestión de Amor,* ¿qué os parece?" y le contesta: "Muy bien la invención, y muy galanos los primores que hay en él; y lo que toca a la cuestión no está mal tratado por la una parte y por la otra. El estilo, en cuanto toca a la prosa, no es malo; pudiera bien ser mejor; en cuanto toca al metro, no me contenta". Este lector privilegiado, que vive además en Nápoles, elogia la *inventio* del libro, probablemente lo que tiene de complejidad estructural, pero le llaman la atención los primores que hay en él: a mi juicio, los pormenores, los detalles, ese descriptivismo minucioso, porque, al parecer, el meollo de la cuestión la zanja con una litotes poco comprometedora. Los versos no le gustan: *ergo*, todo apunta a que el verdadero interés del libro para una persona como Valdés, comprometida política y doctrinalmente, eran precisamente esos aspectos testimoniales, pictóricos y ecfrásticos.

El éxito del libro fue extraordinario. Durante el siglo XVI se reedita en múltiples ocasiones e incluso se traduce. La edición, por ejemplo, de Venecia, de 1533, de uno de los impresores más activos de la ciudad, Juan Bautista Pedrezano, animado por Francisco Delicado, declara que da a luz el libro "por importunación de muy muchos señores a quien la obra, estilo y lengua romance castellana muy mucho place". En la edición de 1553, también en Venecia, se añaden las trece *quistiones* del *Filocolo* de Boccaccio, con la idea de establecer una continuidad de temas y estilo, que está de forma evidente en la invención primera de *Question d'Amor.* En la dedicatoria firmada por Alonso de Ulloa (el mismo que publicará en ese mismo año las poesías de Garcilaso y en la misma imprenta veneciana) y dirigida al Licenciado Duarte también se hace notar la demanda y la necesidad de volver a publicar el libro "tan gracioso, tan dulce y tan hermoso como todos saben". No conviene olvidar que el arranque de la parte traducida del *Filocolo* es la bienvenida que recibe Filocolo a su arribada a Nápoles y la organización de la justa cortesana como entretenimiento y acogida que constituye la *cornice* de las *questiones* amorosas. Durante buena parte del siglo XVI apareció publicada de forma conjunta con *Cárcel de amor,* gracias a la iniciativa de la famosa imprenta de Martín Nucio en Amberes, desde 1546, en un formato de doceavo, idóneo para ser llevado en mano: o dicho de otra forma, *Cárcel de amor* apareció asociada a esta *Question d'Amor* desde ese momento.

Propalladia (1517) de Torres Naharro.

La *editio princeps* de *Propalladia* fue publicada en 1517 en Nápoles, en la imprenta de *Ioannis Pasquet di Sallo*. Las circunstancias que llevaron a Bartolomé Torres Naharro a trasladarse a Nápoles, después de una estancia previa en Roma, donde, al parecer, vio representadas algunas de sus comedias, fueron propuestas por Oleza (2004), quien ha estudiado con detalle ese trasiego. Oleza sostiene, con algunas dudas, que con gran probabilidad se representaron en el entorno de Isabella d'Este, bien en la propia ciudad pontificia, o bien en el viaje que realizó la noble mantovana a finales de 1514 a Nápoles. La especulación procede del relato de la propia Isabella d'Este a Bernardo Capilupo, en carta escrita desde Nápoles 8 de diciembre de 1514, en el que describe el sarao al que fue invitada por el conde de Claramonte, "figliolo del Principe de Bisignana", y en el que se dice que, en un ambiente de infinitos invitados, fue celebrada una danza, de "due o tre hore", y, a su término, se representó "una certa farsetta alla spagnola, qui hebbe assai dil galante, durò circa una hora e meza". Este apunte sugiere la posibilidad (sin otros argumentos) de que sea la *Jacinta* de Torres Naharro la llamada *farsilla* a la española.

Oleza, que da por supuesto el éxito de Torres Naharro en los círculos nobiliarios de Roma y Nápoles, se sorprende de que el dramaturgo no aparezca mencionado en "ninguno de los numerosos y riquísimos diarios, relaciones, crónicas, historias, que en aquella época se redactaron en la corte" y añade que

> nadie juzgó interesante dejar noticia de la fiesta en que se representó la *Tinellaria*, y de las múltiples crónicas que relataron la embajada portuguesa ninguna se detuvo a contemplar la representación de la *Trophea*. Ni la propia Isabella d'Este, en cuya biblioteca figuraba la *Propalladia*, y a quien Torres dedicó su *Jacinta*, y que tan amiga fue de comentar sus relaciones literarias, llegó a notar la presencia de su admirador extremeño. La exasperación del estudioso llega a su límite al comprobar que el curiosísimo Marino Sanuto, o Marín Sanudo, que en sus *Diarii* recoge prolijamente el transcurso de la vida cotidiana de la época, y que colecciona con especial fruición noticias de representaciones teatrales, ni una sola vez menciona a nuestro autor, y ello a pesar de que en su biblioteca particular guardaba tres ediciones sueltas de Torres Naharro: las de la *Aquilana* , la *Soldanescha* [sic] y la *Pontifical* (¿La Tinellaria ?).

Para Oleza, la estancia de Torres Naharro en Nápoles se presenta como una alternativa de supervivencia aquel año de 1517. El caso es que imprime su obra en la ciudad: los paratextos del volumen arrojan datos muy sustanciosos sobre la vida cultural de la ciudad. El libro fue publicado por un impresor que comenzaba su andadura empresarial: Ioannis o Ioan Pasqueto o Pasquet di Sallo, o Salò, su probable lugar de procedencia. Había comenzado a trabajar con el famoso impresor alemán Sigismund Mayr, que copa la producción editora de comienzos del siglo XVI, y decide inde-

42

pendizarse con una obra escrita en español. En la historia como impresor que detalla Mansi (2020), *Propalladia* es la única publicada en lengua romance. La imprenta se hallaba, como señala el colofón, "junto a la Anunciada", una parroquia dedicada a la recogida de los hijos expósitos, en el barrio de Forcella, muy cerca de donde estaban las otras imprentas de la ciudad y próxima también a las sedes de la vieja *Vicaria* y de los edificios de la Universidad, como señala Mansi, "un posto strategico nella geografia tipografica della città".

El título y la portada han sido explicados con singular minuciosidad por Sánchez García (2020), quien dedica un estudio extraordinario, exhaustivo y complejo, a todos los aspectos de los preliminares. El libro está dedicado a Fernando d'Ávalos y Aquino, marqués de Pescara, conde de Nardò, y camarlengo del Reino de Nápoles, una figura central en la ciudad en aquel momento. En la portada aparece su escudo de armas, ocupando el lugar principal, bajo un templete con cuatro columnas, a modo de *cornice*. A ambos lados del edificio, aparecen dos figuras: la de la derecha, una mujer, bajo una hoja de olivo (si se atiende a lo que se indica en el prohemio) y sobre una peana donde aparece la palabra *Prudentia*, virtud vinculada de modo inevitable a la esfera política. Al otro lado, un hombre, con hojas de laurel en sus sienes, escribe sobre un atril en lo que parece un *studiolum*. Debajo de esta figura, como describe Sánchez, aparece un escudo dividido en tres partes: dos torres, un monte rodeado de aguas turbulentas que puede representar la isla de Ischia, a la que estaba estrechamente unida la familia D'Ávalos, y las llaves en una mano que aluden a la condición de camarlengo. La propuesta de que ambas figuras representan al dedicatario del libro y a su mujer Vittoria Colonna, también aludida con las columnas del *tempietto*, parece convincente, así como la tesis que plantea la propia Sánchez de que el dibujo intente reproducir el momento en que Fernando D'Ávalos, preso en Milán, escribe sus cartas a su mujer Vittoria. En el prohemio aparecen ambos mencionados, con una iconografía semejante: la corona de laurel y la oliva.

La portada se completa con la indicación relevante de poseer privilegio papal y real y con el elenco de su contenido. La dedicatoria a Fernando D'Ávalos se presenta bajo una alegoría poco habitual: la de la escritura y su divulgación impresa como una aventura marítima que sale del puerto (el silencio) para enfrentarse a los temporales. Esta alegoría aparece como resultado de una *quaestio generalis* que Torres Naharro plantea al principio: la idea de que el conocer, el saber (sin intereses materiales), es la fuerza motriz de las acciones del hombre. La curiosidad natural ("la pobre navecilla de mi torpe ingenio") se atreve a enfrentarse a "las carniceras e inquietas lenguas" o a "los agudos cuernos del bestial toro", que se traducen en "las puntuosas malicias del bestial vulgo". Las palabras de alabanza a la heroicidad del marqués de Pescara, con las que recuerda sus precoces hazañas a sus 22 años (no más de 26 debe tener D'Ávalos cuando la *Propalladia* se imprime), se entremezclan con una declaración explícita de Torres Naharro de arrostrar con lo que puedan decir de sus obras expuestas a los lectores, si bien con la protección habitual de alguien como el marqués, que, por otra parte, aparece como simbiosis de lo español (Ávalos) y lo italiano (Aquino, que se remonta al mismísimo santo Tomás, profesor, como se sabe, en la universidad partenopea). El encomio incluye el de su esposa Vittoria y el de la marquesa de Francavilla, Costanza D'Avalos, tía del marqués, otra de las figuras fundamentales de la corte ischiana de principios del siglo XVI, promotora de reuniones y actividades artísticas de primer orden, y que aparece aquí presentada como tutora intelectual del marqués. La dedicatoria concluye con el recuerdo del padre de Vittoria Colonna, Fabrizio Colonna, al que dice servir: con él se cierra el círculo familiar en el que se integra el destino final de esta colección de obras: los Colonna y los Ávalos, esa pareja que encarna el humanismo de principios del XVI.

El prohemio de la *Propalladia* ha sido estudiado con todo detalle. Sería redundante recordar, al menos, los aspectos centrales de la poética de Torres Naharro: quizá convenga añadir el auxilio erudito que le proporciona Badio Ascensio y quizá pueda dársele una nueva vuelta a algunas consideraciones sobre la voluntad o intención última de Torres Naharro. Fosalba (2020), en un parangón con el *Arte nuevo de hacer comedias* de Lope de Vega, sugiere que ambos escritores se saltan todos los preceptos a la torera, pero que Torres Naharro, a diferencia de Lope, mantiene el componente satírico en su teatro, mientras Lope lo dulcifica o lo elimina para huir "de ser identificado con un dramaturgo de inconveniente trasfondo satírico". Esta atrayente distinción se presenta como conclusión a un detallado estudio de las observaciones de Torres Naharro con respecto a las que se pueden leer en los *Praenotamenta Terentii* de Badio Ascensio, en particular aquellos lugares críticos en los que Torres Naharro disiente o modifica las ideas del *grammaticus* flamenco.

La mención a Badio Ascensio no es baladí, porque en el prohemio Torres Naharro cita, muy de pasada, como dándolos por muy conocidos, como así eran, los versos del prólogo de Persio a sus *Saturae*: "*ipse semipaganus/ ad sacra vatum carmen adfero nostrum*", en un claro y tópico ejercicio de *captatio benevolentiae* bajo la especie de la humildad del estilo. Badio Ascensio también fue escoliasta de Persio (como de Horacio), por lo que el prohemio se sitúa en un ambiente de cultura grecolatina bien evidente. Asoma aquí otra de las especies extendidas sobre el escritor de Badajoz: la de su erasmismo, que quizá haya que entender en los términos de una formación humanista amplia, en la que la vena satírica, censora de costumbres y amiga de la dimensión popular y lúdica de la literatura, parece predominar. La metáfora gastronómica de las obras publicadas como *antepasto* (Capítulos y Epístolas), *pasto* o "principal cibo" (las Comedias) y *postpasto* (otras cosillas) alimenta esa tonalidad coloquial propia de la educación humanista. Es esta una vía poco transitada, quizá porque los textos de las comedias, proyectados al impacto de la comedia nueva lopesca, ensombrecen las otras obras del volumen y la visible *cornice* de erudición clásica.

El texto escrito en latín que se incluye a continuación ejemplifica este extremo. Se trata de una especie de carta, *epistellulam*, firmada por un Mesinierus I. Barberius Aurelianensis a Badio Ascensio, presentado como poeta parisino y preceptor egregio. La carta está fechada el 4 de marzo desde el palacio del duque de Nardò, Belisario Acquaviva, importante promotor de la vida cultural de Nápoles y autor de varias obras sobre política y moral, publicadas por el mismo impresor de la *Propalladia*. El nombre del autor (con esa indicación del origen en Orléans y la posible pista de su ascendencia francesa) sigue siendo una incógnita: Sánchez García insinúa que quizá sea un *alter ego* del propio Torres Naharro, con argumentos bien convincentes. La primera parte reúne los elementos tópicos de la *salutatio* para luego pasar al asunto central: la de presentar a Bartolomé Torres Naharro, con una breve *descriptio*, un tanto convencional en términos encomiásticos: discreto en los rasgos físicos y virtuoso en los morales. Se ofrecen cuatro datos biográficos veloces: nacido en Badajoz, raptado por piratas berberiscos, escritor reconocido en la Roma del pontífice León X y "*expectatus*" en Nápoles. Y se concluye con la noticia de que se publica esa obra bajo los auspicios del marqués de Pescara y con el envío de recuerdos a otro poeta, Fausto Andrelini, para reforzar, como señala Sánchez, el tono amistoso y familiar de la nota. Esta fórmula, que sirve, además, para ubicar todo el proyecto editorial en el entorno de Belisario Acquaviva, permite dotarla de excelencia erudita y de clasicidad evidente.

Después de esta semblanza, entremetida en una carta amistosa entre un incógnito escritor y uno de los más importantes escoliastas de esa época, aparece el privilegio papal, con expresiones que manifiestan sin ningún género de dudas una afinidad con Torres Naharro muy notable. No era habitual la inclusión de este privilegio, sobre todo, si se tiene en cuenta que en el índice de Valdés se prohíbe esta *Propalladia* si no es enmendada. En una de las ediciones corregidas, aparece la traducción abreviada de la carta a Badio Ascensio, con solo los datos biográficos, que son, curiosamente los que Nicolás Antonio reproducirá en su *Biblioteca Hispana Nova*.

Tras el privilegio aparece un hexasticón, un epigrama de seis versos, que recoge el contenido de la *Propalladia*: *scommata*, *versuras*, *lusus*, *certamina*, *mores* son las palabras que se asocian a la colección, vinculadas al modo satírico. En esta sextina latina aparece de nuevo la mención a Palas (probablemente la misma Vittoria Colonna) y al marqués de Pescara, para acabar con una alabanza al propio Torres, capaz de aunar en sus versos la vena heroica bajo la protección de Marte y la vena culta bajo la idea de Minerva. Sánchez (2020) otorga a esta pequeña composición un valor político, al atribuirlo a un desconocido poeta procedente de Morcone que pretende, así, aceptar el nuevo papel del marqués de Pescara como pacificador entre la vieja clase nobiliaria filofrancesa vencida por los españoles y la nueva clase aristocrática triunfante.

44

La presencia de Nápoles, a pesar de todas estas alusiones al entorno aristocrático y culto, está, por fuerza, reducida, ya que Torres Naharro, si bien integrado, con un señor al que sirve, acaba de llegar a la ciudad y su experiencia es escasa. Benedetto Croce, que es el que comenta que Torres Naharro servía a Fabrizio Colonna "che vi abitava un bel palazzo del quale ancora si serba l'arco de la porta con gli stemmi nella via di Mezzocannone", sostenía que "allusioni a Napoli non ve ne sono". Se refiere a que no se traslucen en sus obras los fastos de matrimonios celebrados en aquel año de 1571. No obstante, se pueden hallar algunas notas en la comedia *Himenea*, que han pasado desapercibidos: Sánchez cree que precisamente para alguna de esas fiestas, concretamente la de Costanza d'Avalos con el duque de Amalfi, Alfonso II Piccolomini, escribió esa comedia: son suposiciones que se confirman con lo que parece una evidente ambientación napolitana de la obra. Dos referencias llevan a Sánchez a suponer ese espacio: las "casas caídas" y, sobre todo, la alusión a la *Sillería*, la *Sellaria*, uno de los lugares emblemáticos de la administración política, hoy lugar del Archivio di Stato. Le sirve, incluso, para situar a los personajes y probablemente la dimensión social entre distintos *seggi*: el del Popolo y el del Nido, al que pertenecía D'Ávalos, cuyo palacio estaba en la parte norte de la ciudad. La continuidad comedia y realidad (sin contar la proximidad de la imprenta) parece desvelarse en estos pequeños detalles.

Sin duda alguna, la *Propalladia*, como testimonio de la presencia breve y tal vez fugaz de Bartolomé Torres Naharro en Nápoles, constituye un ejemplo extraordinario de la importancia adquirida por Nápoles en el dominio italiano de los Austrias. Representa la consolidación de una nueva clase social, nobiliaria, con indisimulada vocación burguesa, formada por antiguos adversarios, que ven en los nuevos virreyes (a pocos años de la victoria del Gran Capitán) un firme apoyo para el desarrollo de la ciudad. Las principales familias, en particular, los que aparecen nombrados en los preliminares del libro de Torres Naharro, los Colonna (Fabrizio y su hija Vittoria), los D'Ávalos (Costanza y su sobrino, Fernando) o Belisario Acquaviva conforman una red intelectual de primer orden, conectada con las ciudades renacentistas italianas por múltiples vías (Ferrara, Venecia y la misma Roma), en plena expansión económica y cultural. En ese espacio napolitano tiene, pues, lugar el nacimiento ocasional, pero justificado, de una compleja construcción política y poética: la publicación de las comedias de un autor de éxito en las cortes romanas y la descripción somera de una poética dramatúrgica para conocer la actualidad europea.

Garcilaso de la Vega (1532-1536).

La estancia en Nápoles de Garcilaso ha sido muy estudiada. No solo en sus pormenores personales, sino en la impronta intelectual y poética que le pudo haber causado el contacto con los distintos cenáculos partenopeos. Los trabajos últimos de Fosalba -no solo sus propios estudios (2018, 2018b, 2018c, 2018d, 2019a, 2019b), sino la promoción constante de un nuevo panorama de aproximaciones críticas en volúmenes de fundamental relieve junto a De la Torre Ávalos 2017, 2018- o los de De la Torre Ávalos −en particular los referidos (2017, 2018, 2019) a la vinculación con la corte de Ischia de Vittoria Colonna y Alfonso D'Avalos, marqués de Pescara y del Vasto, asunto central de su tesis doctoral (2020)- son extraordinarios, repletos de información y de una densidad interpretativa muy estimulante. Constituyen un esencial punto de partida para la investigación en este aspecto, aún abierta a numerosas sugerencias sobre las relaciones de Garcilaso con el rico mundo de los proyectos literarios que emprende nada más arribar a la corte virreinal.

Garcilaso llega a Nápoles por primera vez para acompañar al virrey Pedro de Toledo en octubre o noviembre de 1532 y permanece en ella un par de años hasta agosto de 1534. Viene de un accidentado periodo en el que, por alguna pequeña inconveniencia protocolaria, se ve apartado a una de las islas que el Danubio forma al llegar a Ratisbona. Esta primera estancia se interrumpe, durante la primavera de 1533, de abril a junio, por un pequeño viaje a Barcelona (donde visita a Juan Boscán) por seguir al emperador y a Toledo por asuntos personales. Dos viajes más a Toledo, durante el año 1534 (a comienzos del año y en agosto), constituirán los breves paréntesis de un asentamiento final en Italia, con Nápoles como lugar de referencia. Durante este periodo de ocupación militar, Garcilaso participa en la toma de La Goleta (julio de 1535) y recorre de vuelta la isla de Sicilia y el sur de Italia para llegar triunfalmente, junto al emperador Carlos V, a la ciudad partenopea. En Nápoles permanece unos meses, hasta su nombramiento el 17 de mayo de 1536 como maestro de campo del ejército que tiene la intención de combatir contra los franceses en la Provenza. Conocida es la circunstancia de su muerte en esa empresa bélica, el 19 de septiembre, en el ataque al castillo de Le Muy, cerca de Fréjus. En total, el tiempo que transcurre en Nápoles, con varias y cortas interrupciones, es de casi cuatro años.

Desde el principio, Garcilaso se integra en los círculos napolitanos de forma casi inmediata. Los meses transcurridos en Italia con Carlos V entre julio de 1529 y verano de 1530 (Génova, Bologna y Florencia) pudieron haberle servido de introducción en la literatura vernácula y en los ambientes cultos cortesanos de la Italia de aquella época. Sobre todo si se añaden los meses que pasan hasta el momento en que lo vemos en Ratisbona, que puede alcanzar otro año más, del que se ignora casi todo. Lo cierto es que tan pronto como llega a Nápoles, entra directamente a cultivar la amistad con los escritores principales del momento. Eugenio Mele (1923), en su trabajo sobre las poesías latinas de Garcilaso, detalla con especial minuciosidad las amistades cobradas por el poeta desde el primer instante. Su repaso me exime de explicar en profundidad el alcance de esas relaciones, pero permite comprender la envergadura de la implicación garcilasiana en la vida partenopea y en el desarrollo de la poesía (latina y vernácula, italiana o castellana) de aquel momento. Luigi Tansillo, Bernardo Tasso, Julio César Caracciolo, Mario Galeota, Girolamo Seripando, Placido di Sangro, Onorato Fascitelli junto a Pietro Bembo son los destacados del elenco, aunque no se olvida de Antonio Tilesio, Girolamo Borgia, Cosimo Anisio, o Scipione Capece. Juan de Valdés, Juan Ginés de Sepúlveda y Hernando de Acuña son los españoles cuya amistad describe Mele, para acabar con una larga semblanza de Severo Varini, que considera el personaje aludido con el mismo nombre de Severo en la égloga II.

La fortuna crítica del libro sobre Garcilaso de Rafael Lapesa ha propiciado la idea de que en la trayectoria de Garcilaso hay un antes y un después de su estancia en Nápoles. En términos generales, la inflexión producida con su contacto en Italia es reconocida de forma unánime, aunque hay serias discrepancias sobre el momento de tal mudanza y sobre el tenor de tales diferencias. La cronología de los poemas de Garcilaso constituye uno de los lugares críticos más discutidos y, en gran medida, se centra en averiguar si la composición en cuestión es anterior o posterior a su viaje napolitano. Fosalba ha expuesto en artículos recientes (2012 y 2016) la tesis de que la aproximación de Garcilaso a la poesía que se estaba haciendo en Italia (en lengua latina o en vernácula) se produce con anterioridad. Eso supone desmontar el carácter fulcral y epifánico de la famosa entrevista de Garcilaso y Boscán con Navagero en Granada (hasta el punto de negar la existencia de tal encuentro), así como ciertas consideraciones generales sobre las propuestas de Garcilaso. Sobre lo primero, es muy posible que ya en Toledo Garcilaso conociese al embajador veneciano y al mismo Castiglione, quienes pudieron introducirlo en la pista de la vanguardia poética italiana. En ese mismo orden de cosas, se pone en cuestión, a propósito del soneto XVI, el epitafio a la sepultura de Hernando de Guzmán, hermano de Garcilaso y muerto en Nápoles en 1528, que su redacción surgiese de forma inmediata a su muerte o si Garcilaso la pudiese componer más tarde, cuando este visita su tumba en Nápoles. La tesis de Fosalba asume que muchas de esas composiciones pudieron haber sido retomadas con posterioridad, impulsadas por una actividad más fecunda durante el tiempo que permaneció en Nápoles.

El momento en el que llega Garcilaso a Nápoles es el posterior al auge de la *Accademia Pontaniana*. El influjo de Pontano se deja ver en buena parte de las obras que se escriben en esa época, así como el de Sannazaro, que ve publicada su *Arcadia* con un éxito rotundo en los primeros años del siglo XVI. La huella de Sannazaro es enorme en lo que se refiere a cuestiones genéricas, ya que su prosímetro abre unas posibilidades de hibridación que la mera mención de libro de pastores no permite abarcar. La tradición bucólica de Teócrito y de Virgilio suele traerse como lugar común de la historia de este tipo de discursos; sin embargo, Sannazaro amplía de forma extraordinaria el marco codificado de la pastoral grecolatina. En la obra ya comentada de *Questión d'Amor* el impacto era visible. Quizá en Garcilaso se halla más en las soluciones que otorga a buena parte de sus composiciones que a la propia de las églogas. Solo hay que advertir en sus versos la incorporación de discursos propios de la elegía (con un tono coloquial, medio), en particular en la égloga I, o propios de la literatura épica o encomiástica (como los versos de esa misma égloga que resumen la historia de la casa de los Alba), o los numerosos préstamos del *Orlando furioso* del Ariosto. Sus dudas genéricas en la elegía II, que le obligan, en un ejercicio metaliterario, a señalar que el estilo de la elegía se le va yendo hacia la sátira, apuntan a este debate de moldes genéricos, que Sannazaro abre al comienzo del siglo.

La impronta de Pontano se mide en otro terreno, no menor: el de la construcción de un *entourage* de amistades y redes de sociabilidad en donde puede fertilizar la creación poética. Aunque ha desaparecido el *factotum*, la estructura perdura como un espacio necesario de transmisión literaria: resulta impensable escribir fuera de esos límites y de ese contexto. La lectura, por ejemplo, del soneto XXIV, "Ilustre honor del nombre de Cardona", dedicado a María de Cardona, marquesa de Padula y condesa de Avellino, poeta ella misma y probablemente impulsora de saraos y encuentros literarios, debería hacerse en el marco de una corona poética, en la que tal vez participaron otros autores (véase al respecto Mele 1923), mencionados en el texto:

> Ilustre honor del nombre de Cardona,
> décima moradora del Parnaso,
> a Tansillo, a Minturno, al culto Tasso
> sujeto noble de inmortal corona,
> si en medio del camino no abandona
> la fuerza y el espírtu a vuestro Laso,
> por vos me llevará mi osado paso
> a la cumbre difícil de Elicona.
> Podré llevar entonces sin trabajo
> con dulce son que el curso al agua enfrena
> por un camino hasta agora enjuto,
> el patrio, celebrado y rico Tajo,
> que del valor de su luciente arena
> a vuestro nombre pague el gran tributo.

Gargano (2014), en su lectura del poema, ofrece una interesante interpretación en clave metaliteraria, al considerar que se trata del juicio del propio Garcilaso sobre el rumbo de su propia poesía, renovada con los influjos napolitanos para dar vida al "enjuto" estilo de la poesía castellana, cifrada en el "patrio, celebrado y rico Tajo". Según Gargano, el poeta toledano era consciente de su evolución poética y de la deuda adquirida con el ambiente literario de Nápoles. En cualquier caso, la lectura de la obra garcilasiana debe partir de este círculo de amistades, culto y conocedor de las claves internas de las expresiones: eso permite, por ejemplo, descubrir en ciertas elecciones elocutivas el repertorio verbal a disposición de todo el grupo de poetas. A estos niveles, Garcilaso se comporta como un poeta napolitano más, al margen de la lengua empleada en sus versos.

Suele celebrarse en este pasaje de la vida garcilasiana una etapa italianizante. El término, no siendo inexacto, oculta la preponderancia de la imitación clásica, aunque, en puridad, la supuesta impregnación italiana lleva implícita la abrumadora presencia de los poetas grecolatinos. Puede establecerse una ligera distinción entre la huella de poetas como Petrarca, Ariosto o Sannazaro y los de escritores como Propercio, Estacio, Ovidio o Virgilio u Horacio, entre muchos otros. Es quizá una opción propedéutica, de procedimiento didáctico, pero todos pertenecen a un mismo acervo verbal, que suministra invención y registros elocutivos a los poetas. En el *Diálogo de la lengua,* como se verá, la *questione della lingua* aparecerá de forma inevitable, y, con ella, la consideración aún jerárquica de lengua latina, lengua italiana y lengua castellana.

El círculo de amistades napolitanas explica otras composiciones de Garcilaso. A Giulio Cesare Caracciolo le dedica el soneto XIX, "Julio, después que me partí llorando". Interpretado desde el Brocense como el recuerdo del momento en el que ambos poetas comienzan a dar noticia de sus respectivas amadas que viven en los lugares intercambiados: Garcilaso en el lugar donde vive la dama de Caracciolo y Caracciolo, en el que vive la de Garcilaso. El mutuo consuelo se traslada en versos familiares, propios de una epístola íntima, que solo el destinatario puede comprender. No es inconveniente plantearse, en estos casos, la posibilidad de que los poemas obedezcan a una transmisión cerrada, que, por azar del editor, encuentran pública difusión.

Mario Galeota es otro de sus amigos napolitanos con quien mantiene correspondencia poética. El soneto XXXV, "Mario, el ingrato amor, como testigo", lleva como título "A Mario, estando, según algunos dicen, herido en la lengua y en el brazo". Es aclaración de la edición del Brocense, ya que es el catedrático salmantino quien lo añade al conjunto publicado por la viuda de Boscán, y que, por cierto, Herrera no incluye en sus *Anotaciones.* El poema pudo haber sido escrito desde la campaña de La Goleta: testimonios sobre un percance con unos asaltantes que le hirieron boca y brazo contextualizan el soneto, incluso con la nota de que un caballero napolitano, Federico Carafa, pudo haberlo ayudado, pero nada en el texto lo declara.

Mario Galeota puede ser también el "cativo" de la *Ode ad florem Gnidi,* por una sencilla insinuación con su apellido en el verso "al remo condenado". La historia que se esconde tras esta oda plenamente horaciana es conocida; el poeta estaría reprochando a una dama, muy probablemente Violante Sanseverino, su desdén hacia su amigo Galeota. Dos composiciones de Berardino Rota, cuya obra conviene leer con detalle -un epigrama con el título de *Ad Marium Galeotam,* "Quas Charites pictis violas iunxere corollis", y una silva *Viola. Ad Marium Galeotam,* "Quis violas Galeota tibi quis carmina nolit"- añaden argumento en favor de tal correspondencia. La interce-

50

sión se ejemplifica con el caso (de las *Metamorfosis* ovidianas) de Anajárete, en un ejercicio de imitación compuesta que la crítica ha intentado descifrar con abundante documentación. Referirla sería improcedente, pero sí debo detenerme en la vertiente napolitana del poema. En primer lugar, el propio título, ya que de ahí se deriva un punto crítico muy relevante en el análisis de Garcilaso. La polémica sobre su naturaleza genérica, hoy entiendo que resuelta, abre la posibilidad de comprender que Garcilaso, a pesar del tenor amoroso del texto, recurre a Horacio como marco estructural y, sobre todo, a una elocuencia *mediocris* que de inmediato remite al poeta latino.

Dos de las tres odas latinas (Alcina 2018, Gray, 2016) de Garcilaso (*Ad Antonium Thylesium ode*, *Sedes ad Cyprias Venus*) se hallan en el manuscrito XIII AA 62 de la Biblioteca Nazionale di Napoli, que recoge la documentación conservada (correspondencia en su mayoría) de Girolamo Seripando, y en el manuscrito de la Biblioteca Vaticana, Vat. Lat 2836. Es muy posible que los testimonios del manuscrito romano sean traslado de los napolitanos, gracias a la intervención de Onorato Fascitelli, una figura fundamental en el trasvase cultural entre Venecia, Roma y Nápoles. Fascitelli se movía entre las prensas de Aldo Manuzio y al tiempo mantenía gran relación con Seripando y, a buen seguro, fue quien dio a conocer a Colocci las odas garcilasianas, junto a otras composiciones del mismo manuscrito (Fosalba 2018). La otra oda, dedicada a Juan Ginés Sepúlveda, *Ad Genesium Sepulvedam*, a propósito de su libro sobre la campaña africana del Carlos V, *Historia de la campaña de Túnez*, parece más oda pindárica que horaciana, si bien los auxilios verbales le llegan desde Virgilio o desde Marcial, cuando no del mismo Horacio, que proporciona ideas y fórmulas expresivas. Solo existe copia manuscrita (en la Biblioteca Nacional de Madrid, 5785), pero parece evidente que se trata de una composición escrita en el periodo que Garcilaso pasa en Nápoles. Juan Ginés de Sepúlveda lo cita en su *De rebus gestis Caroli*, libro XVI, 26. No deja de resultar interesante la propuesta de Gray (2016) de relacionar ambas odas como ejemplo de la ambigüedad personal y política de la figura de Garcilaso: personal, porque sustituye la nostalgia por Toledo con la felicidad de Nápoles, y política, porque, en su execración del dolor de la guerra, parece contradecir en algo la empresa imperial de la dinastía de los Habsburgo. Es especulación que libera a Garcilaso, al menos, del corsé hispánico con que la crítica literaria lo ha ceñido durante siglos.

La oda a Antonio Tilesio (*tricolos tetrastrophos*, como aparece en el manuscrito, tal vez a imitación de la indicación que llevan las odas horacianas en la edición, por ejemplo, de Mancinelli de 1492) apareció impresa en Nápoles el año 1762, en la edición de las *Opera* del erudito de Cosenza, al final del segundo libro de sus *Carmina*. Es extraña la fecha en la que por primera vez aparece y de forma tan singular, en medio de un volumen de obras completas. En las abundantes ediciones impresas de Antonio Tilesio, publicadas en los años en que Garcilaso estuvo viviendo en Nápoles, no aparece rastro de la oda garcilasiana: su exhumación a mediados del siglo

XVIII parece incógnita, pero no cabe duda de que procede del ambiente napolitano donde quizá se guardaba. Garcilaso menciona la tragedia de Tilesio, *Imber aureus*, publicada en 1529, y alude a Placido di Sangro y a Mario Galeota en el poema, que parecen escuchar la palabra sabia de un misterioso maestro, cuyo nombre no se especifica pero que parece responder a la figura de Girolamo Seripando o, según apunta con argumentos convincentes Morros, Scipione Capece, dada la amistad con Tilesio (se conservan epístolas entre ellos) y los temas sobre la preocupación de los dioses por los mortales que parecen desarrollarse en sus libros. La descripción del momento en que el maestro expone sus ideas a los amigos de Garcilaso puede ser la de una reunión de la *Accademia Pontaniana* o quizá de otro encuentro académico en la mansión de alguno de los amigos napolitanos.

En cualquier caso, se trata de una de las composiciones que, tal vez por la vena confidencial del modelo horaciano, más datos ofrece de la vida de Garcilaso: en concreto, su exilio (con notas que recuerdan al desterrado Ovidio de los *Tristia*), lejos de la familia y del lugar de nacimiento, que le provoca un estado de ánimo doloroso y la benéfica llegada a Nápoles, con las referencias al río Sebeto pontaniano y la emblemática sirena Parténope, origen y esencia de la ciudad, en versos ya muy famosos: "Sirenum amoena iam patria iuvat/ cultoque pulchra Partenope solo/ iuxtaque manes consedere/ vel potius cineres Maronis". La oda recoge el ambiente culto grecolatino en el que se integra Garcilaso, con las explícitas referencias a Virgilio, cuya tumba se halla en Piedigrotta, al lado de la Villa Mergellina sannazariana, y la descripción del espacio platónico de una academia que se convierte en *alma mater* del pensamiento ético y del sentimiento personal.

Dos odas latinas más han sido descubiertas por Maria Czepiel (2022) manuscritas en las hojas del libro *Doctissimorum nostra aetate Italorum Epigrammata* de Marco Antonio Flaminio (Paris, Nicole Divitem, 1547), una antología de epigramas de autores como Marco Antonio Flaminio, Mario Molza o Andrea Navagero entre otros. El ejemplar se halla en la Biblioteca Nacional de Praga, procedente de los grandes fondos de la familia Kinski, de gran relación con los emperadores de los Austrias. En los folios finales, junto a otras composiciones de gran interés, se encuentra una oda a Pietro Bembo y otra a Alexander Brassicanus, un erudito y humanista alemán desconocido para el público meridional, pero muy activo en los ambientes de centroeuropa de impronta reformista, entre erasmismo y luteranismo. La oda a Bembo permite explicar los elogios que el humanista italiano verterá sobre esta faceta del poeta toledano y la dedicada al poeta germano da pie a pensar que fueron escritas tras el periodo en que pudo haber estado en Ratisbona, por las alusiones a las tiendas de soldados colocadas en la isla del Danubio donde siempre se ha situado a Garcilaso desterrado. Esta última, además, abre la especulación a las inclinaciones políticas o de pensamiento de Garcilaso con los movimientos reformistas, con el erasmismo ambiente. Una nota manuscrita de Garcilaso recién descubierta, con aires de información reservada, promueve la idea de que tal vez tuvo encargos diplomáticos de algo parecido al espionaje.

Los estímulos de la imitación clásica para Garcilaso en Nápoles deben ser rastreados con detalle. El horacianismo parece el inmediato, dado que la aproximación reciente al poeta castellano se centra en la exposición de su (neo)clasicismo y en la marca de Horacio en su obra. No es desconocida la difusión en manuscritos e impresos de la obra horaciana en Nápoles: Serena Lucianelli (1993), en el catálogo de la exposición *"Postera crescam laude"*, *Orazio nell'età moderna*, por parte de la Biblioteca Nazionale Centrale di Roma, ha realizado un recorrido completo del riquísimo fondo horaciano del convento agustino de san Giovanni a Carbonara, donde Girolamo Seripando ejercía como Vicario General en tiempos de Garcilaso. La celebración del bimilenario de la muerte de Horacio ha permitido estudiar su fortuna crítica en la literatura italiana (Scotti, 1994) y en particular en el humanismo napolitano, en el que no falta la mención a la obra del propio Tilesio, *In Odas Horatii Auspicia ad iuventutem romanam*, de 1527, con dudas, estudiada por Coroleu (2018), o la edición del *Ars poetica* de Bernardino Martirano, con comentarios de Parrasio, en 1531, que Fosalba (2011) analizó como fuente inspiradora de la epístola garcilasiana a Boscán. Es posible que en ese fértil terreno de la erudición escolar o de la *imitatio* en lengua latina se puedan hallar otras nuevas claves sobre la obra del poeta castellano en esos momentos.

En este contexto, no puede faltar la carta latina que Pietro Bembo le dirigió a Garcilaso a finales de agosto de 1535 (VII kalendas septembres). En ella, el *grammaticus* veneciano acusa recibo de unos poemas de Garcilaso ("iis carminibus": quizá las odas latinas) que, por vía de Onorato Fascitelli, le hizo llegar Girolamo Seripando a Padova. Garcilaso en aquel momento se hallaba desembarcando en Trápani, de regreso de la empresa norteafricana. En la misiva, que estudió Fosalba (2018a), Bembo le agradece lo que dice de él en una de las composiciones, extrañado de que, no siendo familiar ni habiéndose conocido antes, fuese tan amable: "quantum me amares, libentissime perspexi, qui neque familiarem tibi hominem neque de facie cognitum tam honorifice appellavisses". No pierde ocasión de elogiar su progresión como poeta y de parangonar su talento no solo con los poetas españoles sino también con los italianos: "in altero illud perfecisti, ut non solum Hispanos tuos omneis, qui se Apollini Musique dediderunt, longe numeris superes et praecurras tuis, sed Italis etiam hominibus stimulum addas, quo magis magisque se excitent si modo volent in hoc abs te certamine atque his in studiis ipsi quoque non praeteriri". La carta permite especular no sobre el tipo de poemas que pudo haberle enviado Garcilaso, sino por su clara inclinación hacia géneros y modelos que le puedan otorgar prestigio: enviárselas a Bembo (por iniciativa propia o por indicación de sus amistades napolitanas), que era una *auctoritas* consolidada, constituye en sí mismo una declaración de intenciones por parte de Garcilaso y del rumbo latinizante de su carrera literaria.

En una carta que Bembo le envía a Fascitelli a comienzos de ese mismo mes de agosto de 1535 le escribe: "La tercera cosa es de las odas del señor Garcilaso, que me envía. En lo que, fácil y voluntario, puedo satisfacerlo diciéndole que aquel gentil-hombre es también un hermoso y gentil poeta: y todas sus cosas me han sumamen-te agradado, y merecen singular recomendación y alabanza. Y aquel delicado espíritu ha superado con mucho a todos los de su nación y puede suceder" (Mele, 1923). Las palabras de encomio de Bembo a Garcilaso son las más elevadas y, aunque en otra parte de la carta le solicita una intercesión personal que puede hacer creer que podría ser interesada la alabanza, permiten suponer un eminente grado de acepta-ción entre los autores cultos napolitanos. Coincide la recepción de esta carta con la consiguiente elaboración prolífica de sus obras de molde clásico: la elegía II la estaba escribiendo en Trápani ese mismo verano, de creer sus versos, pero la ya citada *Ode ad florem Gnidi*, la elegía primera y muy probablemente las dos églogas últimas se escribieron en ese mismo invierno. No es desdeñable, tal y como sugiere como con-clusión Fosalba (2018a), que la carta de Bembo sirviese de acicate para la inclinación definitiva de Garcilaso por los modelos genéricos grecolatinos. Y conviene añadir que esta se traduce, por lo que señala Bembo, en una notable autorreferencialidad, en la que la alusión a la amistad, la admiración, las deudas intelectuales o eruditas constituyen el asunto central.

Dos testimonios más atestiguan tal querencia: 1) el comentario explícito de Paolo Giovio en sus célebres *Elogia letteris virorum clarorum* (curiosamente mencionado junto a Juan Ginés Sepúlveda) en las que se lee, casi al final del volumen: "in queis nu-per emicuit Garcias Lassus, horatiana suavitate odas scribere solitus, sed generose ad fastigium evadentem, dum alteram militiae laudem ardenter appetit mors acervat elusit et casu quidem ignobili", y 2) la alusión en la dedicatoria de la impresión del Ser-món/*Oratione* para las exequias de Carlos V de Girolamo Seripando, del 24 de febrero de 1559 (Nápoles, Mattheo Cancer), al señor Placido di Sangro: en ella, a propósito de cuál es la mejor forma de traducir -como intérprete, palabra a palabra, o como orador, con la sentencia y con las ideas-, recurre a una conversación antigua con Garcilaso en la que elogia de forma específica el notable estudio y la feliz imitación garcilasiana del poeta latino:

> ricordandomi d'haverne scritto pure assai anni sono, quando ero posto in questi studii a quell'honoratissimo e virtuosissimo cavaliere Garcilasso della Vega, ami-co nostro commone, richiesto da lui (che come sapete era studiosissimo d'Ho-ratio e l'imitava nei suoi scritti felicemente) com'io m'intendessi quel passo "nec verbum verbo curabis reddere difus interpres", ove m'ingenai esporre Horatio, con questa distintione di Marco Tullio, contra l'openione dei molti.

Toda esta percepción externa se corresponde con la composición de sus últimos poemas en lengua vernácula. La égloga II ya llevaba en su interior la traducción del épodos II de Horacio, así como numerosos pasajes en los que la imitación clásica

54

resulta relevante, como explica Chinchilla (2010) a propósito de Catulo. La elegía I, a la muerte de don Bernaldino de Toledo, hermano del duque de Alba, tuvo que ser compuesta después del verano de 1535, ya que fue en Sicilia, en el pasaje por la isla de la tropas retornadas de La Goleta, bien en Trápani, bien en Palermo, donde perdió la vida el soldado español. La elegía fue redactada en esos meses y está basada, como señaló el Brocense, en la composición *In Obitu M. Antonii Turrionis, ad Ioannem Baptistam Turrianum fratrem* del médico y erudito veronés Girolamo Fracastoro. Los poemas de Fracastoro pudieron haberle llegado a Garcilaso por vía de Andrea Navagero (que aparece como promotor de la *Opera omnia* de Fracastoro en Venecia, en 1555) o por el mismo Pietro Bembo, a quien Fracastoro dedica su famoso largo poema al morbo gálico o sífilis. Del mismo Bembo y de su "Alma cortese che dal mondo errante" proceden varios versos, así como de la *Elegía a Berardino Rota* de Bernardo Tasso, y quizá la menos conocida oda *Al Señor Ferrante Carafa per la morte del fratello*, que repite las imágenes de Venus secándose las lágrimas tras la muerte de Adonis, como ejemplo de superación del grave dolor de la muerte. Parece evidente que, a pesar de querer trasladar el dolor por la pérdida de un ser querido, Garcilaso recurre a las fórmulas que tiene más a mano, a repertorios verbales que reconoce como próximos. De nuevo aparece esa *sodalitas* como red de estímulos para la composición: los poemas de Fracastoro están siempre dirigidos a alguien, con ánimo celebrativo o de encomio, impregnado del coloquialismo horaciano.

La elegía II, dirigida a Boscán desde La Goleta pero quizá reescrita al volver ya en Nápoles, refuerza ese aspecto desde el mismo título en apóstrofe, que está en consonancia con los que aparecen en los libros de elegías que se escriben por esas fechas. El célebre paso en el que se interroga si su elegía no está dejando espacio para la sátira, al margen de dar pie a reflexiones sobre la naturaleza de los discursos poéticos, pone de manifiesto, en cualquier caso, el cuidado que pone Garcilaso en acomodarse al género que cultiva: una explícita confesión *in fieri* de que el *proceso* (palabra que Garcilaso utiliza con mucha frecuencia con el sentido de progreso o camino) creativo está sometido a un plan premeditado de acomodo estilístico. La distinción entre sátira y elegía, que yo entiendo no tanto entre estilo *mediocris* y *humilis* como entre censura de comportamientos ajenos e introspección sobre el pensamiento propio (predominantemente amoroso), constituye el núcleo del debate poético. Los preliminares, por ejemplo, de las *Rime* de Bernardo Tasso (en 1531, en particular), de cuyas odas Garcilaso tomó la métrica de la suya a la flor de Gnido (entre otros aspectos aún por estudiar, véase Gargano 2011), ofrecen testimonio de esa apropiación genérica, que mira al clasicismo como punto de referencia para trasladarlo a la poesía en *volgare lingua*.

La epístola a Boscán, tan singular en tantos aspectos, ofrece margen para el análisis de la imitación clásica. Morros (1990) dedicó páginas sustanciales sobre el "estilo/presto" de los versos 5 y 6. Pero fue, en general, poco anotada por el Brocense y por comentaristas ulteriores, que se limitan a subrayar las por otra parte tópicas ideas sobre la amistad de la Ética a Nicómaco de Aristóteles. El poema, aunque fechado y ubicado interna y ficcionalmente desde la Provenza petrarquista, no puede ser explicado sin la muy probable reescritura napolitana. La falta de anotación o aclaración es flagrante en los versos 77-80, en los que se refiere a Nápoles en una oración inacabada, en anacoluto palmario: "Llegar al fin a Nápoles, no habiendo/ dejado allá enterrado algún tesoro,/ salvo si no decís qu'es enterrado/ lo que nunca se halla ni se tiene". Morros (2009) aventura una reminiscencia de Isabel Freyre con versos de Petrarca en los que el tesoro se asocia con la muerte de Laura, pero sigue sin ser definido su sentido literal. Gargano (2011), que coloca la epístola garcilasiana en la estela de los *capitoli* de Machiavelli, las sátiras de Ariosto (horacianas) y las de Luigi Alamanni (más juvenalianas), intenta dar sentido a la iniciativa garcilasiana con la búsqueda de estímulos cercanos, como el del *Cortigiano* de Castiglione, con la aceptación del carácter aún enigmático de sus referencias partenopeas, solo en parte resueltas por algo semejante a la genialidad de Garcilaso. Si se suma la epístola a las elegías anteriores, escritas todas en tránsito hacia Nápoles, destino final de sus pasos (la epístola a principios de 1534; las elegías en el verano de 1535), es posible comprender el modo de componer libre, descuidado, sin rima, incluso, de un poeta que quiere imitar el mundo clásico. Un camino por explorar lo podrían dar las traducciones de las *Geórgicas* o las *Bucólicas* virgilianas (como la de Mario Nigresoli en Ferrara en 1533) en ese momento del cambio de siglo, hechas en *versi sciolti*, una opción que quizá pudo estar en el ambiente formativo de Garcilaso en Nápoles.

Quedan las églogas para añadir al análisis de estas modalidades neoclásicas. La bibliografía erudita, comentaristas en particular, sobre ellas me exime de detenerme en su descripción (en especial Gargano 2002). La tradición pastoril posee un sustrato napolitano, evocado muchas veces con las figuras de Virgilio, allí enterrado, y de Sannazaro, creador no solo del libro de la *Arcadia* sino del entorno bucólico alrededor de Mergellina, el enclave marino al fondo de Chiaia. Garcilaso queda expuesto al influjo determinante de Sannazaro y prueba nada más llegar con la égloga II una *cornice* narrativa, con pastores como protagonistas y variados discursos internos, de ascendencia grecolatina, tamizada por los recursos ocasionales al *Orlando furioso* de Ariosto. El extenso pasaje dedicado a glosar la historia de la casa de los Alba (la del virrey napolitano) poseía antecedentes en églogas latinas próximas, como recuerda Morros (1995), pero no hay que olvidar la bucólica cuarta de Virgilio, donde se entremeten panegíricos al César. Se presenta bajo formato fantástico de écfrasis, en una nueva apropiación de los modelos clásicos, con Sannazaro como estímulo. La égloga I, escrita un poco después, comienza con una dedicatoria al propio Pedro de Toledo en la que describe las tareas que guían al príncipe: gobierno, caza y *otium*. Garcilaso compone sus versos bucólicos como alternativa menor al relato, esperable y obligatorio en los poetas cortesanos, de la "infinita, innumerable suma" de las virtudes y hazañas del virrey. No es novedad esta aceptación del carácter humilde del mo-

56

delo, pero sí la reducción notable del tamaño de la composición: apenas 421 versos, más homogéneos, más próximos al primigenio patrón de los idilios teocritianos o de las *bucolicae* de Virgilio. Abandona así la *varietas* genérica de la égloga I (propia de la bucólica virigliana) por una mayor simetría y brevedad y una mayor condensación de los argumentos. No es impertinente traer a este punto la napolitana *Questión d'Amor* ya comentada, en lo que se refiere a la *disputatio* sobre qué amante sufre más: el que vive el desdén de la amada o el que padece su muerte, con los ecos del *Filocolo* de Boccaccio mediante.

La égloga III, que parece ser la última composición garcilasiana, incluso datada con notable controversia muy poco antes de su muerte, se aproxima aún más al modelo virgiliano: la *Bucólica VII* es aprovechada en el canto amebeo de Tirreno y Alcino con abundancia. Las écfrasis de las telas que tejen las ninfas recogen episodios mitológicos extraídos del fondo habitual de las *Metamorfosis* ovidianas, en los que no falta la voz de Sannazaro, omnipresente en esta apropiación del legado pastoril clásico. El poema, de parecida dimensión a la segunda, aparece dedicado a María Osorio y Pimentel, la virreina, con ligeras dudas, pero remonta la *descriptio naturae* a los paisajes del Tajo, doblemente pintados, primero en la narración que muestra a las ninfas tejiendo, y luego en la descripción de la tela urdida por Nise que representa al mismo río. Puede resultar significativo que, en plena campaña bélica, abandonada de forma temporal la Nápoles en la que vive, Garcilaso recuerde el paso del río por las vegas de Toledo e incluso el angosto tramo bajo la "ilustre y clara pesadumbre" de la ciudad imperial.

Nápoles fue para Garcilaso la incorporación plena a la vanguardia poética del momento. En muy poco tiempo se integra en los círculos intelectuales de la ciudad y comienza a experimentar con los modelos clásicos, que constituían parte fundamental de la poesía de comienzos del siglo XVI. El ambiente académico, aun sin los promotores iniciales, era rico en relaciones amistosas y estímulos creativos. Garcilaso se desprende de su lengua castellana e indaga con odas horacianas la *imitatio composita* del mundo grecolatino, con la vía interpuesta de numerosos escritores italianos que hacen lo propio. De regreso a su idioma familiar, trae todos los esquemas que veía a su alrededor: elegías y epístolas, con un tono amistoso, cordial, sobre asuntos personales, en los que no falta la nota satírica ni el descuido formal; y églogas que, mediante Sannazaro, recuperan el modelo clásico de Teócrito y Virgilio, en una especie de depuración de la *imitatio* compuesta en busca de la esencia grecolatina.

En 1552, casi diez años después de la edición príncipe de Garcilaso, un casi desconocido Juan de la Vega publica un librito en la imprenta napolitana de Mattia Cancer titulado *Versos* y en él, entre otras variadas composiciones, incluye la "Égloga Nice". Maria D'Agostino ha dado noticia exacta de este volumen en octavo, dedicado a Vittoria Colonna y del que solo se conoce un ejemplar custodiado en la Biblioteca de la *Società Napoletana di storia patria* en el Castel Nuovo, más conocido como Maschio

Angioino. Su edición crítica reciente (2022) y sus estudios exhaustivos, tanto del conjunto (2014) como de la égloga (2017), me eximen de dedicarle apartado específico a esta colección poética, pero me obligan a incluir su mención como ejemplo de la vitalidad cultural y literaria del virreinato de don Pedro de Toledo, con su dosis de propaganda y autolegitimación, y como paradigma singular ("uno de los últimos escritos bucólicos escritos en Nápoles" señala D'Agostino) de la fundamental y canónica influencia garcilasiana en la litetatura partenopea.

Juan de Valdés (1535-1541).

Cuando llega Juan de Valdés a Nápoles, Garcilaso está volviendo de su participación en La Goleta. Es muy probable que coincida la llegada de Valdés con el regreso de Carlos V de su victoria africana, en el otoño de 1535. Valdés llega desde Roma, primera etapa de su exilio o de su huida de la persecución inquisitorial en Cuenca. En la ciudad de los papas encuentra acomodo, guiado por las indicaciones de su hermano Alfonso de Valdés, que lo introduce en los ambientes eruditos de la curia. Juan Ginés de Sepúlveda, el humanista español al que Garcilaso dedica una de sus odas latinas, es su apoyo principal en el año que pasó, con frecuentes viajes, al servicio del papa Clemente VII. Y también es el que, a la muerte del pontífice y en medio de una atmósfera menos favorable para la disidencia reformista, le sugiere la idea de encaminarse hacia la Nápoles en la que el propio Sepúlveda había encontrado un lugar de refugio después de los turbulentos hechos del *Sacco di Roma* en 1527.

El espacio que halla es muy semejante al que se traza alrededor de Garcilaso. Algunos amigos y amigas comunes, como el famoso Mario Galeota de la *Ode ad florem Gnidi*, que traducirá al italiano el *Alfabeto Christiano*, o buena parte del ya nombrado círculo de los D'Avalos Colonna (la poeta Vittoria Colonna, viuda de Ferrante D'Avalos, marquesa de Pescara, e Isabella Colonna, hija de Vespasiano Colonna) y los Gonzaga (los hermanos Ercole y Giulia Gonzaga, así como Luigi Gonzaga, esposo de Isabella Colonna) son elocuente muestra del carácter elitista en el que se moverá Juan de Valdés al llegar a la ciudad napolitana. A ellos habría que sumar un buen número de hombres de iglesia, más o menos relacionados con ese círculo cerrado de relaciones amistosas e intelectuales. Edmondo Cione, en un trabajo clásico (1938), ofrece la relación de cuarenta personas vinculadas de un modo u otro con Juan de Valdés en su estancia napolitana: Massimo Firpo, en fechas más recientes (2015), actualiza la nómina, en la que se advierte una homogeneidad ideológica y social, algo alejada de la sombra del poder, pero admitida con mayor o menor grado dentro de las coordenadas políticas del momento.

En Nápoles, tal vez precedido de una fama adquirida en Roma, Juan de Valdés se erige en guía espiritual de un grupo de intelectuales, propicios a la reforma protestante. Ya había escrito y publicado en España, no sin persecución, su *Diálogo de la doctrina cristiana,* pero se había distinguido dentro de la curia romana por sus veleidades filoerasmistas y por la coincidencia con ciertos postulados luteranos y calvinistas. La bibliografía sobre su pensamiento religioso es muy abundante y las sutilezas sobre influencias o sobre su posición en el contexto dialéctico que le toca vivir son extraordinarias: sintetizarlas resulta tarea ardua, alejada del propósito de este libro. Pero, en general, se presenta un pensador singular, capaz de articular un conjunto sincrético de ideas procedentes de distintos sectores de la discusión teológica del momento, con particular orientación conciliadora, aunque algunas de sus propuestas, como su postura sobre la justificación por la fe, le distancien de la ortodoxia que poco a poco se va imponiendo con Trento en el horizonte. *Spirituali* es el nombre que reciben sus acólitos napolitanos, como muestra de esta determinación doctrinal. Pero también recoge el de *heterodoxo*, término que desde Menéndez Pelayo parece perseguirle, tanto en sentido peyorativo como admirativo por sus estudiosos.

Esta condición explica el porqué sus obras permanecieron en forma manuscrita durante toda su vida y solo tras su muerte fueron expuestas a la luz de la imprenta, gracias al impulso de sus amistades. El *Diálogo de la lengua* fue publicado por primera vez por Siscar en el siglo XVIII. Mejor suerte, pero accidentada, corrió el *Alfabeto cristiano*, cuya historia constituye paradigma para consideraciones sobre el canon o la recepción autorial. El *Alfabeto cristiano*, dedicado y concebido para Giulia Gonzaga, apareció publicado bien tarde, sin nombre del autor, en 1546 (hay una edición veneciana en 1545, que Cione descubrió), en traducción italiana hecha por Marcantonio Magno. Este libro fue publicado varias veces en varias imprentas italianas. Al parecer, Juan de Valdés lo escribió en castellano, pero Gonzaga insistió a sus amistades en verlo volcado al italiano. Muchos años más tarde, en 1861, Luis de Usoz y Río publica en Londres la versión italiana de 1546, tal cual, con erratas incluidas y con un parecido tipográfico muy notable (en cursiva o itálicas), al que acompaña una ingeniosa traducción suya al español (con cierto aire de pastiche) que pretende reproducir lo que debió haber sido el texto original de Valdés, y, además, una al inglés.

Benedetto Croce (1938), en su edición del *Alfabeto cristiano*, recuerda todos estos pormenores, para presentar el hallazgo de una edición de Venecia de 1545 por parte de Eugenio Mele en la Biblioteca Nazionale di Napoli. Estos detalles sobre la historia del texto del *Alfabeto cristiano* no son baladíes, porque es en la editorial de Giuseppe Laterza en Bari y en la colección de Biblioteca di Cultura Moderna (dirigida por Croce, en los números consecutivos 311 y 312) donde se publican los libros de Cione y de Croce sobre Juan de Valdés. Y porque dos años después, en 1940, en una Europa en plena guerra mundial, Marcel Bataillon, desde las páginas del *Bulletin Hispanique*, hace reseñas de ambos libros, celebrando la novedad de encontrar el texto valdesiano de nuevo, con notas y aclaraciones eruditas. Sería conveniente indagar cuál fue el estímulo para que a la altura de 1938 (en pleno *ventennio* fascista) el pensamiento del escritor conquense pudiese ofrecer algún interés, pero, sin duda alguna, su presencia en Nápoles explica buena parte de su recuperación en el siglo XX.

La vida de Juan de Valdés en Nápoles no se puede comprender sin la compañía de Giulia Gonzaga. Viuda de Vespasiano Colonna con apenas quince años (1528), Gonzaga se convierte en la confidente de Valdés. Los términos de la relación suelen sujetarse, bajo modos eufemísticos, a los del *magister* con la *discipula*: la forma dialogal del *Alfabeto cristiano* así lo muestra, con los personajes de Giulia y Valdés como interlocutores únicos. Se deduce del contenido del libro que se trata de la transcripción informal de un coloquio entre ambos, con el propósito de servir de manual para la

60

perfección del alma cristiana. La circunstancia que anima el libro es la duda creada tras la asistencia a uno de los sermones de Bernardino Ochino, uno de los principales miembros del círculo que se crea en torno a Juan de Valdés. Esta especie de guía espiritual, destinada a precisar algunas ideas sobre la piedad, posee los rasgos de una comunicación íntima, en forma dialéctica, que permite ayudar a Giulia Gonzaga para hallar el camino de la perfección moral. Eso explica que haya permanecido como manuscrito durante tiempo hasta el momento en que la propia Giulia Gonzaga lo promoviera como manifiesto o proclamación familiar del pensamiento de Valdés. En cierto modo, Giulia Gonzaga ejercerá de legado o albacea testimonial de Juan de Valdés, después de su muerte.

Parecida trayectoria editorial llevó otro de sus libros más famosos: el de las *Ciento diez divinas consideraciones*: de nuevo, fue traducido al italiano y fue publicado en Basilea en 1550. En el prefacio a los lectores, su editor, Celio Secondo Curione, ofrece sustanciales datos. Lo comienza con una exaltada comparación: "ecco, fratelli: noi vi diamo non le Cento novelle del Boccaccio ma le Cento e dieci considerationi del Valdesio" y lo prosigue con la información de que el texto, escrito ("come sanno molti") originariamente en español, fue llevado allí por otro destacado miembro del círculo valdesiano, Pedro Paulo Vergerio ("lasciando il finto vescovato per venir al vero Apostolato"), traducido "por persona pia e digna", que bien pudo haber sido el mismo que tradujo el *Alfabeto cristiano*, a su vez también inducido por la propia Gonzaga. Este libro obtuvo un éxito enorme: fue traducido al francés y al inglés durante el siglo XVI y XVII, pero no lo fue al español (desde el italiano) hasta la edición de Luis de Usoz y Río en 1850, que recoge una traducción española de 1558, y la de 1855, hecha por el propio Usoz. Menéndez Pelayo lo cuenta como preámbulo al análisis doctrinal del libro, donde no ahorra adjetivos denigratorios para quien considera sin ambages *heresiarca*. No obstante, hay un párrafo que no debe descuidarse en este aspecto: al glosar la severidad moral de Valdés, el autor santanderino no puede reprimir la inclusión de una censura personal que interrumpe las palabras del pensador:

> Consiste la vida cristiana en morir para el mundo y vivir para Dios, volviendo las espaldas a todo honor y estimación, refrenando los afectos y apetitos, a lo menos en aquellas cosas exteriores en las cuales se pueden refrenar, por ejemplo, en no ver lo que deleita tus ojos, en no oír lo que da placer a tus oídos (*sin embargo, Valdés veía y oía a Julia Gonzaga y a Victoria Colonna, que no eran lo peor que podía verse y oírse, y no vivía ni enseñaba en ninguna Tebaida, sino a la sombra del Pausílipo y orillas del golfo de la Sirena*), en no contentar a los hombres del mundo, ni hablar al sabor de sus palabras... Y así, cuando a Dios le plazca, vendrá sobre tu ánima la piedad, la justicia y la santidad, como cae el agua en la buena tierra, cuando ha sido arada y limpia de espinas y piedras, teniendo por cierto que así como no obliga a Dios el cultivador... a que mande la lluvia, así no le obliga el hombre a que mande el Espíritu Santo [Cursivas mías].

Las referencias a Nápoles se contraponen, como signos de los placeres mundanos, al discurso de rigor doctrinal de Valdés. Menéndez Pelayo considera a las dos mujeres amigas de Valdés como deleites para sus ojos y para sus oídos, así como la vista del panorama de la bahía napolitana: el paréntesis de Menéndez Pelayo pone en duda la sinceridad de Valdés, al tiempo que sugiere de forma implícita un tipo de relación complementaria a la espiritual, que podría matizar lo que en otros lugares de su estudio Menéndez Pelayo concibe como fanatismo heresíaco. "La influencia femenina- dirá el polígrafo cántabro- daba vida y atractivo a esta revolución teológica". En cualquier caso, parece evidente que la obra de Juan de Valdés se toma en consideración con una perspectiva decimonónica, en una recuperación ideológica (por la parte ortodoxa, pero también por la parte protestante) que permaneció oculta durante siglos y que, en cierto modo, no despunta entre la crítica literaria hispánica como lo hará en el seno de la filología italiana o en estudios culturales del humanismo europeo.

Dos notas de Nicolò Balbani a su biografía de Galeazzo Caracciolo (Ginebra, 1587: traducida a varios idiomas durante el siglo XVII), marqués de Vico y miembro de la fraternidad valdesiana, luego destacado calvinista exiliado en Suiza, suelen constituir referencia obligada para describir el ambiente:

> Vivebat forte illis temporibus Neapoli nobilis quidam Hispanus, cui nomen Iohanni Valdesio. Hic cum aliquam evangelica veritatis, praecipue vero doctrina de iustificatione, conginitionem haberet, falsas de propria iustitia, deque bonorum operum meritis opiniones refutando et consequenter multas superstititiones detegendo, nobiles aliquos quibus cum versabatur, ex desnis illis tenebris extrahere perat.

> Erant Valdesii, de quo paulo ante, discipuli Neapoli numero quam plures, quibus cum Galeactus quotidie versabatur ob studiorum similitudinem. Hi in veritatis Christiana cognitione ulterius progressi non erant, quam quod Iustificationis articulum intelligerent, aliquosque Papatus abusus fugerent: frequentabant interea templa, missas audiebant, ordinariis idololatrii is intererant.

En ella se observa a Juan de Valdés a la cabeza intelectual de un grupo de personas nobles, que se caracterizan por aclarar y desarrollar la doctrina de la justificación y por el combate contra todo tipo de superstición. En la segunda nota, conviene destacar el éxito de sus enseñanzas y la difusión de las mismas en sus extremos elementales sobre la justificación incluso en los templos (a los que acceden con la celebración de misa incluída, por lo que se ve sin problema aparente), así como la denuncia de los abusos del Papa. Es indudable que, cincuenta años después, en el relato de la vida de uno de los participantes en el círculo valdesiano en Nápoles, con el impacto del concilio de Trento muy consolidado, aparece el retrato de un claro movimiento antipapal y protestante.

Otra de las referencias indudables es la carta de Jacopo Bonfadio a monseñor Carnesecchi en la que recuerda con nostalgia los años que pasaron juntos en Nápoles.

Después de celebrar la belleza de los lugares compartidos -"E mi par or di vederla con un intimo affetto sospirar quel paese e spesse volte ricordar Chiaja col bel Posilipo"- se pregunta cómo será Nápoles sin la presencia del "signor Valdes" ya muerto. Su elogio es otro de esos lugares críticos sobre el escritor conquense:

62

> Il signor Valdés era uno de' rari uomini d'Europa e quei scritti ch'egli ha lasciato sopra l'epistole di san Paolo ed i salmi di David ne faranno pienissima fede. Era senza dubbio nei fatti, nelle parole, ed in tutti i suoi consigli un compiuto uomo. Reggeva con una particella dell'animo il corpo suo debole e magro, con la maggior parte poi, e col puro inteletto, quasi come fuor del corpo, stava sempre solleva-to alla contemplazione della veritá e delle cose divine. Mi condoglio con Messer Marc'Antonio, perchè egli più che ogni altro l'amava e ammirava.

El texto añade a la faceta antes vista de guía y propagador de las enseñanzas doctrinales básicas la de hombre contemplativo en comunicación con Dios. Otro de los testimonios, parecido en cierto modo, es el del fraile Caracciolo, quien en una biografía del papa Paulo IV, manuscrita, refiere varios casos de herejía protestante en Italia. Cesare Cantù (que fue leído y aprovechado por Menéndez Pelayo con una atención más que notable) en su libro sobre *Gli eretici d'Italia* (1865) trae a colación sus textos y entresaca para hablar de Valdés un párrafo muy interesante.

> Accade nel 1535 che con Carlo V venne un detto Giovanni Valdes, nobile spagnuolo ma altrettanto perfido eretico. Era costui (mi disse il cardinale Monreale che se lo ricordava) di bell'aspetto e di dolcissime maniere, e di un parlare soave e attrativo: faceva prosession di lingue e di sante scritture: s'annidò in Napoli e in Terra di Lavoro. Di costui furono tre i principali discepoli: fra Pietro Vermiglio, canonico regolare ed abate di san Pietro d'Ara; fra Bernardino Ochino di Siena, e Marcantonio Flaminio, tutti e tre letterati principalmente nelle lingue e lettere umane.

A esta larga nota el fraile añade que la difusión de su mensaje se hacía desde distintos púlpitos: en el caso de Valdés desde su casa, con el comentario de las epístolas de san Pablo, por las que era muy conocido. También insiste en la extraordinaria extensión de sus enseñanzas que tocaban a muchos maestros de escuela en número considerable: tres mil, indica en su manuscrito Caracciolo. El nombre de Valdés aparecerá varias veces en el texto de Caracciolo para definir a otros heresiarcas como discípulos: en otro pasaje ulterior se lee: "Napoli e molte altre città e terre del regno furono molto appestate di eresie dal V. Valdés e da quei tre suoi principali discepoli, cioè da Pietro Mártire, Ochino e Flaminio, i quali diventarono maestri di molti altri".

Los espacios napolitanos de las reuniones han constituido motivo de especulación a partir de los datos y de la propia configuración de la ciudad. Las villas patricias en Chiaia, Mergellina o Posílipo, al oeste del centro amurallado, han sido siempre los lugares preferidos para ubicar estos encuentros: Cesare Cantù imagina una "allegra e pittoresca sua casa a Chiaja che raccoglieva il fior della nobiltà napolitana, persone distinte per talenti e signore quali la Gonzaga era detta, donna Maria Brizeño, donna Costanza d'Avalos, donna Isabella Manriquez e da esso derivarono i principali promulgatori della riforma, come l'Ochino, il Vermiglio, il Carnesecchi". Y al calor de la imaginación de Cantù, alimentada por la nota nostálgica de Jacopo Banfadio a Carnesecchi, las palabras de Menéndez Pelayo y luego toda la bibliografía al respecto. Así fue cómo el propio *Diálogo de la lengua* acabó siendo ubicado en el mismo lugar apacible e ideal de la extensa ribera de la playa de Nápoles.

A pesar de todos estos datos, en fecha reciente, Encarnación Sánchez (2018) sugiere que el lugar en el que se desarrolla el *Diálogo de la lengua* se halla al otro lado de la ciudad, también en la ribera del mar. Ha salido varias veces en este estudio; se trata del mismo espacio en que transcurre el *soggiorno* de tres días del emperador Carlos V a su vuelta de la batalla tunecina y antes de hacer su entrada triunfal en la ciudad de Nápoles: la villa de Pietra Bianca o *Leucopetra* de Bernardino Martirano, a unos pocos kilómetros hacia el sureste, muy cerca ya de las inmediaciones de Herculano. Los argumentos de Sánchez se sustentan en la afinidad onomástica de los participantes del coloquio, Martio (transcrito como Marcio en la versión de Mayáns y Siscar de 1737) que se corresponde con Martirano y Coriolano, con un hermano del propio Martirano. Toscano (2000) ha apuntado también, aunque a propósito de los pontanianos, que estos dejaron de reunirse en la sede de Mergellina para trasladarse a esta de Leucopetra por los años en que Juan de Valdés pudo estar por Nápoles.

En todo caso, la ambientación del *Diálogo de la lengua* es plenamente napolitana. No en lo que constituye la descripción del lugar, que apenas aparece dibujado, sino en la recreación imaginaria del jardín de Academo o de la villa tusculana ciceroniana, un espacio de recreo, simposíaco, donde conversar sobre temas dados de antemano con amigos pertenecientes a una clase social culta y de alta condición nobiliaria. La construcción mental de este espacio es común a buena parte de la literatura humanística, pero no es desdeñable que ese lugar pueda asociarse al lugar donde los ricos romanos solían pasar largos periodos de tiempo de ocio: piénsese en las referencias de Bayas o de Pozzuoli, de Marcial, de Horacio, de Ovidio y del poeta napolitano Estacio, cuyas *descriptiones* de palacios y villas pudieran servir de estímulo. No es lugar para analizar el *Diálogo*, pero sí para recordar esos resortes narrativos dispuestos de manera ocasional a lo largo del texto para situar, aunque sea con lo mínimo, la charla. Al final de la proposición, Valdés declara irse al jardín a tomar el aire. A su vuelta, preparado ya el orden de los temas que van a tratar y colocado en un lugar escondido el escribano que va a tomar nota de lo que van diciendo, la casa queda cerrada para no ser molestados: de su descripción se desprende la idea de una villa que da al mar:

> Lo habéis pensado muy bien; hágase así: poned a meser Aurelio que, como sabéis, es entendido en entramas lenguas, y ordenadle lo que ha de hacer, mientras que yo voy a llamar a Valdés, que lo veo pasear muy pensativo. Pero mirad que mandéis que el casero esté a la puerta para que, si viniere alguno, sea quien fuere,

diga que no estamos aquí, porque no nos estorben; y, porque los que vinieren lo crean y se vayan con Dios, mandad que los mozos se pasen a jugar hacia la parte de la mar, porque de otra manera no haríamos nada.

64

PACHECO.- Aunque sea fuera de propósito, os suplico me digáis a quién llamáis plebeyos y vulgares.

VALDÉS.- A todos los que son de bajo ingenio y poco juicio.

PACHECO.- ¿Y si son altos de linaje y ricos de renta?

VALDÉS.- Aunque sean cuan altos y cuan ricos quisieren, en mi opinión, serán plebeyos si no son altos de ingenio y ricos de juicio.

MARCIO.- Esa filosofía no la aprendisteis vos en Castilla.

VALDÉS.- Engañado estáis; antes, después qué vine en Italia, he olvidado mucha parte della.

MARCIO.- Será por culpa vuestra.

VALDÉS.- Si ha sido por culpa mía o no, no digo nada; basta que es así, que mucha parte de la que vos llamáis filosofía, que aprendí en España, he olvidado en Italia.

MARCIO.- Esa es cosa nueva para mí.

VALDÉS.- Pues, para mí, es tan vieja que me pesa.

MARCIO.- No quiero disputar con vos esto, pues tan bien me habéis satisfecho en lo que os he preguntado.

VALDÉS.- Me huelgo que os satisfaga, pero más quisiera satisfacer a Garcilaso de la Vega, con otros dos caballeros de la corte del Emperador que yo conozco.

La mención a Garcilaso abre una serie de referencias a obras que tienen que ver, curiosamente, con Nápoles y con un Nápoles cercano: hablará de la *Propalladia* de Torres Naharro, con notable precisión, en la que no falta una breve censura y una sugerencia correctora:

VALDÉS.- El estilo que tiene Torres Naharro en su *Propaladia*, aunque peca algo en las comedias, no guardando bien el decoro de las personas, me satisface mucho, porque es muy llano y sin afectación ninguna, mayormente en las comedias de *Calamita* y *Aquilana*, porque en las otras tiene de todo, y aun en estas hay algunas cosas que se podrían decir mejor, más casta, más clara y más llanamente.

MARCIO.- Decidnos alguna.

VALDÉS.- En la *Aquilana* dice:
Pues ¿que's esto?
Tórnome loco tan presto
por amores d'una dama
que tarde niega su gesto
lo que promete su fama.

Adonde, si no me engaño, dijera mejor, más clara y más galanamente:
que trae scrito en su gesto
lo que publica su fama.

Y también hablará de *Question d'Amor*, en un claro ejemplo, ya citado, de actualidad literaria, vinculada a la presencia de los españoles en la ciudad:

> MARCIO.- Del libro de *Questión de Amor*, ¿qué os parece?
> VALDÉS.- Muy bien la invención, y muy galanos los primores que hay en él; y lo que toca a la cuestión no está mal tratado por la una parte y por la otra. El estilo, en cuanto toca a la prosa, no es malo; pudiera bien ser mejor; en cuanto toca al metro, no me contenta.

La conversación, el díalogo entero, aparece pautada por dos menciones al viaje de vuelta a Nápoles: la primera para tasar el tiempo que le queda, tras ser preguntado por el *Amadís,*

> PACHECO.- Mucho me maravillo de lo que decís de *Amadis*, porque siempre lo he oído poner en las nubes, y por tanto querría me mostraseis en él algunos vocablos de los que no os satisfacen, y algunos lugares adonde no os contenta el estilo, y algunas partes adonde os parece que peca en las cosas.
> VALDÉS.- Larga me la levantáis.
> PACHECO.- No es tan larga que no sea más largo el día de aquí a que sea hora de irnos a Nápoles.

Y la otra, para anunciar el final del diálogo: "yo os dejo pensar hasta de hoy en ocho días que, placiendo a Dios, nos tornaremos a juntar aquí y concluiremos esta contienda. Ahora ya es hora de ir a Nápoles. Haced que nos den nuestras cabalgaduras y vámonos con Dios, que a mí tanto cara me ha costado la comida; podré decir que ha sido pan con dolor".

El *Diálogo de la lengua* es inseparable de Nápoles: la proposición de librar las dudas de los interlocutores italianos es impensable sin esa circunstancia: buena parte de sus disquisiciones tiene que ver con las analogías de la lengua castellana con la italiana, con la latina como piedra de contraste. No es fácil imaginar, a pesar de estar escrito (transcrito y traducido) por completo en castellano, que la conversación se desarrolla de forma fluida entre personas que hablan dos idiomas diferentes sin apenas dificultades: "habéis de saber que lo que todos os pedimos por merced es que, tomando esto que está anotado de lo que aquí habemos hablado, lo pongáis todo por buena orden y en buen estilo castellano; que estos señores os dan licencia que les hagáis hablar en castellano, aunque ellos hayan hablado en italiano". La permeabilidad entre las elites intelectuales en materia lingüística, observada en los años anteriores, con un Garcilaso que prueba a escribir en el común latín, queda evidente en esta conversación erudita.

Juan de Valdés es una tierra de nadie. Solo este *Diálogo de la lengua* suscitó interés entre los estudiosos o historiadores de la literatura, si bien siempre de soslayo, arrastrado como testimonio para las disciplinas de historia de la lengua. Las otras obras, que nacieron al calor de sus reflexiones y debates napolitanos, quedaron para teólogos o teóricos del pensamiento o de la ideología humanista, y, en ese terreno, además, sometidas al doble examen de protestantes o católicos que quisieron analizarlo en función de sus intereses. Si a esta periferia de los estudios literarios, se le añade su *curriculum* de exiliado y perseguido y una obra difundida de manera muy singular (en forma manuscrita con algunos manuscritos que de forma irregular fueron conociendo por primera vez la imprenta hasta el siglo XIX) conviene admitir que entre la filología hispánica Valdés debió haber tenido algo más de fortuna crítica. Su importancia en el *entourage* napolitano fue extraordinaria. Capaz de organizar un grupo de disidentes reformistas en una ciudad más o menos controlada por el omnipotente Pedro de Toledo, Valdés fue impregnando el pensamiento de las elites nobiliarias de la ciudad con ideas de mayor libertad religiosa y política.

Los resultados de su influjo sucedieron a su muerte en 1541. Muy poco después, todos los miembros de su entorno (Vermigli, Ochino) se vieron obligados a exiliarse o a recomponer (Marcantonio Flaminio, la propia Giulia Gonzaga) el grupo en Viterbo, bajo la guía y protección del cardenal Reginald Pole, o se vieron acusados de herejía por la Inquisición. La situación obligó al virrey a incrementar el rigor en la persecución de tales disidencias e intentó reforzar el funcionamiento del Santo Oficio. Y solo consiguió, en 1547, que las clases patricias napolitanas se rebelaran e hicieran todo lo posible por impedirlo. Fue sofocada la revuelta y fueron castigados los opositores, pero la administración de los Austrias desistió de implantar la Inquisición en Nápoles de forma definitiva. Es singularidad que se debe en buena parte a la impronta valdesiana, pero al menos permite explicar esa especie de *topos* aún imperante en alguna parte sensible de la historiografía napolitana sobre la libertad moral (individual, pero también social) del universo partenopeo.

66

Viaje de Turquía, 1556/1557.

En el diálogo entre Mátalas Callando y Pedro de Urdemalas del *Viaje de Turquía* se lee un largo pasaje centrado en la ciudad de Nápoles. Surge con un argumento de verosimilitud, para poder sostener la verdad de haber ido a Constantinopla y no ser acusado, así, de brujería o nigromancia. La conversación es ágil y solo busca conocimiento inmediato sobre la ciudad. Los elementos que se destacan parecen traídos de una guía al uso, con comentarios convencionales sobre aspectos que pudieron haberle contado, pero hay algunos detalles que permiten sospechar que el autor pudo haber estado por sus calles.

Lo primero que se señala es el tamaño -"como Sevilla"- y su opulencia: "proveída de todas las cosas que quisiéredes y en buen precio", para acabar magnificando su caballería y la existencia del mayor número de príncipes de Italia, cuyos nombres pasa a detallar: el príncipe de Salerno, el de Bisignano, el de Stigliano y el de Salmona. Son suficientemente célebres como para que pueda haberlos sabido de memoria. Pero es de notar que la mención del príncipe de Salerno puede ofrecer algunas observaciones de interés. Si es de creer que la redacción del texto es cercana al momento de su publicación, la alusión al príncipe de Salerno, Ferdinando o Ferrante Sanseverino, puede parecer controvertida. El príncipe poseía un gran palacio en el centro mismo de la ciudad, al lado del convento de santa Clara, adornado de grandes jardines y aulas apropiadas para la reunión de los nobles más destacados de la ciudad. Su prestigio era extraordinario (se dice que Bernardo Tasso fue su huésped) y, cuando Carlos V, a través del virrey Pedro de Toledo, pretendió instaurar la Inquisición en Nápoles, Ferrante Sanseverino encabezó la oposición de la aristocracia a tal medida. A raíz de su participación en lo que se considera una de las primeras revueltas contra la soberanía austríaca sucedida en 1547, se vio obligado a exiliarse en Francia en 1552, privado de todas sus propiedades y retirado el propio título de príncipe de Salerno. De forma simbólica conviene añadir que su magnífico palacio fue abatido y en su solar fue construido el nuevo templo de la Compañía de Jesús: el famoso Gesù Nuovo de la fachada adiamantada. En el año en que se escribe el *Viaje de Turquía*, alguna noticia sobre el suceso podría haber llegado: que de los títulos nobiliarios de la ciudad el autor del conocido diálogo destaque este puede ser interpretado como una nota que solo en clave podría ser tomada en consideración. Sobre todo, porque el príncipe de Vesiñano, de Bisignano, es el mismo Ferrante Sanseverino, apellido que lleva ese principado. El príncipe de Stigliano, Estillano, era Luigi Carafa y sus feudos napolitanos se hallaban en el Palazzo Cellamare en la ribera de Chiaia y el príncipe de Sulmona, título recién creado por Carlos V para premiar a Carlos de Lannoy, virrey de origen flamenco de Nápoles, era a la sazón Filippo de Lanny, que se casó con Isabella Colonna, perteneciente a una de las familias centrales de la aristocracia napolitana. Es muy probable que el autor del *Viaje de Turquía* tirase de memoria, sin medir las alusiones, pero aparecen sus nombres para sostener la idea de que es la ciudad que más príncipes tiene.

68

Luego describe los tres castillos de la ciudad, que están en casi todas las reproducciones del siglo XVI, el Castel Nuovo, San Telmo, que llama san Martín (porque, en efecto, se halla al lado la Cartuja) y el Castel dell'Ovo, que es "el más lejos de todos". Le preguntan a Pedro de Urdemalas si Nápoles tiene mar y le contesta que está en la mesma ribera, pero luego señala que tiene "gentil puerto, donde hay naves y galeras, y llámase el muelle": resulta extraña esta mención por demasiado obvia, el *Molo*, pero quizá precisamente por ello puede dar pista sobre su proximidad a la ciudad. Destaca la habilidad de los napolitanos con el arte de la equitación y pasa a citar tres espacios de la ciudad y la demasiado famosa taberna del *Chorillo*, el Cerriglio. Los espacios son la plazuela del Olmo, en lo que es hoy la Piazzetta del Porto, la rúa Catalana, donde a comienzos del siglo XIV se instalaron los catalanes, famosa durante tiempo por su trasiego con tabernas y prostíbulos, cercana también al puerto, y la *Vicaria*, cerca del Castel Capuano, el lugar adonde era conducidos los delincuentes para ser juzgados. Los tres lugares citados, sumados a la posada del Cerriglio, constituyen espacios del mal vivir napolitano: no es extraño que Mátalas Callando saque a colación la fama de los soldados *chorilleros*, denominados así por su afición a las pendencias etílicas en la citada posada del Cerriglio, Chorrillo, que aparece en casi todas las descripciones de la ciudad: recuérdese el célebre paso del mamotreto XLIX de *La lozana andaluza*: "Señora, hasta agora yo y mi amo habemos posado en la posada del señor don Diego o Santiago a dormir solamente, y comer en la posada de Bartoleto; que siempre salimos sospirando de sus manos, pero tienen esto: que siempre sirven bien. Y allí es otro *Estudio* de Salamanca y otra *Sapiençia* de París y otras *Gradas* de Sevilla y otra *Loja* de Valençia y otro *Drageto* a Rialto en Venecia y otra barbería de cada tierra y otro *Chorrillo* de Nápoles".

Entre las varias preguntas sobre los productos de la ciudad napolitana, llama la atención la respuesta sobre los vinos: "vino griego de la montaña de Soma, y latino y brusco, lágrima y raspada". El primero parece mención erudita, ya que aparece mencionado en los autores grecolatinos, como especial de las laderas de la montaña de Soma, esto es, del Vesubio. Vitrubio y Plinio, entre otros, hablan de ese vino, denominado así: *griego*. En un libro publicado en 1632, *Los incendios de la montaña de Soma*, en la imprenta real de Eligio Longo, se citan estos pasajes, que parecen lugares comunes sobre la excelencia de esos vinos: "vetustus Campaniae mons hodie Summa dictus et nobilis precipuo vino, quod grecum appellant". Sin apurar una erudición inabarcable (como la quiere Camillo Pellegrino en su discurso sobre el vino Falerno, *Discorsi della Campania felice*, Francesco Savio, Napoli, 1651), conviene señalar que Pedro de Urdemalas muestra su conocimiento sobre los vinos de la zona y sobre las denominaciones: el vino *latino* era el habitual en las listas de aprovisionamiento de las embarcaciones, y se llamaba así para diferenciarlo del *griego*, que era el habitual del Vesubio. Por lo que se ve en algunas listas de precios y valores en el Reino de Nápoles, el griego era algo más caro, pero ambos se vendían a granel. El *Brusco* era un vino más áspero, de uva blanca, que normalmente se tomaba con miel. El *Lacrima* (*lacry-*

ma christi) es dulce y es fama que se cultiva también en el Vesubio: es inevitable la asociación con el golfo napolitano y era esperable en las palabras de Urdemalas, así como la *raspada, raspata,* también típico de la zona napolitana. Es siempre posible que Urdemalas acudiera a su memoria o a los relatos de quienes podían proceder de Nápoles: en el fondo, la escena precisamente trata de eso: de dar información a otra persona para que pueda argüir que ha estado en Nápoles, pero en este pormenor, parece extraña la familiaridad con los nombres de vinos que ahí aparecen.

Urdemalas no aprecia belleza en las mujeres napolitanas y pasa a referir las más importantes iglesias de la ciudad. Por los datos que ofrece -Monte Oliveto, san Giacomo degli Spagnoli, Piedigrotta o san Lorenzo- parece que su radio de acción, salvo en el caso de Piedigrotta, se circunscribe al mismo espacio citado sobre las calles: la Nápoles medieval, cercana al puerto, la que al parecer frecuentaban los españoles y que se halla cerca de ese lugar del Cerriglio, de ajetreo picaresco y trasiego comercial. Puede uno advertir que Urdemalas traza una ciudad en dos planos sociales bien diferenciados: el primero, de castillos y fortificaciones, de nobles y príncipes, ejercitados en el arte de la caballería; y el segundo, de las calles donde la agitación mercantil se muestra de forma más cruda, con la referencia a las comidas y a las bebidas, en un entorno cercano al puerto y a la camaradería de rufianes. Esta esquemática representación vale para la ciudad, pero hay dos entradas en el libro que permiten adivinar una mayor afinidad con Nápoles y aventuran la existencia de un autor conocedor señalado de la ciudad: la primera, una mención personal sobre la isla de Capri, a la entrada de la bahía de Nápoles:

> No solamente volver podéis tener por muy averiguado, mas aun a la mesma tierra y lugar donde había estado, y no es cosa de poetas ni historias, sino que por experiençia se ha visto en golondrinas y en otras muchas aves, que siendo domésticas les hazen una señal y las conocen el año adelante venir a hazer nidos en las mesmas casas; pues de las codorniçes no queráis más testigo de que tres leguas de Nápoles hay una isla pequeña, que se dice Capri, y el obispo della no tiene de otra cosa quinientos escudos de renta sino del diezmo de las codorniçes que se toman al ir y venir, y no solamente he yo estado allí, pero las he cazado, y el obispo mesmo es mi amigo;

y la segunda, una referencia a Pozzuoli y a lugares específicos de la zona de los *Campi Flegrei,* que fueron objeto durante los años anteriores a la redacción del *Viaje de Turquía* de una intensiva exploración arqueológica:

> Sabed también que en Viterbo se hacen muchas y muy buenas espuelas, más y mejores, y en mejor preçio que en toda Italia, y no pasa nadie que no traiga su par dellas. Tiene también unos baños naturales muy buenos, adonde va mucha gente de Roma, aunque yo por mejores tengo los de Puçol, que es dos leguas de Nápoles, en donde hay grandísimas antiguallas: allí está la Cueva de la Sibila Cumana y

el Monte Miseno y estufas naturales y la laguna Estigia, adonde si meten un perro le sacan muerto, al parecer, y, metido en otra agua está bueno, y, si un poco se detiene, no quedará sino los huesos mondos; y esto dígolo porque lo vi; sácase allí muy gran cantidad de azufre.

70

El autor conoce con cierto detalle los lugares que menciona: es posible que algunos le lleguen de la memoria o de la cita indirecta. Pero parecen demasiado familiares las menciones. Gómez Montero (2015) cree entender en los pasajes referidos de la ciudad de Nápoles la visión de una "suma de la civilización contemporánea, un prototipo de ciudad moderna, quizá la única en Occidente capaz de competir en Europa con la gran metrópolis que Urdemalas considera es Constantinopla". Para llegar a esa conclusión parecen pocas las referencias, y algunas de pasada; quizá sí pueda entreverse un panorama abigarrado, de espacios políticos (en los que falta la mención al virrey) y de espacios de la marginalidad y el comercio: desde luego, un espacio dinámico, conflictivo (no olvidemos que Urdemalas debe dar un rodeo para entrar en el puerto), lleno de tensiones sociales, pero sofisticado y denso en posibilidades.

Capítulo 2
Los primeros años del siglo XVII.
El conde de Lemos

El conde mi señor se fue a Napoles;
el duque mi señor se fue a Francía:
príncipes, buen viaje, que este día
pesadumbre daré a unos caracoles.
Luis de Góngora.

No es fácil reunir en un discurso la variedad cultural del periodo de los Castro en Napoles: el mecenazgo de artistas y escritores, la participación misma en saraos, academias (la de los *Oziosi* como principal) o en representaciones teatrales (el propio
conde compuso su comedia), la amistad con prohombres de la ciudad como Giovan
Battista Manso, el coleccionismo de obras pictóricas con las obras de pintores singulares como Guido Reni, Caravaggio, Artemisia Gentileschi o José Ribera, el encargo
a arquitectos de fama en Roma como Domenico Fontana para la construcción del
Palazzo Reale, o para la construcción de las *Scuole Pubbliche*, al final de la vía abierta
por Pedro de Toledo medio siglo antes, ahora Museo Arqueológico; la apertura de
excavaciones arqueológicas que dieron luz a las ruinas de Cumas (ya con el conde
de Benavente) o el anfiteatro de Pozzuoli; la promoción de conservatorios y reales
capillas de música, así como la relación (no muy amistosa) con los principales intelectuales y políticos del momento, como Campanella o el filósofo natural Giovan
Battista della Porta, o con la clase universitaria y eclesiástica de la ciudad.

Muy significativo de este nuevo impulso es la peripecia de la edición de las obras de
santa Teresa en la imprenta napolitana, al calor de la llegada a Nápoles del conde de
Benavente y de la fundación de la orden carmelita descalza en la ciudad por parte de
Pedro de la Madre de Dios, conspicuo representante de la descalcez, combativo en
las instancias vaticanas en la labor de conseguir la beatificación y ulterior santifica-
ción de Teresa de Cepeda. Encarnación Sánchez (2005) ha detallado con particular
precisión los pormenores de la publicación y ha resaltado la imbricación política y re-

ligiosa de la iniciativa editorial: ejemplar resulta, en definitiva, de la notable expansión de la cultura hispánica con el arranque del nuevo siglo.

El VII conde de Lemos en esta tesitura constituye la figura más sobresaliente. Su llegada a Nápoles se acompaña de un séquito de hombres de cultura, encabezado por los hermanos Argensola, que ejercerán de organizadores de las principales actividades, y formado por poetas como Mira de Amescua o el conde de Villamediana. El propio conde tenía a gala la escritura de obras de teatro o de prosa satírica (*El búho gallego*) y, desde el principio, mostró interés en impulsar en Nápoles distintas iniciativas de enriquecimiento artístico y urbanístico. La conversión, como se ha apuntado, de las caballerizas en universidad se ha interpretado como metáfora de la concepción ilustrada del virrey. Aunque las labores de reforma del Palazzo Reale habían comenzado con el primer Lemos y el conde de Benavente, Lemos mandó llamar a Domenico Fontana para que emprendiera una ambiciosa edificación para dar cobijo a la creciente burocracia áulica y para dar una correspondencia espacial a la consolidación y centralización de un poder que, aunque delegado de la dinastía hispánica, debería jugar un papel destacado en el desarrollo de la ciudad. A este objetivo se suma, por ejemplo, la creación de la Real Capilla de Música, que se demostró a lo largo del siglo XVII causa principal del auge de la ópera y de los distintos géneros musicales en la ciudad partenopea.

Pero quizá su mayor aportación para el desarrollo de la literatura sea su implicación en el nacimiento de la *Accademia degli Oziosi,* una academia impulsada por el noble napolitano Giovan Battista Manso y protegida desde el inicio por el virrey. Los pormenores de esta *Accademia* son muy conocidos y su influencia en la vida cultural de Nápoles es indiscutible. Sirvió de canalizador de las propuestas culturales, aunque hay quien sostiene que tal vez funcionó como filtro e instrumento controlador de las energías literarias del momento. Una parte de la historiografía cree que fue un lugar abierto a las distintas sensibilidades y que, simplemente, el virrey se sumó a ese ambiente, y otra parte que considera que quiso influir y determinar, en consonancia con un programa ideológico centralizador, las formas de verbalización literarias. Quizá ambos aspectos puedan ser compatibles, al menos en el retrato definitivo de su importancia en la canonización social de la cultura.

Miguel de Cervantes.

Cervantes llega a Nápoles por primera vez después de haberse empleado en distintas batallas navales y después, por supuesto, de las heridas cobradas en Lepanto. Y justo antes de que emprenda el viaje en el que es apresado por los corsarios tunecinos en 1575. Es muy posible que conociera los gobiernos de Per Afán Enrique de Ribera, duque de Alcalá, o el del cardenal Antonio Perrenot de Granvela, hombre de confianza de Carlos V y luego de su hijo Felipe II. Es indudable que su experiencia napolitana es una vivencia juvenil que, no obstante, empleará como recurso narrativo bajo suplantaciones variadas. Ya en *La Galatea* la historia incluida en los libros segundo y tercero que cuenta Silerio, con Timbrio y la napolitana Nisida (de clara onomástica partenopea), ofrece algunas claves de tal ambientación, aunque las referencias precisas se hallan muy desdibujadas: sí que aparece la típica contextualización cortesana, de dama asediada por pretendientes sujetos a los códigos caballerescos (con un léxico que recuerda las elegías garcilasianas), pero enturbiados por la intensidad del sentimiento amoroso. Cabe especular una cierta correspondencia con la trayectoria cervantina en la conclusión de la historia en el libro cuarto: "Viéndome, pues, yo ausente de Timbrio, ajeno de Nisida y, considerando que, ya que los hallase, ha de ser para gusto suyo y perdición mía, cansado ya y desengañado de las cosas de este falso mundo en que vivimos, he acordado de volver el pensamiento a mejor norte y gastar lo poco que de vivir me queda en servicio del que estima los deseos y las obras en el punto que merecen".

En la *novella* de *El curioso impertinente* incluida en el *Quijote*, se alude, con casi un siglo de diferencia, a la batalla de Cerignola, librada en 1503, en la que Gonzalo Fernández de Córdoba cobra la ciudad de Nápoles a los franceses. O en la otra *novella* del capitán cautivo en el *Quijote*, donde trae a colación la referencia heroica de Nápoles: "Y quiso mi buena suerte que el señor don Juan de Austria acababa de llegar a Génova, que pasaba a Nápoles a juntarse con la armada de Venecia". En la novela ejemplar, *La fuerza de la sangre*, Nápoles será el destino de Rodolfo, para justificar la determinación de su rica familia de que "no eran caballeros los que solamente lo eran en su patria". García López (2013) cifra el viaje del jovencísimo violador de Leocadia como "una etapa formativa del hombre renacentista", aunque en el fondo se puede interpretar (al menos en la mente del lector/a que sabe que su caballerosidad ha quedado en entredicho) como una huída típica de una situación conflictiva, de conducta deshonesta.

En el capítulo I, 51 del *Quijote* el cabrero cuenta la historia de Leandra, la hermosa hija de un rico labrador, pretendida por varios y enamorada de otro hijo de un labrador, Vicente de la Rosa, que vuelve de Italia hecho soldado. Leandra queda seducida por los modos del soldado, presentado como un galán y un bravo desenvuelto, vestido de diversas formas (con combinación de colores), narrador de miles de aventuras (no muy creíbles) y, además, poeta y músico. El enamoramiento de Leandra se resuel-

74

ve en huida con el soldado, quien, tras robarle los "muchos dineros y preciosísimas joyas que de su casa había sacado", finalmente la abandona. Según el cabrero, la muchacha "confesó sin apremio que Vicente de la Rosa la había engañado: debajo de la palabra de ser su esposo, la persuadió que dejase la casa de su padre; que él la llevaría a la más rica y más viciosa ciudad que había en todo el universo mundo, que era Nápoles, y que ella, mal advertida y peor engañada, le había creído". La expresión *viciosa* aplicada a Nápoles da pie a interpretaciones, a mi juicio, discutibles (De Armas, 2006): primero sobre la lectura literal del pasaje, descontextualizada, y luego, por aplicar la frase de Leandra, recogida por un cabrero que narra a don Quijote una historia, al mismo Cervantes. Del texto se deduce que los adjetivos *rica* y *viciosa* atrajeron la atención y el gusto de Leandra, que se declara engañada por la huida del soldado, pero no por la presentación de la ciudad. Conviene revisar la acepción de *viciosa* como sinónimo de *rica* o de *fértil*, no tanto con una caracterización negativa, que del contexto no se declara. En *Autoridades* se lee: "se toma también por vigoroso y fuerte, especialmente para producir": el ejemplo aducido no revela impresión negativa sino amplificación por sinónimo de la idea, tópica, de la riqueza de la que Garcilaso nombró *pulchra Partenope*.

En *El licenciado Vidriera* aparece la otra famosa cita elogiosa sobre Nápoles: De Armas, siguiendo a Canavaggio, se muestra susceptible ante la ausencia de entusiasmo en el elogio. El narrador solo subraya la admiración que le causó a Rodaja esta ciudad "a su parecer, y al de todos cuanto la han visto, la mejor de Europa y aun de todo el mundo". Aunque parece ser una descripción laudatoria, no incluye ni un solo detalle. El biógrafo de Cervantes, Jean Canavaggio muestra su inquietud: "Elogio impecable, por cierto, pero que, por su misma concisión, nos deja un tanto frustrados". La argumentación es interesante, pero quizá pierde de vista que el largo pasaje de la novela ejemplar, desproporcionado en un contexto narrativo, más parece una guía de viaje al uso, convencional, que una muestra de las impresiones causadas por el propio Cervantes en Italia. "Para mí uno de los elementos que falta es la clave mitológica, la mención de Parténope, sirena que rige la costa de Nápoles". Que no haya hecho mención a Parténope, de tan trivial, no da para sospecha tan relevante.

Interesante es la relación que De Armas (2006) establece entre Cervantes y Della Porta: en su libro *Quixotic Frescoes*, sobre la presencia del arte renacentista en la poética cervantina, recuerda los posibles contactos entre ambos, desde el viaje del autor napolitano a Madrid para presentarse ante el rey Felipe II con su libro sobre magia hasta la composición de la obra *Turca*, de 1572, que pudo conocer Cervantes en su estancia en Nápoles. Aunque donde cree De Armas encontrar huellas de la obra del humanista napolitano es en su *L'Arte di ricordare*, un libro de teoría pictórica, lleno de erudición, que pudo haber inspirado a Cervantes tanto como las *Vite* de Vasari. Es sugerente la opción, aunque los conocimientos vertidos por Della Porta eran de dominio común entre los eruditos del arte de la pintura.

Las referencias napolitanas de Cervantes encuentran en el *Viaje del Parnaso* su espacio. En el capítulo tercero se lee:

Vimos desde allí a poco el más famoso
monte que encierra en sí nuestro hemisfero,
más gallardo a la vista y más hermoso.
Las cenizas de Títiro y Sincero
están en él y puede ser por esto
nombrado entre los montes por primero.
Luego se descubrió donde echó el resto
de su poder naturaleza amiga
de formar de otros muchos un compuesto.
Viose la pesadumbre sin fatigar
de la bella Parténope, sentada
a la orilla del mar, que sus pies liga,
de castillos y torres coronada,
por fuerte y por hermosa en igual grado
tenida, conocida y estimada.

El viaje en barco hasta el monte Parnaso por Italia procede de Génova; la descripción de la costa deja en algunos enigmas las alusiones perifrásticas: la raya blanca de la arena que las aguas del río Tíber introduce en el mar, el humo del volcán de Stromboli avistado tan a lo lejos, la isla infame (para la que hay dos especulaciones: Capri, por ser la isla de Tiberio, o Cerdeña, aunque la de Ponza no puede desdeñarse ya que fue ahí donde estuvo desterrado el emperador Nerón), el promontorio de Gaeta y luego esos versos donde atiende al origen de Virgilio, con la referencia al Títiro del comienzo de sus *Bucólicas*, y de Sannazaro, con la alusión a Sincero, el protagonista de *L'Arcadia*. So la mención de Parténope resulta obligada, así como la de la ciudad amurallada y rodeada de los castillos. En el texto de Caporali, que parte de Roma, se hacen semejantes menciones: Ostia, Gaeta, en el golfo de Nápoles, Baia y "le calde e fetide acque" de Pozzuoli, y, poco después, Stromboli, que en el texto cervantino antecede a lo anterior, en error o en hipérbole sobre la erupción volcánica. En ambos casos, se dedican textos satíricos sobre Nápoles: en Caporali, casi burlescos, que parecen haber estimulado incluso el comienzo de *La gitanilla*:

Dico là dove il furbo viver nacque,
che con tanta creanza e gentilezza
d'un mio tabarro molto si compiacque
Gente a rubbar fin da la cuna avezza
che mentre su le forche un sen'appicca,
un 'altro rubba al Boia una cavezza.

y en Cervantes, toda una larga transcripción de un diálogo sobre los hermanos Argensola, en tono de lamentación y queja sobre su actuación por no haberle dejado,

76

probablemente, incorporarse al séquito del conde de Lemos. Mercurio le pide el favor de bajar en Nápoles para dar un recado a los Argensola, pero el narrador ruega sea otro el que lo haga: "otro que la embajada les llevase/ que más grato a los dos hermanos fuese". Ante la petición de aclaraciones de Mercurio, la voz narrativa desgrana los inconvenientes: "no me han de escuchar", "que tienen para mí, lo que imagino,/ la voluntad, como la vista, corta". Promesas incumplidas se añaden a los reproches, mezclados con excusas poco creíbles: "podía ser que ocupaciones nuevas/ les obligue a olvidar lo que dijeron".

Esta parte del *Viaje del Parnaso*, de una cierta demora en medio de la derrota marítima, parece achacable al propio Cervantes y a su misma experiencia con la corte del conde, pretendida y no conseguida, como se intuye. Más adelante, en el capítulo octavo, en el reparto de los nueve honores a los más grandes poetas de cada una de las musas, "Tres, a mi parecer, de las más bellas de ellas/ a Parténope sé que se enviaron/ y fue Mercurio con ellas". Otros tres poetas fueron coronados en el mismo monte y otros tres fueron a España. En esta distribución, Cervantes tal vez está pensando en la excelencia de la poesía que se realiza en Nápoles. No es posible saber a quién puede referirse, aunque la especulación sobre los (divinos) que lleva a España conduce, sin argumentación, a Quevedo y a los Argensola.

En este mismo capítulo octavo, tras la intervención de Morfeo con el auxilio de bebedizos, el poeta se duerme. Tras dos días de sueño, despierta de repente y se halla no ya en el monte Parnaso, sino en Nápoles:

Al despertar del sueño así importuno
ni vi monte nimonta, dios ni diosa,
ni de tanto poeta vide alguno.

Por cierto, extraña y nunca vista cosa,
despabilé la vista y pareciome
verme en medio de una ciudad famosa.

Admiración y grima el caso diome
torné a mirar, porque el temor o engaño
no de mi buen discurso el paso tome.

y díjeme a mí mismo: "No me engaño,
esta ciudad es Nápoles la ilustre,
que yo pisé sus rúas más de un año;

de Italia gloria y aun del mundo lustre,
pues de cuantas ciudades él encierra
ninguna puede haber que así le ilustre:

apacible en la paz, dura en la guerra,
madre de la abundancia y la nobleza
de elíseos campos y agradable sierra.

Si váguidos no tengo de cabeza
paréceme que está mudada en parte
de sitio, aunque en aumento de belleza.

¿Qué teatro es aquel donde reparte
con él cuanto contiene de hermosura
la gala, la grandeza, industria y arte?

Sin duda, el sueño en mis pálpebras dura,
porque este es edificio imaginado
que excede a toda humana compostura.

Esta invención parece evocar las palabras de Mátalas Callando en el *Viaje de Turquía*, al comienzo del pasaje sobre Nápoles, cuando le pide a Pedro de Urdemalas que le cuente algo de la ciudad partenopea para no ser cogido en mentira: "gentil cosa sería que dijese haber estado en Turquía y Judea y no supiese por dónde van allá y el camino de enmedio; diríanle todos con razón que había dado salto de un extremo a otro, sin pasar por el medio, por alguna negromancia o diabólica arte que tienen todos por imposible".

La cita del *Viaje del Parnaso* continúa con la mención a Nápoles y con unos versos de nostalgia y melancolía muy explícitos: "En mis horas más frescas y tempranas/ esta tierra habité, hijo –le dije-,/ con fuerzas más briosas y lozanas,/ pero la voluntad que a todos rige/ (digo, el querer del cielo) me ha traído/ a parte que me alegra más que aflige". La confesión se interrumpe con la llegada de lo que el narrador llama "los mayores/ aparatos de fiesta que vio Roma en sus felices tiempos y mejores". El amigo Promontorio comienza a describir lo que está viendo, que no es otra cosa que las celebraciones en forma de torneo, con el conde de Villamediana como mantenedor principal, de los desposorios de Luis XIII con Ana de Austria, la hija del rey Felipe III, en mayo de 1612. El narrador pide situarse mejor para ver el espectáculo y contarlo, pero no va más allá en su intento porque declara que ya otra persona, Juan de Oquina, se ha adelantado en la tarea, al escribir una *relación* del espectáculo grandioso. Solo por Rodríguez Marín se sabe de la existencia de ese impreso con la relación, pero no parece que ningún anotador moderno lo haya visto. Hay que conformarse con reproducir la cita y recurrir a otros testimonios (como el de Capaccio) para entender las alusiones del narrador del Parnaso.

Este último episodio del *Viaje del Parnaso* resulta extraño en la secuencia del sueño (lucianesco) que lo transporta desde el monte de Apolo hasta Nápoles y, de nuevo, en otro salto inexplicable -"Desde allí (y no sé cómo) fui traído/ adonde vi al gran duque de Pastrana"- antes de llegar finalmente a Madrid. Pero no deja de resultar interesante que tanto en el viaje de ida como en el de vuelta, el poeta narrador pase por Nápoles y deje elogios hiperbólicos, fundidos con los reproches por no haber sido elegido y con la visión recreada de un evento al que no asistió. No sé si se puede comunicar ese primer momento en que se niega a desembarcar para hablar con los Argensola (a quienes, por otra parte, elogia en otros pasos del largo poema) con este último en el que se hace testigo de un hecho que no pudo ver y del que, además, quiere contar inútilmente sus pormenores. No es poca cosa para un escritor que pasa solo un año de su vida, con 26 años, ya manco de Lepanto y a punto de ser apresado por los turcos durante cinco años. No es de extrañar que Nápoles constituyese para Cervantes un momento de oasis en su agitada vida de soldado.

La picaresca: *Guzmán de Alfarache* (Luján 1602/ Alemán 1604)

El género picaresco parece propicio para la escenificación napolitana. Dos de las principales obras de principios del siglo XVII ven desarrolladas sus peripecias en la ciudad de Nápoles: la *Segunda parte del Guzmán de Alfarache*, de Mateo Luján de Sayavedra (Juan Martí), de 1602, y la *Vida de Estebanillo González*. Y como consecuencia de la primera, la *Segunda parte del Guzmán de Alfarache* de Mateo Alemán de 1604, que también ubica ahí al menos el relato de Sayavedra.

La primera arranca en Roma, como natural continuación del final del *Guzmán* de 1599, con el encuentro ocasional del protatonista con dos españoles. La presentación de ambos se corresponde a lo ya visto en narraciones anteriores sobre las premisas que llevan a alguien a ir a Nápoles: "entendí dellos que de sus tierras habían salido por inquietos y que últimamente habían estado en Flandes en una compañía y se habían huido de conserva, con harto peligro de sus vidas. También deseaban salir de Roma y buscar su vida." No tardará Guzmán en descubrir la naturaleza de ambos compañeros de viaje, pero se concibe la ciudad partenopea como lugar de refugio de malhechores. La ciudad se ofrece al nuevo viajero con los mismos términos tópicos de su belleza: por dos veces, el narrador da noticia de su excelencia. En el capítulo V se lee:

> "Guzmán, ¿qué os ha parecido de Nápoles?" —subiéndome de tú a vos por razón del nuevo oficio y traje. Díjele: "Señor, no se puede negar que es muy principal ciudad, de grande nobleza, muchos edificios, grande lustre y pulicía".

> Anduvimos muchas calles, entró en algunas casas de parientes. Espanteme de ver la belleza de Nápoles, que es un mundo abreviado: la curiosidad y suntuosidad de sus edificios, el orden de sus oficiales, las calles espaciosas, hermosos ventanales y, sobre todo, bellas mujeres.

Alguna nota aislada sobre la escasa seguridad de los españoles por la noche y, en general, la descripción de un mundo de codicias varias abren la peripecia de Guzmán en la cárcel de la *Vicaria*. En este punto, la experiencia toma caracterización más precisa, con un detalle y apreciación concreta muy llamativa como en el capítulo VII:

> Al fin, en entrando por la cárcel y escribiéndome en el libro, salen un enjambre de gente de la vida a arrebatar de mí, que si no les pareciera de la carda me dejaran molido como carne momia. Mas procuré que entendiesen luego que era español bañado en romano y napolitano, curtido de todo trabajo; así me retiré a una parte a mirar de lejos y hacer examen de mi vida, porque, a la verdad, como esto de la cárcel era para mí nuevo y dice mucha privación de libertad y, con el mal título que me pusieron, entré muy afligido, viéndome en tierra ajena y en tan mala morada y sin blanca, que aun en la propia tierra es la cárcel del mal acogimiento que se sabe; y así se dice que entre los pobres no hay ninguno más triste ni más pobre que el encarcelado.

La estancia en la cárcel ocupa numerosas páginas, pero en ella se ven fenómenos de clara particularidad napolitana, como la presentación de un *forajido*, *fuoriuscito*, que, en épocas en que pudo haber sido escrito el libro, era figura social de gran relieve. Es conocida la preocupación del conde de Miranda, virrey del Nápoles de la novela, por acabar con esos episodios de lo que por simplificar se da en llamar bandolerismo o delincuencia de los caminos. Piénsese, por ejemplo, en Marco Sciarra, conocido como el Rey de la Campania, o en Benedetto Mangone, cuyas vidas y muertes fueron objeto de poemas que execraban sus figuras en relaciones impresas: las *Stanze sopra la vita et la morte di Marco Sciarra* (Roma, 1594) o *Il lamento e morte di Benedetto Mangone,* (Florencia, 1599). El narrador elige para su presentación un origen en apariencia insospechado, pero muy plausible para quien conozca o esté al tanto de la vida napolitana: "el de un letrado, mozo, galán y rico, hijo de Nápoles, el cual, por haberle habido doncella una hermana suya el mayor amigo que él tenia, que era un caballero principal y casi pariente suyo, habiendo probado de todas maneras, con ruegos y fuerza, que se casase con ella, y no queriendo, se hizo a montaña, como allí suelen, metiéndose entre los forajidos".

Lo mismo sucede con otro de los huéspedes de la *Vicaria* que, gracias a Guzmán, logra acercarse al virrey y susurrarle al oído un Ave María para hacer creer a los que lo contemplan que tiene audiencia privada y que puede conseguir favores. Las escenas del virrey por la calle, elogiadas como singularidad de un príncipe, no se explican sin esa Nápoles cortesana expuesta al público:

> Tuvo forma de que el secretario del Virrey le obtuviese que en público le dijese al Virrey a la oreja la oración del Ave María, y no otra cosa. Como mucha gente principal y titulados vieron que este hombre hablaba tanto a la oreja al Virrey y le escuchaba de buena gana en tiempo que ellos no podían haber lugar de hablar, parecioles que era grande la privanza, y que por su medio podían negociar sus cosas. Cada uno le encargaba su negocio, y él a todos prometía que sin duda hablaría al Virrey con grandes veras.

La presencia en Nápoles concluye con una salida convencional: la preparación de la partida en una pequeña flota del virrey para España. Guzmán encuentra a un cocinero que será el que le permita entrar al servicio del barco:

> Topeme con un mozalbillo de mi misma figurilla, pícaro de cocina del Virrey, que era a la sazón el gran conde de Miranda, cuya prudencia y grande gobierno tenía y tiene maravillado el mundo, canonizándole por el excelentísimo consejero de Estado y gran columna de la monarquía de España; en breves razones me dijo cuán bien se pasaba en aquella cocina y que de los relieves y cosas que se perdían se podían sustentar muy bien aun los que se precian de delicados, y que estaba de partida el Virrey para España.

Guzmán marchará de Nápoles y, mucho más tarde, definirá su experiencia en el capítulo quinto del Libro segundo, cuando concluya en el resumen de su vida:

> Señores, agora ya puede ser que salgan colores a la cara, por la sangre que he metido de nuevo. Que el no haber salido hasta agora fue porque no tenía en las venas ni en la bolsa, y también porque la sangre que acude a dar auxilio a la cara no le pareció que la mía había menester socorro, como aquella que de mayores trances ha salido amarilla y sin valerse de sus vecinos. Es sevillano el que ven sin apariencia de estudiante, criado en San Juan de Alfarache, refinado de golpe en la Puerta del Sol de Madrid y calle de Toledo, trasplantado en Roma, pasando por entre pícaro de cocina y estudiante de todas lenguas, apurado en Nápoles, y, aunque nuevo en Alcalá, viejo en todas universidades.

Llama la atención que en toda esta estancia napolitana los datos concretos sobre la ciudad queden borrados: apenas hay referencias locales, de calles o de lugares específicos. Puede dudarse de la proximidad del narrador con la ciudad; sin embargo, las referencias al conde de Miranda, nombrado a la sazón, Presidente del Consejo de Italia, no son fruto del azar y responden a un conocimiento cercano a la realidad política y social de la ciudad partenopea.

No es lugar aquí para explicar cómo la narración de Luján interviene en la redacción de la segunda parte de Mateo Alemán (véase la edición de Luis Gómez Canseco, 2012): baste señalar, para el interés del tema, que incorpora al autor como personaje de su novela al lado del propio Guzmán de Alfarache. Alemán hará narrar al personaje de Sayavedra su vida al propio Guzmán. Comienza por presentarse como hermano de Juan Martí, transformado en un tal Mateo Luján ("Llamábase Juan Martí. Hizo de Juan, Luján, y del Martí, Mateo; y, volviéndolo por pasiva, llamóse Mateo Luján") del que finalmente se separa. Pero lo interesante se halla en que, a partir de este momento, la narración se dirige a contar la peripecia tópica del hombre de aventuras que intenta escapar de la pobreza en España:

> Yo tomé otra diferente derrota. Fuime a Barcelona, de donde pasé a Italia con las galeras. Gasté lo que saqué de mi casa. Halléme muy pobre y, como la necesidad obliga muchas veces, como dicen, a lo que el hombre no piensa, rodando y trompicando con la hambre, di conmigo en el reino de Nápoles, donde siempre tuve deseo de residir, por lo que de aquella ciudad me decían. Anduve por todo él, gastando de lo que no tenía, hecho un muy gentil pícaro, de donde di en acompañarme con otros como yo; y de uno en otro escalón salí muy gentil oficial de la carda.

En ese periplo recorre el Reino de Nápoles, con un curriculum continuo de hurtos y robos y el objetivo de acercarse a la ciudad con la ocasión de la llegada de un nuevo virrey. En la descripción de su persona, el narrador no ahorra en calificativos denigratorios, en un alarde irónico, por excesivo, de léxico germanesco. La experiencia en la ciudad se salda con una sucesión de episodios de pillaje, propios de descuidero metido en una pequeña compañía de ladrones organizados. La vida delictiva del protagonista concluye con una pequeña aventura a las afueras de la ciudad, a campo abierto, con el robo de una ropa que clarea sobre un prado. Es llevado a la cárcel y sacado con disculpas falsas para volver de nuevo a ella cuando a la misma salida se encuentra con el Maestredata, la primera de las personas a las que roba a su llegada a Nápoles, que lo reconoce.

El relato primopersonal de la estancia del personaje de Sayavedra en Nápoles, de evidente circularidad, concluye con su destierro a Bolonia y luego a Milán. No es imposible, pues, pensar que Mateo Alemán utilizara las peripecias del Guzmán lujanesco por la capital de la Campania para hacer transitar a este personaje por los mismos espacios de la delincuencia de su precedente. No parece que Mateo Alemán conociese de cerca la ciudad, pero sí parece estar muy al tanto sobre los modos y estrategias del vivir truhanesco que quizá en la rica Nápoles (tal y como se describe en muchos momentos) tenga un sentido aún más verídico. Si Alemán quiso darle a Sayavedra (como trasunto de Mateo Luján) estatuto de pícaro y ladrón, la presencia en Nápoles añadiría motivos para la magnificación de su infamia.

82

María de Zayas.

Las biografías de María de Zayas coinciden en señalar, con no pocas dudas, que debió de pasar unos años de su vida en Nápoles acompañando a su padre, que, a la sazón, entre 1610 y 1616, ocupaba en la corte el cargo de mayordomo del propio conde de Lemos. Es, pues, la experiencia de la ciudad partenopea la que permite explicar las detalladas señales de una de sus novelas más celebradas: *La fuerza del amor.* Gómez-Montero (2015) ha dedicado párrafos singulares de su trabajo sobre la *descriptio partenopea* a esta narración. En ellos traza una división espacial entre el centro monumental que alberga "los lugares de fiesta al uso napolitano" y el extrarradio de "los malos saberes", convertido en un *locus horroris*. Es una propuesta interesante que ejemplifica su planteamiento funcional y, en buena medida, narratológico a pesar de las especulaciones sociológicas, sobre el espacio.

En efecto, como señala Gómez-Montero, la novela se abre con una "entusiasta e idílica *imago urbis*", algo convencional a priori:

> En Nápoles, insigne y famosa ciudad de Italia por su riqueza, hermosura y agradable sitio, nobles ciudadanos y gallardos edificios, coronados de jardines y adornados de cristalinas fuentes, hermosas damas y gallardos caballeros, nació Laura, peregrino y nuevo milagro de naturaleza, tanto que entre las más gallardas y hermosas fue tenida por celestial extremo; pues habiendo escogido los curiosos ojos de la ciudad entre todas ellas once, y de estas once tres, fue Laura de las once una, y de las tres una.

La alabanza lleva un enigma, que en ningún estudio se explica. La situación familiar coloca a la protagonista huérfana de madre en un mundo de hombres exclusivo y en una casa nobiliaria, los Carafa, de importancia eminente en Nápoles, que ya ha sido mencionada a propósito del relato de Urdemalas *Viaje de Turquía.*

> Fue tercera en el nacer, pues gozó del mundo después de haber nacido en él dos hermanos, tan nobles y virtuosos como ella hermosa. Murió su madre del parto de Laura, quedando su padre por gobierno y amparo de los tres gallardos hijos, que si bien sin madre, la discreción del padre suplió medianamente esta falta. Era don Antonio, que éste es el nombre de su padre, del linaje y apellido de Garrafa, deudo de los duques de Nochera y Señor de Piedra Blanca, lugar que tiene su asiento cuatro millas de Nápoles, si bien su casa y estancia la tenía en dicha ciudad.

Los datos que ofrece María de Zayas coinciden en buena parte con el Antonio Carafa de finales del siglo XVI, que se casó dos veces y que tuvo una hija del primer matrimonio (Anna Clarice) y dos hijos (Luigi e Marcantonio) del segundo. La estructura familiar coincide, aunque resulta bien novedoso que la narradora invente sobre una estirpe tan extensa como conocida en Nápoles. No será baladí traer a estudio la figura de Francesco Maria Carafa, duque de Nocera o Nochera, fundamental personaje

84

de la primera mitad del siglo XVII en España, participante en la batalla de Breda en 1625 y en el levantamiento de Cataluña bajo Felipe IV capitán general del Reino de Aragón, dedicatario del libro de Gracián *El político* (1640). Será nombrado grande de España en 1640 y sufrirá prisión por parte del mismísimo conde duque de Olivares, en fechas y circunstancias semejantes a las de Quevedo. Es, pues, extraño que con un apellido tan importante, María de Zayas, contemporánea suya, decida utilizarlo para su narración, no sin poca controversia política por el medio.

Sobre ser *Señor de Piedra Blanca* es más complicado ofrecer precisiones, pero la referencia repite la famosa Leucopetra, donde se alojó Carlos V con Garcilaso, tal vez, a su regreso de la campaña tunecina, en 1535, agasajado por su dueño, Berardino Martirano, Secretario del Reino. En el palacio (reestructurado y retraído de la ribera marítima donde sin duda fue construído) aún se puede leer la lápida que conmemora la estancia de tres días del emperador de los Habsburgo. El lugar no es el extrarradio de Nápoles: es una villa a medio camino entre la ciudad y Pompeya, al lado mismo de Herculano; en ese mismo lugar, fueron construidas durante el siglo XVIII numerosas mansiones, alentadas por la decisión de Carlos III de edificar en esos lugares un espacio de retiro. Si menciono todo ello, es porque la referencia de Zayas posee un valor político y social de primer orden, ya que la familia evita la corte para instalarse a salvo de la *doxa* moral dominante. Encarnación Sánchez (2018) propone este mismo lugar de Leucopetra/ Pietra Bianca como el lugar donde se desarrolla el diálogo de la lengua valdesino y, en ese sentido, puede considerarse el espacio como sede culta y académica, que dignifica a la familia.

Sin salir de ese terreno social que Zayas conoce de su estancia napolitana, la mención al apellido del enamorado de Laura, Diego Pinatello, Pignatelli, con ducado de Monteleón, no es tampoco desdeñable. En efecto, Ettore Pignatelli se distinguió durante el siglo XVI como defensor del emperador Carlos V, virrey de Sicilia, entre otros cargos de elevada responsabilidad. Ettore III Pignatelli, que puede coincidir en el tiempo con lo que Zayas narra, fue capitán general de Cataluña a principios del siglo XVII y participó en la expulsión de los moriscos en 1609. El protagonista pertenece a esa familia y entre los Carafa y los Pignatelli hay numerosos vínculos de unión, siempre en la red napolitana. Gagliardi (2019), en un trabajo que trata de situar el espacio de esta novela, muestra la misma extrañeza sobre el uso que hace Zayas de dos apellidos principales de la aristocracia napolitana. Intenta buscar en los matrimonios entre ambas familias alguna posible conexión, pero da la impresión de que a Zayas le importa más la abundante prosapia de ambos apellidos para elevar al máximo la caracterización social del ambiente que una definición concreta y verídica de la situación; así se cumple lo que Nise, la narradora de esta *maravilla*, dice antes del relato: "la fuerza del amor ninguno hay quien la ignore y más si se apodera de nobles pechos".

A estos dos apellidos conviene añadir la localización de una parte central del relato: el humilladero que se encuentra, tal y como señala la narración, a "una milla apartada de la ciudad, camino de Nuestra Señora del Arca, imagen muy devota de aquel reino, y el mismo por donde se va a Piedra Blanca, como un tiro de piedra del Camino Real". La referencia no puede ser otra que las cercanías del Ponte della Maddalena, construido hacia 1555 sobre la desembocadura del río Sebeto (el río tantas veces citado en las églogas de Sannazaro). Se trata de una zona palustre, a la salida de la ciudad, camino del sur por la costa, donde, al parecer -tal y como muestra Gagliardi (2019) y era costumbre en muchos lugares con los *extra moenia*-, se dejaban expuestos los cuerpos de los malhechores ajusticiados. No hace falta recurrir a las páginas del *Buscón* para recordar ese fenómeno, pero los detalles con que Zayas describe el lugar, con precisiones métricas, permite pensar en una familiaridad o cercanía evidentes:

> a un lado de él [del camino, hay] un humilladero de cincuenta pies de largo y otros tantos de ancho, la puerta del cual está hacia el camino, y enfrente de ella un altar con una imagen pintada en la misma pared. Tiene el humilladero estado y medio de alto, el suelo es una fosa de más de cuatro en hondura, que coge toda la dicha capilla; solo queda alrededor un poyo de media vara de ancho, por el cual se anda todo el humilladero. A estado de hombre, y menos, hay puestos por las paredes garfios de hierro, en los cuales, después de haber ahorcado en la plaza los hombres que mueren por justicia, los llevan allá y cuelgan en aquellos garfios; y como los tales se van deshaciendo, caen los huesos en aquel hoyo que, como está sagrado, les sirve de sepultura.

El puente se halla en un cruce de varios caminos: de ahí parte una vía (el Camino Real) a Poggioreale, el lugar donde fue construida la residencia recreativa de los reyes y virreyes, ideada en época aragonesa, utilizada durante el siglo XVI de forma ocasional y aprovechada por el conde de Lemos, precisamente, como lugar de expansión. De ahí sale la vía hacia el santuario de la Madonna dell'Arco, que aquí aparece (quizá una errata) como Nuestra Señora del Arca, y, en efecto, la vía que recorre la costa hasta la famosa Leucopetra. Zayas elige, pues, como lugar principal de la acción, o al menos como el lugar central de la peripecia, un lugar pleno de significación mágica o misteriosa, a la vez que terrible. Las páginas que dedica Gagliardi a explicar la importancia de fenómenos de hechicería denunciados en Nápoles por las fechas en que se desarrolla la obra de Zayas corroboran la huella del paso de la escritora por la ciudad partenopea durante el periodo del conde de Lemos.

Las referencias religiosas de la novela vinculadas a Nápoles también son objeto de análisis por parte de Gagliardi: por un lado, la ya citada mención a la ermita de la Madonna dell'Arco, una devoción relativamente reciente, también plagada de misterio y terribles episodios, y, por otro, la mención al convento de la Immacolata Concezione en el que ingresa la protagonista, un lugar creado en 1582 para las hijas de los españoles que habían luchado en favor de la corona, construido dentro de la llamada *insula* de san Giacomo degli Spagnoli, la iglesia erigida por Pedro de Toledo para su propia memoria. No es Laura Carafa hija de noble español, pero el desenlace abrupto no permite hacer otro tipo de salvedades. Zayas conoce con demasiado detalle los pormenores de la vida napolitana, por lo que se hace casi imposible negar su presencia en ella.

La cartografía física y social de Nápoles que desvela *La fuerza del amor* posee una función narrativa que trasciende el campo del espacio. Se trata de la concepción subjetiva de Nápoles, la percepción ideológica y política que deriva de su propio nombre. En otras novelas de Zayas, la referencia a Nápoles constituye, más que un recurso episódico superficial, una implícita consideración del lugar partenopeo como refugio, escapatoria, o como signo de libertad. No solo por su insistencia, sino por su deliberada equivalencia con un cierto grado de autonomía personal. En *Aventurarse perdiendo,* don Felis de camino a Flandes para en Nápoles, y Jacinta, su enamorada, narradora de sus peripecias, cuenta cómo viajan a la ciudad partenopea huyendo de un control social evidente. Llama la atención en esta novela la forma en que (tal vez por descuido) explica la llegada, con la referencia a la condesa de Lemos y al famoso marqués de Santa Cruz, capitán general de las galeras de Nápoles:

> Estuvimos en Roma visitando aquellos santuarios y confesándonos generalmente, en cuyo intermedio supo don Felis cómo la condesa de Gelves, doña Leonor de Portugal, se embarcaba para venir a Zaragoza, de donde habían hecho a don Diego Pimentel, su marido, Virrey. Y pareciéndole buena ocasión para venir a España y a nuestra tierra a descansar, me trajo a Nápoles y acomodó por vía del marqués de Santa Cruz con las damas de la condesa, y él se llegó a la tropa de los acompañantes. Tuvo la Fortuna el fin que se sabe, porque, forzados de una tormenta, nos obligó a venir por tierra: bastaba yo, Fabio, venir allí.

En el desenlace de *El castigo de la miseria* vuelve a aparecer Nápoles como destino final de los amantes, no destacados precisamente por la licitud de su comportamiento:

> A doña Isidora, estando en Barcelona aguardando galeras en que embarcarse para Nápoles, una noche don Agustín y su Inés la dejaron durmiendo, y con los seis mil ducados de don Marcos y todo lo demás que tenían se embarcaron, y llegados que fueron a Nápoles, él asentó plaza de soldado, y la hermosa Inés puesta en paños mayores se hizo dama cortesana, sustentando con este oficio en galas y regalos a su don Agustín. Doña Isidora se volvió a Madrid, donde, renunciando el moño y las galas, anda pidiendo limosna.

Esa misma condición deshonesta del personaje permite que el don Fadrique de *El prevenido engañado* pueda ser protagonista de aventuras no muy edificantes, en una ciudad que de nuevo se presenta como un espacio impactante por su belleza:

Llegó don Fadrique a Nápoles, y aunque salió de España con ánimo de ir a Sicilia, la belleza desta ciudad le hizo que se quedase en ella algún tiempo, donde le sucedieron varios y diversos casos, con los cuales confirmaba la opinión de [que] todas las mujeres que daban en discretas destruían con sus astucias la opinión de los hombres. En Nápoles tuvo una dama, que todas las veces que entraba su marido le hacía parecer una artesa arrimada a una pared. De Nápoles pasó a Roma, donde tuvo amistad con otra, que por su causa mató a su marido una noche y le llevó a cuestas metido en un costal a echarle en el río. En estas y otras cosas gastó muchos años, habiendo pasado diez y seis que salió de su tierra. Pues como se hallase cansado de caminar y falto de dineros, pues apenas tenía los bastantes para volver a España, lo puso por obra.

En dos novelas, *La más infame venganza* y *Tarde llega el desengaño*, Nápoles figura como lugar de huida, tras una pendencia y posterior crimen. En esta segunda novela, además, su llegada a Nápoles, lejos de constituir castigo por obligada escapatoria, se convierte en oportunidad como soldado que, por su arrojo, llega a capitán.

Hasta que sucedió que en una casa de juego, sobre juzgar una suerte, mató un caballero principal de la ciudad, y queriéndole prender por ella, se escapó y retiró a un convento, viendo que si le prendían no le iría muy bien, respeto de traerle ya la justicia, por sus travesuras, sobre ojo. Y desde allí avisó por un papel a su hermana que deshaciéndose de algunas cosas de casa le juntase el dinero que pudiese para ponerse a mejor recado, porque le habían avisado trataban de sacarle de la iglesia; que en llegando a Nápoles, donde quería irse, la avisaría o enviaría por ella, y dándole media docena de documentos de lo que había de hacer en su ausencia (que los pudiera también tomar para sí). Todo se hizo como él pidió, cumpliéndolo todo Carlos, por que Octavia no se deshiciese de sus joyas. Y con todo secreto fue a ver a su hermana, y despedido della se pasó al reino de Nápoles.

Mi nombre es don Jaime de Aragón, que este mismo fue el de mi padre, que fue natural de Barcelona, en el reino de Cataluña, y de los nobles caballeros della, como lo dice mi apellido. Tuvo mi padre con otros caballeros de su patria unas competencias sobre el galanteo de una dama, y fue de suerte que llegaron a sacar las espadas; donde mi padre, o por más valiente o más bien afortunado, dejando uno de sus contrarios en el último vale se escapó en un caballo al reino de Valencia, y embarcándose allí pasó a Italia, donde estuvo algunos años en la ciudad de Nápoles sirviendo al Rey como valeroso caballero, donde llegó a ser capitán.

Esta misma situación se advierte en la novela *El traidor contra su sangre*, ya que don Alonso escapa a Nápoles tras haber dado muerte a su hermana por no aceptar el matrimonio de ella con un hombre inapropiado. Pero esa huida constituye el arranque de otra peripecia, desarrollada en la ciudad partenopea:

Don Alonso estuvo con su padre en Sevilla solos dos días, porque como sabía que estaba llamado a pregones y sentenciado en ausencia a cortar la cabeza, no paró allí más; antes se partió para Barcelona donde se embarcó, y con próspero viaje llegó a la ciudad de Nápoles, donde asentó plaza de soldado, por no dar que decir de que estaba allí sin ocupación ninguna, y socorrido largamente de su padre, pasaba una vida ociosa jugando y visitando damas.

Gagliardi (2019) ha investigado alguna de las referencias de esta novela, en particular la de los *prevetes salvajes*, grupo al que pertenece el personaje de Marco Antonio, amigo de juergas napolitanas del protagonista don Alonso y presentado como *jenízaro*, como mezcla de español y napolitano, con mala fama en Nápoles. El trabajo de indagación le permite asegurar, con documentación abundante, que los llamados *prevetes* (palabra del dialecto napolitano por *prete*) *salvajes*, clérigos seculares, con funciones semejantes a los sacristanes, habían sido durante la época del conde de Lemos objeto de persecución por su proceder deshonesto y que Zayas se hace eco del fenómeno con conocimiento muy cercano de causa. Lo cierto es que esta novela, con argumento de terror doméstico, presenta una ambientación plenamente napolitana, con referencias a los espacios de la ciudad y al momento histórico en que se produce el relevo del virrey; la embarcación del conde de Lemos y la futura llegada del duque de Osuna procedente de su virreinato siciliano. En esa transición sucede la historia, como si Zayas quisiese ubicarla en medio de una confusión social, en justa correspondencia con la subversión social y moral que el protagonista don Alonso impone. El asesinato de doña Ana de Añasco (cuyas hermanas, por cierto, ingresan en el mismo convento de la Inmacolata Concezione) se produce en un ambiente semifestivo, el de la despedida del virrey, en una noche de verano, en el patio de una casa tomando un refresco y comiendo una empanada.

Todas estas novelas, aunque impresas en 1637 y 1647, se desarrollan en el periodo del virreinato del conde de Lemos. No es posible saber si fueron redactadas en ese momento o si se trata de redacciones ulteriores, pero las referencias napolitanas tienen que ver con ese tiempo. En todas ellas, como puede verse, se configura una Nápoles de códigos sociales más relajados: los delincuentes, acusados y perseguidos en España, acaban convertidos en Nápoles en capitanes de la soldadesca española o en libres ciudadanos de un lugar franco, y los galanteos con las damas no responden a rigurosas normas preconcebidas, sino que se someten a veleidades o arbitrariedades asumibles con cierta naturalidad. Las costumbres, derivadas de esa laxitud, ofrecen una oportunidad para ciertos resortes narrativos que pueden llamar a admiración o a *maravilla*, en términos que definen las novelas de Zayas. Así ocurre en *La fuerza del amor* con claridad: no es cuestión de analizar la situación de don Diego con su antigua amante Nise y con su esposa Laura, que parece admitir una bigamia *de facto*, pero sí la impresión que deja Zayas en el relato sobre la libertad de los individuos.

Así arranca la peripecia:

> Es uso y costumbre en Nápoles ir las doncellas a los saraos y festines que en los palacios del virrey y casas particulares de caballeros se hacen, aunque en algunas tierras de Italia no lo aprueban por acertado, pues en las más de ellas se les niega hasta el ir a misa, sin que basten a derogar esta ley, que ha puesto en ellas la costumbre, las penas que los ministros eclesiásticos y seglares les ponen.

La libertad de las mujeres se plantea desde el principio, en términos relativos con respecto a los probables lectores/as españoles del libro y a los demás territorios italianos. Es especie que se repite en otros lugares de sus novelas, cuando quiere regular la diferencia de procedimientos entre Nápoles o Roma o Génova. Pero en este caso esa libertad admite los movimientos de galanteo movidos por una lascivia y por compraventa de favores para conseguir el objetivo:

> Úsase en Nápoles llevar a los festines un maestro de ceremonias, el cual saca a danzar a las damas y las da al caballero que le parece. Valiose don Diego en esta ocasión de el que en el festín asistía. ¿Quién duda que sería a costa de dinero, pues, apenas calentó con ellos las manos del maestro, cuando vio en las suyas las de la bella Laura el tiempo que duró el danzar una gallarda?

La descripción de las reglas del sarao de la novela que cuenta Nise -que, por otro lado, se plantea como un *mise en abîme* de la propia estructura de las *Novelas amorosas y ejemplares* ya que están contadas como parte de otro sarao- muestra una sociedad permisiva que vulnera ciertos códigos de comportamiento. El recurso (no muy admisible en clave ortodoxa) a los hechizos para conseguir el cambio de actitud de don Diego por parte de Laura también se naturaliza bajo la excusa napolitana, en un pasaje de importancia extraordinaria: "hay en Nápoles en estas supersticiones tanta libertad que públicamente se usan, haciendo tantas y con tales apariencias de verdades que casi obligan a ser creídas; y, aunque los confesores y el Virrey andan en esto solícitos, como no hay freno de la Inquisición, los demás castigos no los amedrentan". Zayas recuerda aquí el famoso hecho histórico de 1547, cuando el virrey Pedro de Toledo quiso imponer el Santo Oficio en Nápoles y se encontró con la oposición de buena parte de la aristocracia local. Como consecuencia, algunos de los nobles napolitanos sufrieron represión y castigo (como el ya tantas veces citado príncipe de Salerno), pero lograron que la Inquisición no tuviera sede ni jurisdicción en Nápoles. Zayas achaca a esta circunstancia (que parece reconocida) la especial libertad de la ciudad en materia concreta de superstición, pero bien puede extenderse a otros órdenes de la vida, en que los valores nobiliarios quedan subvertidos por la aplicación de reglas menos rigurosas.

Parece muy evidente, a pesar de las dudas sobre el particular, que María de Zayas estuvo en Nápoles y que conoció en detalle algunos de los aspectos precisos de la ciudad. Incluso las menciones más imprecisas, como la del camino real, de la plaza del Palacio o del marqués de Santa Cruz, sin mayor adición, pueden obedecer justamente por ello a una familiaridad bien notable. No solo estuvo en Nápoles, sino que pudo haber concebido las novelas que tratan de la ciudad en esa misma época: no deja de ser elocuente que todas las tramas se desenvuelvan en el periodo mismo en que se supone -con argumentos sólidos- que Zayas estuvo allá, sobre todo cuando los libros fueron impresos casi veinte y treinta años después. La imagen que proyecta de Nápoles es la de una ciudad menos sometida al rigor político y a las convenciones sociales: es refugio de fugitivos de la justicia, lugar festivo de costumbres más generosas, espacio de comportamientos morales menos estrictos, si bien todos los personajes que en ella recalan son españoles y gozan del privilegio de vivir bajo la protección jurídica virreinal. En ese marco, los lances propios de las novelas, de galanteos amorosos de modo predominante, presentan un mayor margen de maniobra y permiten mostrar una sociedad más abierta, más tolerante, pero al tiempo más confusa en lo que se refiere a los patrones morales. Zayas, en ese sentido, ejemplifica una de las vertientes más conocidas del concepto o de la categoría *Nápoles* y que se empleará en muchas ocasiones para las tramas dramáticas, en las que la ciudad partenopea tiende a equivaler a una Babilonia moderna, una metrópolis del pecado donde casi todo parece (más) permitido.

Lope de Vega. Tirso de Molina: Nápoles como escenario.

No es materia desatendida la de Nápoles como escenario de las comedias del siglo XVII. En los últimos tiempos han proliferado los trabajos de esta naturaleza aplicados a Italia, como resultado, tal vez, del auge de tales estudios teatrales dentro del hispanismo italiano. Los trabajos de Augusto Guarino sobre la presencia de Italia en general en los corrales de comedia españoles (2004) y, en particular, de la ciudad de Nápoles en Lope de Vega (2006) o en Tirso (2012) son ejemplares en este sentido, aunque no conviene olvidar la fértil orientación de los trabajos sobre la importancia de las *novelle* de origen italiano (con ambientación, a su vez, italiana) en el suministro de argumentos y tramas para las comedias.

Piqueras–Santos (2019) han trabajado sobre la presencia de Nápoles en Lope de Vega y muestran su sorpresa al comprobar que la ciudad partenopea es, después de Madrid y de Toledo, el espacio más veces utilizado (26 comedias) por el poeta español, quien, por otra parte, nunca estuvo en ella, que se sepa. Los dos estudiosos hacen repaso somero por algunas de las comedias históricas desarrolladas en Nápoles (*La reina Juana de Nápoles*, estudiada en su momento por Marcella Trambaioli y cuyo manuscrito I E 41 de la Biblioteca Nazionale di Napoli indica que fue representada el 25 de marzo de 1617, o *Las cuentas del Gran Capitán*) en las que observan una "caracterización difusa" de la ciudad, al servicio de dos objetivos, no excluyentes: "el interés por dramatizar conflictos bélicos famosos" y "la búsqueda de un mecenazgo". No dejan de lado el análisis de alguna interesante comedia bizantina, como *Los esclavos libres*, en la que el juego de disfraces, enredos y anagnórisis no oculta una de las realidades que quizá convenga resaltar: el fenómeno de la esclavitud, que en Nápoles cobraba una singular dimensión. Las comedias picarescas parecen seguir los patrones de los Guzmanes antes analizados, en los que Nápoles sirve de refugio o como oportunidad para el medro. Se sobrentiende que en estos casos la condición de español del fugado, del perseguido por la justicia, que escapa de España y da en Nápoles lo hace bajo la protección de la corona o de la administración española, pero no se explicita en estos estudios: sobre la lectura se instala la idea (casi natural o naturalizada) de que cualquiera puede abandonar su país, con crímenes a su cargo, y convertirse, con el ejercicio de la milicia, en caballero: tal es el supuesto y el resultado de la obra *El caballero de Illescas*: "A Italia voy, que de villano espero/ volver a ser de Illescas caballero".

Dos comedias palatinas colocan a Nápoles como escenario: *El desdén vengado* y *El perro del hortelano*. La primera, basada en una *novella* de Bandello (III,17), tiene como personaje a Rugero, Rey de Nápoles (probablemente en época medieval) y como fondo la ciudad de Nápoles. El argumento proporcionado por Bandello es el de una dama que manda estar callado a su pretendiente bajo promesa de otorgarle un favor. En Bandello, el favor es un beso; en Lope, poder estar con ella en su aposento. No es lugar aquí para describir la trama de la comedia, bastante convencional en sus

92

enredos, sino la posibilidad de que la ciudad permita una mayor ligereza moral en la protagonista femenina, una mayor tolerancia en la entrada y salida de la casa de la mujer pretendida y, por qué no decirlo, un menor rigor político en el comportamiento del rey. El código genérico de la comedia palatina pide menos restricción ética, pero Nápoles contribuye a admitirla de antemano. Los distintos engaños de la trama (de dinero o de fingidas muertes) parecen diseñados para un ambiente propicio.

Lo mismo sucede con *El perro del hortelano*: como señalan Piqueras-Santos, "no hay alusión alguna al estatus histórico-político de la ciudad como corte del virreinato español", pero no es desdeñable en ciertos momentos la necesidad que encuentra Lope en ubicar la trama en un lugar con ciertas libertades de comportamiento. Una coincidencia inicial con *El desdén vengado* es el de la presentación de una bella dama (en este caso noble) rodeada de varios pretendientes, con alusiones precisas sobre la relativa inviolabilidad del espacio íntimo. En un pasaje ulterior se lee: "sírvenla príncipes hoy/ en Nápoles". La entrada y salida de hombres en su casa se comenta con cierta naturalidad, como paso previo a saber que es Teodoro el causante del alboroto nocturno con el que empieza (*ex abrupto*) la comedia.

La desigualdad social entre los posibles amantes es contrabalanza del sentimiento amoroso: la obra se desarrolla con ese motor dramático, con la metáfora del perro del hortelano para explicar la indecisión de la condesa y los ires y venires de ambos protagonistas. La comedia alcanza un punto muerto al final de la jornada segunda, con la famosa escena de los dos bofetones, hasta que en la tercera jornada se desencadenan los acontecimientos. El primero, la decisión del marqués Ricardo y el conde Federico de matar a Teodoro: para ello contratan a su criado Tristán (sin saberlo) en una taberna napolitana. El sabor costumbrista que rodea la escena parece tópico y convencional, con alusiones a los vinos típicos de Nápoles y con la admisión, tal vez por inercia, del ambiente hampesco del lugar. El marqués afirma, ante la idea de arreglar el asunto con el auxilio de un matón: "Bien puede ser/ que hay en Nápoles quien vive/ de eso y en oro recibe/ lo que en sangre ha de volver" (III, 45-48). Tristán, al llegar a la taberna donde se encuentra con sus amigos, con alias de delincuentes, declara: "En este tabernáculo sospecho/ que hay *lágrima* famosa y malvasía./ Probemos vino *greco*, que deseo/ hablar en griego y con beberlo basta"(III, 71-74). Lo del vino, de claro origen napolitano, es recurso repetido, porque Tristán decide marchar de la posada porque "avisar a Teodoro me conviene:/ perdone el vino *greco* y los amigos". Los ecos del famoso Cerriglio y de la tropa picaresca allí reunida permite la licencia de la escena.

El segundo episodio es la traza del propio Tristán, catalizador de buena parte de la trama, que intenta igualar al secretario Teodoro con la condesa. Recuerda, bajo una clave cómica del solemne *deus ex machina*, la historia del conde Ludovico, a cuyo hijo los "moros de Biserta" apresaron sin que volviera a tener noticia de él. Tristán hace pasar a Teodoro como hijo del conde y para ello urde una historia solo comprensible en el ambiente napolitano, ya que el hijo desaparece en Malta y Tristán se disfraza de mercader griego que, desde Constantinopla y tras pasar por Chipre y por Venecia decide visitar Nápoles, la ciudad bella. Al conde Ludovico Tristán le refiere su vida, en medio de una farsa con los clichés de novela bizantina, pero enmarcada en el comercio mediterráneo entre las ciudades mencionadas. La trama surte efecto y, a pesar de que se emplea el engaño o el fingimiento como definitivo recurso, el final de justicia poética parece complacer la maquinaria interna de la obra. Las libertades que asume el secretario con su dueña o las de ambos con sus criados, con el traspaso frecuente, aunque dudoso, de la línea social, las estrategias criminales del marqués Ricardo y del conde Federico, las mentiras y veleidades delictivas del gracioso y la aceptación final de toda la falsedad son marcas frecuentes en el subgénero palatino, pero parecen subrayadas con el transfondo napolitano en que suceden los hechos. Lope de Vega extrema la caracterización exótica, a sabiendas de que Nápoles permite esta escenificación algo fantasiosa dentro de la dramatización de una mentira. Los saltos en la escala social para equilibrar las condiciones de los personajes son contemplados con total naturalidad, probablemente asumidos por el *status* algo menos intolerante o menos rígido en la consideración de las marcas nobiliarias del entorno cortesano de Nápoles.

Alda Croce, en un largo y clásico artículo (1963) en el que daba cuenta de las referencias a Italia en las comedias de (o atribuidas a) Tirso de Molina, llegaba a la conclusión de que tales menciones "no reflejan un conocimiento verdaderamente personal y directo de Italia, comparado con el que de otros países tuvo Tirso. La idea que de mi país tiene el escritor más bien parece ser fruto de lecturas y expresión de opiniones corrientes; también puede derivar dicha idea de conversaciones con personajes italianos con quienes trató el mercedario". Años más tarde, el trabajo de Croce es continuado por Augusto Guarino (2012) que intenta profundizar en las comedias de Tirso con escenografía napolitana. Al recuento de las mismas ha añadido una contextualización histórica, en la que asoma un sistemático anacronismo que más tiene que ver con un imaginario político que con una precisión verificable. Narra con detalle los enredados argumentos de las comedias, que se superponen a una posible mímesis de las condiciones topográficas o urbanas de Nápoles: no parece relevante el transfondo escénico y social para Guarino, aunque en algún caso parece extrañado de que conozca algún pormenor geográfico, como la mención de la plaza del Olmo en *Cautela contra cautela*, por otra parte explicable dada la fama del lugar fuera del ambiente napolitano. El profesor de la *Orientale* concluye -casi en los mismos términos que Alda Croce- que la visión de Nápoles

es genérica pero correcta, sobre todo desde el punto de vista topográfico, orientada a una eficaz utilización dramática en el marco de una esencial verosimilitud. Lo que puede parecer poco, y se tiene que verificar a la luz de la opción de subgénero y de las circunstancias de encargo (distinto puede ser el caso de comedias propiamente genealógicas, como la "trilogía" de los Pizarro), pero puede bastar en algunos casos para marcar una neta diferencia con otros dramaturgos.

94   Es curioso que Guarino haga preterición (con anuncio de estudiarlas más adelante) de las dos obras más canonizadas (y de mayor controversia autorial) de Tirso de Molina, desarrolladas en Nápoles. Enrica Cancelliere (2017) parece haber tomado la invitación y ha reflexionado sobre la significación de Parténope tanto en *El burlador de Sevilla* como en *El condenado por desconfiado*. En el caso de la primera, además, añade consideraciones muy sugestivas sobre la posibilidad de que la obra fuese representada en 1625, en un caso excepcional de cajas chinas, en el mismo Palacio Real en que arranca la comedia. De esa manera, la ciudad cobra una dimensión particular que afecta incluso a la interpretación estructural, funcional o simbólica, de otros aspectos de la obra. Cancelliere entiende que no solo la primera escena debe ser comprendida (obviamente) en clave napolitana, sino que el episodio de Tisbea debe ser vinculado al universo piscatorio de la Arcadia de la costa que se extiende desde Mergellina hasta Sorrento, y el episodio de Aminta, al mundo rural y pastoril, también enraizado en la gran tradición sannazariana. Desde este punto de vista, toda la obra parece mirar a Nápoles de un modo u otro: "Existe también un territorio connotativo que puede desprenderse de las características lingüísticas y antropológicas de los personajes, e incluso de la evocación de géneros literarios y artísticos propios de un determinado patrimonio cultural. Tirso evoca tales connotaciones cuando desea sugerir un territorio a través de sus potencialidades metafóricas". Lo mismo se plantea a propósito de *El condenado por desconfiado*, que interpreta *sub specie parthenopea*, no topográfica sino metafórica, "entre la satírica o égloga ferina de los montes y las selvas que alterna en *El condenado por desconfiado* con los escenarios urbanos de Nápoles".

Conviene aclarar que no hay constancia de que Tirso visitara la ciudad partenopea. Sin embargo, el imaginario proyectado de la ciudad cobra una verosimilitud bien notable. La propia Cancelliere advierte esa contradicción, pero la salva con una especulación casi ontológica, muy en la línea de una buena parte de su interpretación general de la obra tirsiana ;

> Esta Alteridad es piedra ajena a la vida, estatua, totem o Puerta, que se constituye en pivote que cierra y abre el territorio Otro, en el cual es posible errar hasta el infinito en la experiencia infinitamente compleja de la nada y por eso territorio de una densa fascinación, de innumerables vías que basculan entre el orden y el caos, el espíritu y la carne, la vida y la muerte, la luz y la oscuridad, territorio de una seducción fatal que en Tirso se llama Nápoles.

Sin apurar esos extremos, lo cierto es que *El burlador de Sevilla* es, en primer lugar, *el burlador de Nápoles*. De ahí arranca lo que en afortunada expresión llamó Américo Castro el "vendaval erótico" del protagonista. Las cámaras del Palacio Real están abiertas: las ventanas permiten la entrada de visitantes desconocidos. Don Juan Tenorio lo sabe y aprovecha la escasa vigilancia. Tal vez no subvierte nada: juega sus bazas. Los demás personajes de la corte no son mejores: si no fuese él, el asaltante del balcón habría sido Octavio. Su tío, con conocimiento del grave delito, lo deja escapar. Las libertades, cifradas, como señala Cancelliere, en la amplitud de las salas del Palacio y en la apertura de los balcones, solo pueden darse en ese espacio. La huida es un elemento capital en *El burlador*: la persecución, la *vendetta* o la justicia serán los motores de la acción trepidante. Las historias del soldado Miguel de Castro en los espacios de palacio, con salidas y entradas con artimañas y a escondidas, que se verán a continuación, presentan afinidad con este inicio fulgurante. Para las huidas, el camino España-Nápoles o Nápoles España es bien conocido por los espectadores. La redención o la conversión del protagonista podría haber sido lo esperable. Sin embargo, Tirso de Molina (o quien haya escrito la comedia) decide profundizar en la soberbia de Juan Tenorio con nuevos agravios y delitos en un camino irreversible. No es posible, a mi juicio, comprender el sentido y la intensidad morales de las acciones del galán central de la comedia sin el arranque napolitano.

Lo mismo sucede en *El condenado por desconfiado*: la escena es en Nápoles y en cercanías. El ermitaño Paulo aparece en una *selva*, concepto más moral que topográfico, aunque se especifica la existencia de una gruta. La única alusión urbana a Nápoles es la de la Puerta del Mar, que es el lugar de la cita de Enrico, el otro protagonista, con los rufianes. Este espacio representa los márgenes de la ciudad, sin duda el lugar que da acceso a la urbe desde el muelle, la zona del comercio y las mercancías. En términos simbólicos, el lugar donde se encuentran las mujeres (Celia y Lisandra) con Enrico y ese espacio fronterizo, *extramoenia*, en donde la justicia comienza a comprender sus límites, representan la babilonia napolitana. En la simplicísima mentalidad dramática, la oposición entre selva solitaria y torbellino urbano es evidente. Tirso, no obstante, recurre al fenómeno que muy probablemente conocía de Cataluña, de Cerdeña o de la misma Nápoles: el del bandolerismo de los forajidos, ya visto en otras obras anteriores. En ese espacio se recrea la última parte de la obra: del yermo a la Puerta del Mar y de la Puerta del Mar al escenario abierto de los caminos donde actúan los bandoleros. Es posible que Tirso actuara de oídas: no hacen falta muchos datos geográficos para escribir estos libros napolitanos; pero es indudable que la imagen de Nápoles, como lugar de conflicto y agitación, de ambigüedad moral, debió de atraerle. En estos espacios es donde una dialéctica de contrapuestos funciona con mayor convicción y donde, tal vez, el riesgo de estar censurando una sociedad de escaso control ético podría reducirse considerablemente.

Libro que comenzó en Malta Miguel de Castro.

El manuscrito 2597 de la Biblioteca Nacional en Madrid contiene el relato de una parte de la vida de Miguel de Castro, contada por sí mismo, titulada por Antonio Paz y Mélia, en la primera edición impresa, en Barcelona, en 1900, *Vida del soldado español Miguel de Castro*, que es como se conoce en la actualidad. En la portada el nombre propio aparece con letras mucho mayores que el resto, inventado tal vez para orientar al lector: en el manuscrito, y por dos veces, aparece un largo párrafo que comienza con las palabras de este apartado. No es baladí el asunto porque predispone al lector el conocimiento de un elemento que quizá a lo largo de la obra puede quedar desmentido. En ese mismo año de 1900 también se publicará la obra de Alonso de Contreras, otra autobiografía con semejantes características y que más tarde será objeto de análisis. La coincidencia de tales impresiones, en medio de un periodo pródigo en exaltaciones, más o menos nostálgicas, del pasado imperial español o de una identidad nacional, explica en cierto modo la invención del título. José María Cossío, en 1956, publicará de nuevo el texto en la colección de *Autobiografías de soldados españoles*, dentro del conocido marco de la *Biblioteca de Autores Españoles*, nacida en el siglo XIX. No está, pues, a priori, la recepción del discurso de Miguel de Castro lejos de una propicia recuperación de épocas de dominio hispánico (convertido de forma sistemática en español) en Europa.

El hecho de que, en los márgenes de las primeras páginas del manuscrito, el protagonista narrador indique que pasó en su infancia una temporada, durante el tiempo que duró la epidemia de peste en la ciudad de Ourense en 1599, en la aldea de Seara perteneciente a la abadía de Santa Baia de Anfeoz, cerca de Ribadavia, ofrece garantías notables sobre la veracidad de su historia. No es cuestión de indagar en qué medida las referencias que aparecen corresponden con exactitud a la realidad de los hechos: solo en este párrafo se acumulan datos muy documentados, como la propia peste (bubónica) en Ourense desde abril del año 1598 hasta 1599, o el nombre del citado licenciado Francisco Blanco (y Gayoso) que era, en verdad, cura de la famosa iglesia ourensana de santa Eufemia. Anotaciones tan precisas, por innecesarias en el transcurso del relato, promueven en el lector/a una adhesión mayor a la fidelidad del narrador en la relación de su vida.

La crítica no ha tratado bien este texto por razones estéticas: una impericia autorial, en gran medida, no solo en la carencia de estilo o de voluntad de estilo, sino en la disposición de los materiales o en cuestiones que más parecen prejuicios modernos que análisis más imparciales, como una cierta incoherencia en la construcción del yo enunciador (Cabo 1992) o una falta de armonización de los recursos estilísticos (Juárez Almendros 2006). En fechas recientes, al calor de esporádicos estudios sobre las autobiografías, como los de Levisi (1984) o Cassol (2000), ha aumentado el interés por este texto. El trabajo de Juárez Almendros, de corte lacaniano, focalizado en las pulsiones afectivas paternofiliales del protagonista, con la observación sobre el ritual de las vestiduras en la corte virreinal o sobre su oficio de ayuda de cámara, o el más reciente de Thomas Calvo (2019), de mayor envergadura analítica, con la comparación sistemática con otros textos de semejante naturaleza autobiográfica (Contreras, o Duque de Estrada), han devuelto a este tipo de obras al centro de atención epistemológica de la crítica literaria, al constituirlo como objeto principal de la mímesis social de los siglos XVI y XVII, de forma paralela a otros modos de discurso ficcional (como el picaresco) que durante tanto tiempo han constituido canon esencial y central de la literatura española.

La lectura de los avatares de Miguel de Castro, centrados de forma muy especial en Nápoles, ofrece numerosos y complejos elementos de estudio, a mi juicio aún no abordados, pero necesita una edición crítica y anotada rigurosa. Un simple cotejo, apenas una cala en las últimas páginas, del manuscrito con los impresos de este libro permite concluir que el texto leído durante estos años no se corresponde con exactitud con el del manuscrito. No es un texto bien ordenado, desde un punto de vista cronológico: son varias las intervenciones, distintas las letras y es posible que su encuadernación no sea la adecuada. Esa primera tarea, pues, es definitiva.

La segunda tarea, aunque ancilar, es la de corroborar los datos históricos que figuran en el discurso, como preámbulo contextualizador, no como verificación del *status* mimético del texto. La tercera tarea consiste en ordenar en dos planos el tiempo del discurso y el tiempo de la historia: este es uno de los defectos graves que se le achacan, pero tal vez porque la ordenación no es la ideal. Pongamos por caso ejemplar las páginas últimas del manuscrito, tal y como está configurado: repiten los mismos hechos, de modo sumario, que figuran entre los folios 173 y 190, donde se narra el largo trayecto, por tierra y mar, desde Nápoles hasta Tropea entre el 22 de noviembre de 1609 y la primavera del año siguiente. Y esa repetición aparece después de dejar el relato en Malta, a la llegada de Monsieur de Vandôme a la isla, y sin noticias ulteriores.

El relato abarca la historia de Miguel de Castro hasta el año 1617, ya que es esta la fecha en la que uno de los personajes que aparecen en la historia (como aclara una nota marginal) acaba ajusticiado en Madrid. Pero la mayoría de los hechos que se narran, fuera de los primeros pocos folios dedicados a la infancia y a la orfandad del protagonista, sucede entre los años 1605 y 1612, más o menos coincidentes con el virreinato de Juan Alonso Pimentel, conde de Benavente en Nápoles. En el notable desorden del relato al final, se puede advertir que el último día del que se tiene noticia de Miguel de Castro es el 7 de agosto de 1612, fecha en que queda interrumpido el tiempo de la historia.

Una síntesis de su vida resulta casi imposible. El ensayo de Izquierdo Misiego (2016), lleno de datos muy relevantes sobre las referencias históricas del texto, ofrece un amplio y muy útil resumen de la autobiografía, con imágenes y mapas en las que

98

se traza el itinerario y las derrotas del protagonista por las costas del Mediterráneo. Observa con detalle que el protagonista, a pesar de estar presente en numerosas refriegas marítimas o en batallas navales, apenas interviene en ellas y se limita (tal vez por su oficio de ayudante) a acompañar a las tropas: "en solo dos años, Miguel ejerció su oficio de soldado en la guerra contra el turco, pero sin mucha gloria ni hazañas reseñables; no menciona que diera muerte personalmente a ningún enemigo, y casi nunca, salvo en el asalto a Durazzo, estuvo en primera línea de combate". Eso le sirve a Izquierdo Misiego para resaltar más su vida en Nápoles, entre las paredes del palacio o de la casa donde va a visitar a su amante, que sus peripecias como soldado.

Hasta tres empresas largas son narradas por Miguel de Castro: 1) en julio de 1605, una campaña de control en el Mediterráneo oriental, con sucesivas escaramuzas en distintos puntos de la costa griega, dalmática o italiana, con obtención de botín y esclavos; 2) en verano de 1606, la batalla de Durazzo (con el marqués de santa Cruz, capitán de galeras, omnipresente) en la costa de la actual Albania, también resuelta a la vuelta con incursiones de rapiña y de apresamiento de esclavos y esclavas; y 3) en agosto de ese mismo 1606, una pequeña batalla naval cerca de Mesina, donde muere su capitán Antonio de Haya, que también se resuelve de forma no demasiado heroica en las palabras del narrador protagonista. Cabe señalar, por ejemplo, el comienzo del relato, al final del manuscrito, de la célebre batalla de las Querquenes (las islas en la costa tunecina) librada en el otoño de 1611, también con el marqués de Santa Cruz como principal responsable de la armada. Miguel de Castro detalla el número de las galeras intervinientes, así como los responsables de cada grupo de ellas y los destacados participantes entre la nobleza del reino napolitano, pero abandona en seguida el relato (que supuso la publicación de numerosas relaciones en la época) para señalar algo en apariencia alejado y opuesto a todo el heroísmo que esa batalla supuso en el imaginario propagandístico de la dinastía austríaca: "Yo alcancé licencia para que saltase en tierra Alonso Pérez de Bustamante y le llevé a merendar a mi aposento y nos holgamos un poco aquella tarde parlando largo".

Lo primero que llama la atención es la juventud, casi adolescencia, del protagonista: se dice que nace en febrero de 1593 en Ampudia, Palencia, y en Italia, por Praiano, afirma entrar en diciembre de 1604. Con once años (no inhabitual entre la hueste que acompaña a la soldadesca) ingresa al servicio del capitán Antonio de la Haya, con el que llegará a Nápoles. La entrada al Reino de Nápoles se produce por el golfo de Salerno: visita la catedral de Amalfi (donde se detiene a visitar las reliquias de san Andrés y en concreto la fontana que emana un licor milagroso de la rodilla del santo), Vietri y se dirige al interior hacia Solofra, Apice, Benevento, Arienzo, en un recorrido un tanto largo, pero que sirve para introducir el fenómeno del *bandidismo*, que aparece como recurso narrativo en las obras picarescas y aquí como escenografía un poco confusa para la vida del protagonista. En este pequeño rodeo por el Principato Ultra (una de las partes del Reino napolitano) se fija Miguel de Castro en las viñas y en la producción de seda de estas zonas (en efecto, una de las ocupaciones más famosas), presentadas como lugares de una fertilidad muy notable.

La primera peripecia con una viuda, que rapta y hace vestir de soldado para llevarla a Nápoles, posee resonancias petronianas, pero introduce numerosos elementos típicos de la ciudad partenopea. La crítica ha resaltado que no profundiza demasiado en ellos, tal vez por darlos por conocidos. Nada más llegar a Nápoles, se va a los *Quartieri Spagnoli*, a dos alojamientos distintos: él, a sant'Anna di Palazzo (una iglesia que solía cuidar de los pobres de origen español y de darles sepultura) y la viuda Virgilia a la iglesia de la Concordia, también vinculada a la corona austríaca y destinada al cuidado de menesterosos. Llega escapado, por haber dado muerte a uno de los supuestos bandidos, y no tarda en verse implicado en procesos judiciales. Aparecen citados dos lugares conocidos: la Iglesia de la Capilla de Chiaia, que servía de lugar de retraimiento o de refugio de delincuentes a las afueras de la muralla por la vía de Chiaia, y la Vicaría, el lugar de impartición de la justicia, ya tantas veces citado. El homicidio por envenenamiento de su primera mujer le aleja de Nápoles por una temporada a las órdenes del capitán Antonio del Haya. La muerte de este en una refriega naval le hace pasar a las órdenes del capitán Francisco de Cañas y, de paso, a estabilizar su vida en Nápoles. En este punto comienza su diaria persecución, casi obsesiva, de mujeres, escapando de la vigilancia de sus superiores. Esta va a constituir la esencia de la parte central del discurso de su vida: los ardides y estrategias para poder visitar a su amada.

Nápoles se reduce, en esa especie de laberinto que construye la mente de Miguel de Castro, a tres espacios vitales: el Palazzo Reale, al lado del Castel Nuovo; el palacio que se habilita en Pizzofalcone, en la colina del monte Echia donde nace la ciudad antigua; y las casas de sus amantes, con toda probabilidad en la zona de los *Quartieri Spagnoli*. El triángulo formado por estos tres espacios constituirá los límites de los movimientos del protagonista. Se ve de modo específico en el lance en que es objeto de un asalto en la calle, porque muestra el itinerario con particular detalle:

> Seguí en fin por el camino que sentí habían tomado los dos con la plata, que fue el que va hacia el monasterio de la Soledad, y antes de llegar a él tomé la calle que va primera hacia Santa Lucía y corriendo a todo largo correr, porque sabía muy bien la calle, pasé la escala que de ella sube a la casa de Pici Falcone, y proseguí derecho y antes de llegar a Nuestra Señora de la Cadena que está delante del embarcadero y fuente que hay allí que llaman de Santa Lucía, todo aquel contorno, no obstante que la iglesia y monasterio está más arriba, hacia Palacio un rato, como digo, antes de llegar a la Cadena, ellos (…) se subieron…

> Yendo a llevarle a Palacio, al tiempo que venían por junto a un monasterio de frailes franciscos que llaman la Trinidad, por Santa Lucía arriba, hacia Palacio, el capitán Francisco de Cañas y el capitán de campaña bajaban, y la demás gente

por la escala del Monasterio de la Cruz bajó por la grande, donde viendo la gente que más abajo venía con luz hacia Palacio, esperaron a la vuelta de la esquina a la puerta del Tarazanal.

100 La configuración actual de esa zona impide reconocer los trayectos, ya que la Piazza del Plebiscito, con la iglesia de san Francisco de Paula acabó por eliminar todo el entramado de calles que estaba frente al (viejo) Palacio Real, pero las escenas se suceden en el tránsito de subir desde la zona del Palacio hacia la zona alta de Pizzofalcone, también referido como Monte di Dio en otra parte de la narración. En cualquier caso, se trata del espacio de influencia del poder virreinal y el lugar particularmente destinado para los soldados y los guardias al servicio (más o menos estable, más o menos mercenario) de la monarquía hispánica. El convento e iglesia de la Madonna della Solitudine o Solitaria en Pizzofalcone (ahora desaparecido) y la iglesia de la Madonna della Catena en pleno burgo marinero de Santa Lucía eran dos instituciones íntimamente unidas a la misericordia con los soldados españoles. Y en el caso de esta, relacionada con los monasterios de franciscanos, después citados, de Santa Trinità di Palazzo y el de la Santa Croce, creados en épocas angioina y aragonesa, que ocupaban el espacio lateral que hoy se muestra en la extensa explanada (ordenada por Murat en 1808) que se abre delante del nuevo Palazzo Reale. La familiaridad con que Miguel de Castro refiere estos lugares constituye prueba evidente de la inserción profunda del protagonista en la maquinaria de Palacio. Las calles de lo que llama Castro "el cuartel español" aparecen mencionadas con pequeñas indicaciones, aunque la descripción del ambiente resulta muy relevante a efectos narrativos: véase por ejemplo el encuentro entre el amigo Antonio y Domingo de Larrauri a la altura de la iglesia de Santo Spirito en la calle Toledo:

> Tomaron luego la vía del Cuartel, que es el paradero de los carros, fueron de aquí allí en casa de mujeres, donde estuvieron en conversación y dicen que enviaron por nueces, avellanas y vino, y después de haber estado un rato entreteniéndose se venían algo alegres, creo yo, y al pasar de una calle junto a la esquina de la Esperanza, venían pasar tres hombres y dos mujeres.

El nuevo asalto en las calles del barrio español se salda con el capitán en el ya varias veces citado Hospital de san Giacomo degli Spagnoli, destinado precisamente para los soldados de ese origen, y con el fugitivo en retraimiento en la citada Capella de Chiaia y, luego, en la de Monserrate, en la puerta del Mar, en la también citada en el *Viaje de Turquía*, la Piazza del Olmo. Son todos espacios conocidos del mundo del hampa napolitano y, sobre todo, de la soldadesca española implicada con frecuencia y de forma habitual en lances de sangre o de asalto. La precisión con que describe las calles es ejemplar en este pasaje en el que espera a Leonor de Sandoval:

> Estuve un gran rato a una esquina de la calle que llaman de los Gradones, porque la casa es en la calle de Santa Ana, en la misma acera de la puerta chica de dicha

iglesia, al cabo de la calle una casa grande, que suele tener a las ventanas muchos tiestos, y era en el cuarto de en medio y se estuvo a la ventana todo el tiempo que yo a la esquina, y cuando me fui, volví a hacer el acatamiento y no se quitó hasta que me perdió de vista.

Sería excesivo traer a colación las veces en que el protagonista, obsesivo con la ubicación exacta de la escena, describe el espacio. El propio Miguel de Castro lo admite al explicar, por ejemplo, la situación del apartamento "enfrente de esta puerta del tinelo está una ventana de reja, que cae hacia la plazuela que está antes de entrar en el palenque hacia la calle de Toledo": "He figurado aquí esto para poder mejor ser entendido lo que proseguiré acerca de la salida de noche mía". Hay algunas referencias, no obstante, que deben ser consignadas: como la celebración de Nuestra Señora en Piedigrotta, el 8 de de septiembre de 1608: "aquel día va(n) todo Nápoles a aquella fiesta", con una descripción exhaustiva de los participantes; la salida hacia Vietri por la puerta del Carmen, al extremo oriental de la ciudad, con rezo en la iglesia homónima antes de partir; la subida hasta el castel sant'Elmo en una peripecia de trampas y estafa; la travesía del túnel "que pasa por medio de las entrañas de una montaña que llaman Pusílipo"; o las veces que los capitanes de la guardia se veían obligados a vivir en alojamientos cercanos al Palacio, en las calles adyacentes como la calle de las Campanas o la de las carnicerías, en el largo que comunicaba el Palacio Real con el Castel Nuovo, plena zona de influencia virreinal.

El perímetro del espacio napolitano trazado en el citado triángulo raras veces es sobrepasado. En general, la obra se desarrolla en un lugar de apenas un kilómetro de diámetro. Por ello, cobra más interés la descripción íntima de los espacios interiores del Palacio Real o de las casas, pasillos, ventanas, puertas, balcones, terrazas, salas, cámaras, antecámaras, por donde se desarrolla la acción. No es gratuita la morosidad de la descripción de los lugares cerrados: Miguel de Castro se detiene en explicar el recorrido que debe hacer en los interiores, con el propósito de que el lector pueda reproducir el plano del edificio en su cabeza y pueda comprender las limitaciones de su espacio. Buena parte de la narración consiste en detallar las tretas urdidas para escapar de la atención de sus superiores e ir a visitar a su amada Luisa. Esa meta obligatoria de desahogo sexual es el motor de las acciones del protagonista: todo va encaminado a acostarse durante la noche con su amante, en la casa de ésta. En las pocas veces que no lo consigue, la propia Luisa amonesta a Miguel de Castro, con lo que el relato se mueve entre la represión de la arquitectura palaciega y la necesidad de ver todas las noches a Luisa. En esta parte de la biografía, que no es pequeña, el protagonista busca salidas para escapar del encierro:

busqué otra [salida], pero más trabajosa y de más rodeo, que era atravesando todo el parque, desde que salía de casa por la fuerta falsa que sale al parque hasta las caballerizas de Palacio, por junto a donde se entra al juego de la pelota, salía saltando una pared de tres varas de alto por encima del terrado de la misma caba-

102

lleriza, junto a una jaula vieja grande que solía servir para pájaros, que está junto a la puerta grande del parque que sale a aquella parte por donde suelen entrar las carrozas al mismo parque y jardín. Por allí saltaba y salía por la puerta de la obra nueva, la que está junto a la puerta de Tarazanal, a la cual puerta de la obra nueva que llaman la puerta del Parque o, como algunos, de la Caballeriza.

La redacción no es la más clara, pero menos por inhabilidad verbal que por deseo de especificar de forma muy concreta los elementos espaciales con el objeto de comprender mejor la tarea y el esfuerzo del protagonista. Alejado, con toda voluntad, de cualquier asomo heroico, Miguel de Castro parece gozar con los triunfos que suponen esas íntimas hazañas de salir a ver a su amada. Los ires y venires por espacios clandestinos, en medio de la oscuridad de la noche, al abrigo de otros observadores, ocupan gran lugar en el relato y cobran especial relieve cuando el protagonista pase de ayuda de cámara del capitán Francisco de Cañas a la del virrey Juan Alonso Pimentel, conde de Benavente, durante los meses de primavera, entre abril y junio de 1611, fecha en la que el virrey es sustituido por el conde de Lemos.

Esta parte posee un interés extraordinario, porque Miguel de Castro describe un día cualquiera de la vida del virrey, desde que se levanta hasta que se vuelve a acostar al día siguiente. Son varios folios de detallada ceremonia rutinaria, en la que se especifican todas las tareas que realiza. Llama la atención el número de pajes y mozos que ayudan al virrey a vestirse o a asearse ("se enjuaga tres o cuatro veces la boca y luego él lo saca fuera y vuelve a entrar y le da el orinal"), así como la mención a las curas realizadas por el cirujano (tal vez sangrías, que llama *retorio*, por *rottorio*, un italianismo que se refiere a esa práctica) todos los días, actividad que comparte con la virreina. Informa del gusto del virrey por las calzas usadas, remendadas, frente a las nuevas ("teniendo millares de calzas y medias y jubones, no se halla ni le parece que le viste ninguno si no es el más viejo"), de su prolongado sueño ("se levanta a las diez, dos horas antes de mediodía, o poco antes"), de los rezos frecuentes en el oratorio o incluso delante de los cuadros que va viendo en los pasillos del Palacio. El pasaje en el que explica los pormenores de la comida ofrece una minuciosidad excepcional; después de comer, el virrey "duerme un rato en una sillita y después toma el útil en el retrete"; aprovecha la tarde para el Consejo Colateral o para audiencias y después, al llegar la noche, se queda parlando o jugando antes de cenar y vuelve a parlar o jugar después de la cena, hasta que la condesa se retira. Curiosa resulta la costumbre del conde de Benavente, que Miguel de Castro describe, de tomar un pequeño refrigerio después de cenar:

saca la camarera una copa chica con una salva y en la dicha copa llena de agua fría con nieve, la cual toma el paje de cámara y, si no está allí el ayuda de cámara, y se la da al conde y la bebe. Esto es cada noche, así en verano como en invierno.

Este largo y exhaustivo paso del libro se acompaña de una insólita nómina de ayudas, gentilhombres o pajes de cámara, así como de criados tanto del virrey como de la virreina, con nombres y apellidos en algunos casos.

Para el interés político, dos son los aspectos que Miguel de Castro desvela: las normativas que el virrey promulga para evitar el abuso en el alojamiento de los soldados de paso por las aldeas o pueblos del reino (dicta reglas para que sean acomodados en lugares específicos, con unos estipendios para sufragar comida o ropa, en lugar de utilizar las casas de los villanos, con el consiguiente malestar de tales personas) y las maneras en que se resuelven los favores para obtener audiencia delante del virrey, con comisiones de todo tipo. El final de su biografía, algo caótico, se sostiene con la pretensión de Miguel de Castro de cobrar una paga antes de que el conde de Benavente se marche de forma definitiva de vuelta a España: "así pedile por un memorial al conde me hiciese merced mandar se me aclarase la plaza y darme licencia, como a soldado, corriéndome el sueldo por un año".

Antes de que el relato de su vida concluya, Miguel de Castro narra la llegada del conde de Lemos en sustitución del conde de Benavente como virrey. El encuentro se produce en Procida, isla del golfo napolitano, a donde llega la corte de Lemos y hacia donde se dirige el conde de Benavente a darle la bienvenida. Castro se halla en la isla en ese momento, pero reconoce que lo que va a contar procede de otras fuentes: "Lo que pasó allá no lo sé de vista, ni oído, de presente, porque ellos se estaban dentro donde no lo podía ver ni oír yo". Por cuestiones de protocolo, por disensiones profundas sobre el modo de tratamiento entre los miembros de la corte saliente y corte entrante, se enciende una rápida y violenta discusión en la que los asistentes recurren a tomar las espadas. La multitud (se menciona "más de tres mil hombres" entre los que venían con el de Benavente y, aunque no se indica, no eran menos los de Lemos) se alborota y se producen algunos escarceos, pero, el pulso se limita a un diálogo, reproducido por Miguel de Castro, entre el conde de Lemos y uno de los hijos del conde de Benavente, Juan de Zúñiga, muy molesto por el tratamiento de usted que le otorga el próximo virrey. Casi llegan al desafío de armas, pero queda todo en suspense, en gran medida porque el narrador prefiere no dar más información:

> Dicen que el de Lemos empuñó la espada y consecutivamente el conde y que la señor marquesa de Santa Cruz se puso en medio y le sacó al conde y se salió la condesa y damas que con ella habían venido y todos los caballeros y titulados se fueron a embarcar y nos vinimos a Nápoles sin hablar más de ello. Todo esto, aunque, como dicho he, me hallé allí, no lo vi, ni oí de los propios de quien nació la cosa, porque con la multitud de la gente no podía, sino que solo lo oí en diversos corrillos y me lo dijeron diversas personas algunas que lo oyeron, según dicen, a los mismos, y otras a otras terceras, lo cual todos concuerdan en lo que he dicho aquí.

104

Tras este desencuentro entre los virreyes, Castro acompaña hasta Pozzuoli al conde de Benavente, con tristeza de dejar abandonada a su amada Luisa. En un instante último decide abandonar al virrey y se vuelve a Nápoles "a catorce de julio del año de 1610 y un día después salió el conde de Benavente de Púzol, que fue miércoles, y el lunes antes, que fueron a 13 del dicho, entró en Nápoles el conde de Lemos una tarde". Estos episodios históricos de transición entre un virreinato y otro son narrados de forma muy cercana por Miguel de Castro.

Las últimas páginas ofrecen notable confusión, pero cuenta la llegada a Mesina con las tropas del duque de Osuna, bajo el servicio de Ramón de Cardona. En la ciudad siciliana se suceden revueltas contra la imposición de una gabela sobre la seda y Miguel de Castro, de forma inusual, retrata al duque con notas que luego serán familiares en la historiografía del personaje: "el duque, como es temerario de condición, muchos los del gobierno le temían, y, aunque ellos en sí son muy apasionados por la patria y sus fueros más que por su Rey, con todo eso, la condición y determinación del duque les hacía estar a raya, ya con ruegos y promesas, ya con amenazas". Este episodio, descolocado en el manuscrito, queda incompleto y la narración salta hacia el final con el relato, ya comentado, de la batalla de las Querquenes, cuyo resultado aparece muy alejado del triunfalismo observado en otras relaciones:

> Tuvieron en las Querquenes no poco adversos sucesos y trabajo por la mala empresa que aquella es por sus bajíos; encalló la capitana de Nápoles en ellos y con gran trabajo la desencallaron otras galeras. Hubo algunos muertos. Hirieron al duque de Nocera y al de Arceo y mataron a otro duque de Cherches. No hubo presa de consideración, antes les sobrevino un temporal deshecho que fue fuerza desferrar cada uno por donde pudo.

El relato de Miguel de Castro queda incompleto e interrumpido. La falta de un cierre conduce a la cuestión de la finalidad última de la autobiografía. Ignoro si resulta pertinente, porque también conduce a la naturaleza de su discurso. No aparecen marcas explícitas de destinatario o de narratario, aunque sí estrategias retóricas para incorporar a un potencial lector o comentarios sobre el ejercicio de la escritura, como hacer ver la apariencia de comedia que pueden llegar a tomar ciertos episodios: "es materia para notar y reír y como una comedia". El comienzo del manuscrito está escrito en tercera persona, pero con letra distinta y a mitad de un párrafo el relato se hace primopersonal. No hay una justificación específica para escribirlo y tampoco parecen evidentes las señales de un posible pacto previo con los lectores para ofrecerlo. Esta indeterminación básica resulta muy atractiva, en el contexto de una serie de discursos (picarescos, en gran parte, pero también de corte novelesco) que parece demandar una explicación previa para que alguien con esas condiciones sociales sienta la necesidad de contar su propia vida. En el caso de esta autobiografía, Miguel de Castro se sitúa en una especie de grado cero del relato, desprovisto del componente pragmático de la enunciación narrativa. En ese sentido, el nivel informativo, el propósito de contar sucedidos, de una mímesis casi exacta, supera cualquier intencionalidad. Incluso las largas y, en ocasiones, poco habituales reflexiones del protagonista sobre sus sentimientos amorosos (con pocas concesiones a un análisis moral) pueden ser fruto de esa especie de exhaustividad elocutiva que predomina el relato. De esta concepción del relato surge el extraordinario interés documental sobre la Nápoles del conde de Benavente, o, mejor dicho, sobre las entrañas del edificio del Palacio Real, de los lugares de inmediata influencia, y, en términos metafóricos, sobre los espacios íntimos de ejercicio del poder, aquellos que permiten conocer mejor los mecanismos de sujeción a unas reglas, a unas normas y, en consecuencia, a toda una maquinaria burocrática al servicio de una dinastía europea con voluntad imperial.

Cristóbal Suárez de Figueroa. *El Pasajero* (1617). *Pusílipo* (1629).

Parece acreditada la presencia de Cristóbal Suárez de Figueroa en Nápoles a partir de 1595, después de un pequeño *tour* por Italia. En la ciudad publicará la traducción de *Il pastore Fido* de Guarino (1602) en la afamada imprenta de Tarquinio Longo, aunque los nombres que aparecen en los paratextos remiten al ambiente florentino, al que también pertenece el dedicatario del texto. Será reimpresa en 1622 por Domingo d'Ernando Macarano y dedicada en esa ocasión al consejero de la *Collaterale*, Juan Bautista Valenzuela, en Nápoles. Cabría anotar que en 1644 se publica una edición de su *Espada defendida. Poema heroico*, que había salido en la imprenta de Juan de la Cuesta en 1612 en Madrid. Parece evidente por estos datos bibliográficos su presencia en el entorno cortesano napolitano, pero mayor acreditación ofrecen sus libros, distanciados 12 años, de *El Pasajero* (1617) y *Pusílipo* (1629).

En *El Pasajero*, Cristóbal Suárez de Figueroa hace describir a uno de los cuatro personajes que dialogan, el Doctor, los lugares por donde van a pasar en su viaje por Italia. Se detiene con particular detalle en el Reino de Nápoles que abarca la parte sur de la península. Desglosa las distintas zonas en que está dividida, con un elogio extraordinario de la riqueza del campo y de los ganados, capaces de suministrar frutos y productos de todo tipo al resto de Italia. La fertilidad de la Campania (llamada con su antigua denominación *Terra del Lavoro*), de la Calabria, la Puglia, la Basilicata o los Abruzzos es un tópico desde la antigüedad clásica, ya visto de forma clara en el relato de Pedro de Urdemalas en el *Viaje de Turquía* y aquí subrayado con los pormenores de la calidad del vino o del aceite, del azúcar o los caballos, que siempre aparecen asociados de forma casi simbólica (la famosa acanea que tributaba el reino cada año al pontífice de Roma) al mundo del reino napolitano:

> La Tierra de Labor es sobremanera abundante; mas todo cuanto produce Italia generalmente parece está recogido en Calabria: dátiles, algodón, cañas dulces, maná, almástiga, que se coge cerca de Altomonte; minerales de sal inexhaustos, vinos de muchas diferencias, y todos buenos, frutos de todas suertes, caballos de excelente raza, seda de toda perfeción, en grandísima copia.

Dentro de esa descripción, una parte imporante la ocupa la de la propia Nápoles. Comienza con uno de los detalles más conocidos: la prohibición virreinal de construir más edificios, ya en época del duque de Alba, lo que obliga a aumentar los pisos de cada casa. La observación se debe, sin embargo, al libro famoso de Giovanni Botero, *Delle relazioni universali*, publicado en 1591, en el que lo vincula a la construcción de la muralla y de los tres castillos que la defienden. La traducción del texto de Botero se extiende por toda la descripción, en especial la debida a la creación de un potente Monte de Piedad, capaz de dar protección a casi 2000 huérfanos, y a la minuciosa pintura de islas y promontorios que rodean la ciudad:

Excede a los lugares píos, que son muchos y bien ordenados, el Monte de la Piedad. Gasta entre lo situado y limosnas sesenta mil escudos al año. Con éstos, sin otras obras cristianas, mantiene por el reino la crianza de dos mil niños expósitos. Ninguno parte desconsolado de aquella casa, puesto que le dan sobre cualquier prenda más de la mitad de lo que vale, y le esperan año y día. Pasados, lo venden y, satisfaciendo la deuda, queda en depósito lo demás para el dueño. Da gusto ver el concierto que se profesa y la facilidad con que se halla lo que se busca, por la notable distinción que hay en todo. Tiene un golfo bellísimo, con playa y senos, islas y promontorios de increíble amenidad: Capri, Isquia, Proxita, y, sobre todo, Pausílipo, con sus palacios y jardines, que exceden a los antiguos pensiles en disposición, cultura, frutos y flores. Las casas son altas, de piedra y vistosa arquitectura, todas con terrados. Su forma es casi de media luna, puesta al mediodía, por eso templadísima. Hácenle espaldas contra el setentrión y sus asperezas montañas frutíferas.

Como en el texto del *Viaje de Turquía*, no faltan las referencias a la comida (marisco, aves de volatería, ganado vacuno) o el vino. ni tampoco la mención a Poggio Reale, junto al detalle de las maravillas del entorno de los Campi Flegrei, con Pozzuoli, el lago Averno o el golfo de Bayas como recuerdo del pasado grecolatino. No obstante, el texto se completa con un largo párrafo sobre el carácter poco industrioso y conflictivo de los napolitanos, su frugalidad para la vida o el comer, y sobre el particular afecto a los españoles. Las observaciones no muy positivas sobre los napolitanos dan pie a una prolongada descripción de la compleja maquinaria burocrática (política y judicial, en gran medida) del virreinato, excesiva en número de cargos y difícil de organizar. Se detiene en el cómputo de las tropas que tiene el virrey a su servicio y el modo (entretenido y divertido) en que viven en la ciudad, con la mención a los *Quartieri Spagnoli*, los cuarteles destinados a albergar al ejército real. Aunque no de modo explícito, este último retrato feliz de la vida soldadesca en Nápoles, así como la anterior mención a la abundancia de empleos administrativos, parece ofrecer un atractivo muy particular:

Alegra al entrar la bizarría de los soldados, tantas armas doradas, tantas plumas y galas tan diferentes. Contiene el tercio de veinte y cuatro a treinta compañías. Vienen algunas a servir en Nápoles cuando las llaman; las demás, o alojan por el reino o están en presidios. Los cuerdos aléjanse pocas veces del Cuartel, porque, de internarse mucho los españoles en la ciudad, se han derivado infinitas desgracias. Todo cuanto hay en este lugar famosísimo entretiene y deleita, en particular la plaza del Castillo, el Muelle, Santa Lucía y Chaya, hasta Pie de Gruta, donde está un monasterio de canónigos reglares con una imagen de mucha devoción. Es cierto que cortas pagas no pueden ministrar largos banquetes; mas, al fin, hechos camaradas y juntos los sueldos, pasan los soldados medianamente su vida.

108

Las citas de los lugares obligan a pensar, a pesar del uso que hace de otros textos, en un Suárez de Figueroa familiarizado con la ciudad. Uno de los lugares citados, el promontorio de Posílipo, al suroeste de la ciudad, da nombre a otro de sus libros: *Pusílipo. Ratos de conversación en los que dura el paseo*, en 1629, dedicado al duque de Alcalá, Fernando Afán de Ribera, Virrey de Nápoles entre 1629 y 1631. El libro comienza con una *laus urbis* que va a servir de *cornice* narrativa, ya que es precisamente Nápoles no sólo el hermosísimo espacio de la conversación sino la perspectiva desde la que se observa la propia ciudad: Flavia Gherardi (2011) otorga a las frases "teatro de delicias" y "vigilante atalaya" las dos funciones de la académica conversación frente al mar.

En la descripción de Posílipo se magnifica la ociosidad del lugar, el carácter recreativo y hasta festivo de su posición al lado del golfo. Coincide además con la época del verano, ya que el diálogo arranca el día de la Ascensión (sobre junio) y dura, por lo que se ve, toda la estación, con la búsqueda de un cobijo agradable para el calor extraordinario:

> Mas, aunque semejante alivio del calor sea de muchos cotidianamente buscado, viene a ser con mayor exceso el concurso en los días festivos solemnes, por la copia de músicas de diversos instrumentos y por la cantidad de galas y bizarrías con que ostenta crecido número de hermosas damas y de gallardos caballeros. Puesto que otros, aun más codiciosos de no perder tantos deleites y regalos, particularmente los que en aquella parte gozan cómodas habitaciones, algo antes de comenzar el rigor de la Canícula se trasladan a ellas, juntamente con sus familias, sin visitar las que en poblado dejan hasta que el signo Libra con su nativa suavidad, domestica y templa el ardiente enojo del León y la influencia melancólica de Virgo.

Los cuatro personajes contemplan el paisaje desde el lugar que ocupan y pueden observar los movimientos de las falúas o falucas que suelen buscar las radas de esa costa para mitigar la canícula. Es conocida esta costumbre, ya comentada, de disfrutar de las embarcaciones: el mismo virrey, imitando al suntuoso Bucentoro de los venecianos, salía en majestuosa embarcación para pasear cerca de la orilla. En un pasaje posterior del diálogo, Silverio, en la primera Junta, señala:

> ¡Oh cuán apriesa parten de Nápoles hacia donde estamos varias flotas de falucas! Todas se emulan en el apresuramiento. Vistosa competencia de remos. Tal debe ser allá el ardor que les obliga a buscar con alas de pino esta frescura. ¡Fragilidad humana, en algún Estado jamás contenta! Quejosa en invierno, contra cuyos rigores siempre solicita reparos; toda ansias en el estío, huyendo sus adustos efectos con el escudo de la humedad y del frío; mudanza y novedad de salud en Primavera y Otoño: todos los tiempos son para ella calamidades.

La observación abre una breve conversación sobre la vanidad humana y las fugaces pretensiones de los hombres, con aires estoicos, pero, en un giro sorprendente sobre el particular, Laureano hace ver que, entre las barcas, se halla precisamente el virrey: "Notad la gravedad y armonía con que se viene acercando aquel digno competidor del veneciano Bucentoro. ¡Qué dorado, qué hermoso, qué ostentativo! ¡Cuántas tremolan en él flámulas y gallardetes! Bien merece el obsequio y aplauso que le hacen todos". Florindo explica la aparente contradicción y da paso a las voces que cantan para deleitar el momento:

> ¿Qué mucho, si es del que en el Reino ocupa el más eminente puesto, del que tiene sobre todo casi absoluta potestad? Rey, si bien por tiempo limitado, con iguales preeminencias y prerrogativas. A distancia ha ya llegado, favoreciendo la fuente, que con facilidad podemos dar atención a los acentos de aquella voz; pues se para, y tan bien la merece, no se la neguemos.

En otros comienzos de la plática, la contemplación da origen al diálogo. En la cuarta junta, Florindo aparece absorto mirando el horizonte y le preguntan la causa; Florindo contesta:

> Contemplaba en Surrento, patria felicísima del gran Torcato, y con notable afecto la veneraba interiormente, como madre de tan insigne Varón, de ingenio tan esclarecido.
>
> ROSARDO. Bien fundado estaba el éxtasis en honra de quien engendró tan resplandeciente lumbre de facundia y sutileza. Parece, adelantó en aquel género, cuanto pudo la locución, subiendo al mismo paso de punto el conceto; unión difícilísima, ya que suele perder el uno sus quilates con la exornación de la otra. Mas aquel portento de la Poesía unió con tan elegante destreza uno y otro que casi cierra los pasos a los más altos futuros ingenios para la competencia de tan dichosos y bien colocados realces.

Arce Menéndez (2012) interpreta este paso como un homenaje a Torquato Tasso, como compensación declarada de las numerosas imitaciones no confesadas del poeta sorrentino, pero en cualquier caso parece auspiciada por la posición de Sorrento enfrente justo de Posílipo en el golfo de Nápoles. La mirada sobre ese mismo paisaje lejano del golfo abre la quinta junta, al pronosticar el mal tiempo que se avecina gracias a las nubes sobre el volcán Vesubio y sobre la colina de san Telmo. El augurio meteorológico da pie a un interesante coloquio sobre la melancolía, con una correspondencia metafórica que parece *ante litteram* romántica:

> Capote tiene el Visubio y con ceño le corresponde san Telmo; murmuran interiormente las ondas: todo promete mudanza de tiempo.
>
> SILVERIO. Poco en igual estación duran las alteraciones, por tener los vientos corta fuerza, y así para la navegación son más deseados estos meses.
>
> FLORINDO. También en los surcos de la frente da muestras Laureano de sentir in-

terna borrasca. Declárenos las cifras del rostro, donde la pluma del corazón escribe los pensamientos y quién ha dado la ocasión, siendo lícito preguntar de dónde proceda, que holgáramos haber padecido la mitad, porque su mal fuera menos.

110   LAUREANO. No siempre están de un humor los hombres. Con facilidad los descomponen accidentes.

SILVERIO. ¿Hay algo de nuevo que cause pesadumbre? Que para eso son los amigos; interponiendo por quien lo hubiere menester solicitud, reputación, hacienda y vida.

LAUREANO. No ha tocado tan en lo vivo el cuidado. Tristeza ha sido procedida de un sueño, tan alegre, cuanto con brevedad interrumpido.

ROSARDO. ¡Acabara yo de declararme!, que la suspensión ofende cuando se recelan infortunios. ¿De sueños hacéis caso, gentil filósofo? ¿No sabéis se originan de ordinario de las viandas que se cenan, cuyos vapores, al paso de sus calidades, alegran o entristecen? También suelen proceder los melancólicos, de hallarse mal echado, siendo consejo de Médicos, no sea sobre el corazón; pues le altera y perturba cualquier ligero motivo.

LAUREANO. Como quiera, el despertar me causó tristeza que procuré desechar, desfogando con armonía.

SILVERIO. Ese término me es nuevo y deseo aprenderle para seguirle, como no sea con el canto: que un bien barbado sujeto no es bueno para mirado haciendo con los labios corvetas, gorgoritos, y repiquetes.

La conversación, que trata temas universales, tiende en ocasiones a ofrecer informaciones sobre la vida política de Nápoles, en particular sobre la justicia, que parece preocupar sobremanera a todos los protagonistas. Largas páginas se dedican a explicar la lentitud de la justicia, la acumulación de casos y la dificultad de acabar con la delincuencia, a pesar de los intentos de los virreyes por paliar la situación. Las referencias a la *Vicaria*, a los tipos de tribunales y a la composición de los mismos, o a la *Sommaria*, o a los trámites habituales de la actividad judicial muestran un conocimiento cercano de esas instituciones. Muchas de las conclusiones sobre el mal funcionamiento de la justicia se deben a la experiencia napolitana, ya que los términos más frecuentes se vinculan al aparato burocrático y administrativo de la capital del virreinato. Hay un apartado muy interesante en el diálogo que tiene que ver con el horario habitual de audiencias del virrey con sus súbditos. Se detallan semanalmente las actividades diarias del virrey y se hace elogio de un aspecto singular, nada habitual en otros príncipes o gobernantes: la presencia del virrey en la calle, algo que la literatura hagiográfica, pero también la descriptiva de Nápoles demuestra con las relaciones de visitas, paseos, cabalgatas del virrey por las plazas y calles de la ciudad. En un larguísimo parlamento de Rosardo en la cuarta Junta, se lee:

Sintieron algunos reyes antiguos (pienso serían tiranos o, por lo menos, malquistos) no convenir exponerse a los ojos de las gentes de ordinario: que el dejarse ver muchas veces, tenían por ocasión de indecoro y desprecio. En Nápoles, se debe observar diverso estilo, por el consuelo que causa a todos la presencia del que gobierna. Da, sentado, dos públicas Audiencias, en dos días de la semana interpolados; acto, cuanto a cortejo y asistencia de superior majestad. Están descubiertos entretanto todos los circunstantes, guardando (como sabéis) singular silencio. Débese hacer con brevedad el despacho de los memoriales; aunque no sea en conformidad de lo que se suplica. Con el Virrey se amenazan unos a otros por cualquier riña. Acuden (estilo de los más populares) con quejas y exageraciones, y muchas veces con calumnias y malsinidades; y en tales casos es cordura no creer de ligero, sino reservar y conceder también lugar a la parte contraria, conviniendo en los principios servirse más del oído que de la lengua.

Es larga la cita siguiente, pero merece la pena traerla para que se compruebe el detalle con que Suárez de Figueroa describe la agenda del virrey:

Cuando se halla en buena disposición, despacha por la mañana con los dos secretarios, de Guerra y de Justicia, mientras se viste, consultando y refiriendo con toda celeridad, como siempre se haga el señor bien capaz de lo que se propone y trata. Y, si aquellas horas se reservan para más forzosa ocupación, se remiten a las primeras de la noche. Tras la misa, que oye entre semana en Oratorio (saliendo en público las fiestas; que son de Capilla asistido de la nobleza napolitana), da audiencia a varios personajes, señalada por sus días a la proposición de sus negocios. Otros vienen de visita, volviéndose a sus casas muy ufanos de haber visto al Virrey y habládole aquella mañana.

Más adelante, Rosardo sigue con tal pormenor la relación de las tareas del virrey y la composición del Consejo Colateral que incurre en hablar de aspectos ya conocidos por sus interlocutores napolitanos:

De mediodía abajo, a las horas competentes a la estación, se entra en el Colateral. Dura casi lo que resta de la tarde; tratándose allí las materias más graves del Reino, estado, gracias, reclamaciones, provisiones de España, y en fin, los negocios más importantes. Compónese este supremo Tribunal (permitid aunque os es notorio, no se quede esto entre renglones) del Virrey, y tres, o cuatro Regentes, llamados de Cancelería -personas venerables por letras, virtud y experiencias, dignísimos de mucha estimación por lo que representan y valen- y de un Secretario asimismo, intitulado del Reino, sujeto de gran consideración por el puesto y confianza.

FLORINDO. Habéis referido con tanta y tan puntual propriedad las cosas que sabemos, que vienen a ser no menos deleitables que la noticia de las que ignoramos.

112

Quizá Suárez de Figueroa esté escribiendo para dar pistas a lectores no conocedores del funcionamiento interno de la administración napolitana, pero se da cuenta de esa falta de verosimilitud dando voz a uno de los protagonistas para interrumpir la innecesaria aclaración sobre algo que todos conocen. El fondo del libro de Suárez de Figueroa es la glorificación de la figura del virrey, aunque el contexto de los debates políticos y morales del libro dejan entrever una consideración más ambigua sobre el ejercicio del poder, con el ejemplo de una ciudad que conoce de muy cerca, con detalles sobre la vida administrativa y las circunstancias en que se desarrolla. Gherardi observa incluso, en esta misma línea de contradicciones, que el modelo humanista del diálogo empleado plantea una disensión interna entre forma y contenido, ya que ciertas pautas de comportamiento, esperables en lo que Gherardi misma llama "época de confianza apical en el patrón dialógico", desaparecen en esta larga conversación y se convierten en una estructura vacía, que Gherardi interpreta en clave de melancolía y desengaño barroco. No deja de ser significativo que en 1629, en pleno esplendor de una maquinaria burocrática como la hispánica en Nápoles, la visión del poder acabe en una conversación, de inspiración platónica o ciceroniana, sobre los callejones sin salida del pesimismo senequista que se respira en cada palabra, mientras contemplan el espectáculo del golfo napolitano lleno de falúas y embarcaciones de recreo que exhiben el poderío de un imperio siempre en equilibrio inestable, entre el triunfo (el *annus ammirabilis* de 1625) y las sucesivas derrotas que van llegando.

Capítulo 3
La crisis de los años 40.
El duque de Osuna

La descripción que Enciso Alonso-Muñumer (2010) ofrece de los fastos del virreinato del duque de Osuna es elocuente muestra del ambiente social de la Nápoles que contribuyó a construir. Se trata de la fiesta que se hizo en Nápoles por la salud de Felipe III, organizada en la Sala Real por Álvaro de Mendoza, castellano del Castel Nuovo, y narrada con todo detalle en una de las relaciones de la época, impresa en Nápoles (1620) en fechas inmediatas a la celebración de la fiesta y titulada *Breve racconto della festa a ballo fattasi in Napoli per allegrezza della salute acquistata della Maestà Católica di Filippo III d'Austria, Re delle Spagne, alla presenza dell'Illustriss. et Eccellentiss. Sig. Duca di Ossuna, vicerè del Regno*:

> Se construyó un aparato que representaba el monte Posillipo, con el relieve del Palacio de la Goleta, con jardines y grutas y con una ambientación -de canto de pájaros y dulces instrumentos- que recreaba las delicias de Posillipo, como nuevo Monte Parnaso, "le cui Muse", se lee, "à celebrar vostre lodi son dolci cantatrici". En un paisaje pastoril, con voces de ninfas y pastores, cantaban las delicias de la Naturaleza, mientras las figuras alegóricas de la Fortuna, el Tiempo, la Fama y la Envidia salían de una barca y recitaban la gloria de Osuna. La iconografía utilizada −vergel natural, riqueza y abundancia de Posillipo− se comparaba con el Paraíso terrenal, eterno jardín, espejo del Cielo.

El duque de Osuna venía de Palermo, de ocupar el virreinato de Sicilia. Sus relaciones con el conde de Lemos no eran las más fluidas pero, desde un punto de vista cultural, sus intervenciones fueron de continuidad. Las diferencias, como subrayan los historiadores, son de matiz y de voluntad política. Su condición de soldado, bregado en las campañas de Flandes, le diferencia de la personalidad más intelectual y cortesana del conde de Lemos y, derivado de ello, un enérgico autoritarismo menos tolerante con las fórmulas de conciliación social. Sus empresas a lo largo del Mediterráneo y su especial obsesión contra el predominio veneciano sobre el comercio del Adriático le granjearon fama de belicoso. Su labor política se limitó en muchos casos en obte-

114

ner donativos extraordinarios de las clases nobiliarias rurales del Reino de Nápoles con la idea de llevarlos a la corte madrileña y financiar así la lucha por la hegemonía hispánica en Europa. El peso de las imposiciones tributarias fue notable y no estuvo exenta su administración de graves acusaciones sobre estafas o cohechos en el ejercicio de la recaudación fiscal. En última instancia, tales achaques le retiraron del virreinato napolitano para terminar denunciado y proscrito de la vida pública en Madrid. La controversia sobre sus acciones fue norma, pero no pudo evitar la propaganda hostil contra su persona.

En el terreno cultural en Nápoles siguió vinculado como su antecesor a la *Accademia degli Oziosi* y protegió a ciertos escritores, además de a Quevedo, que fue su tácito consejero. Le correspondió la época en que presidía la institución académica Giambattista Marino. Destacó por la intensificación de los festejos celebratorios: fiestas caballerescas, justas taurinas o cabalgatas de exaltación de efemérides (religiosas o no) o de acontecimientos determinados como matrimonios o nacimientos de figuras de la monarquía. Gran aficionado al teatro, promovió grandes espectáculos en el Palazzo Reale, así como espléndidos bailes, en una clara consolidación de lo que se conocerá como fiesta barroca, extendida por toda Europa. Los gastos suntuarios para tales conmemoraciones eran enormes y tenían como justificación la propaganda del poder encarnado en una figura concreta. En estas demostraciones, el duque de Osuna siempre era protagonista. Acostumbraba a pasear por las calles de Nápoles, a cabalgar, como se verá, rodeado de un séquito bien adornado, con jaeces y vestimentas de preciosa factura. Tal costumbre, alejada de las prácticas de las cortes europeas, era concebida no solo como una exhibición de poder, sino como un modo de acercamiento corporal y físico a sus súbditos, una fórmula que no dejó nunca de ser consignada como novedosa y extraordinaria.

Francisco de Quevedo.

La estancia de Quevedo en Nápoles ha sido estudiada por Martinengo, Ettinghausen, Asensio y de forma específica por Juárez Almendros (1990), entre otros quevedistas. Son pocos los datos que existen sobre la participación de Quevedo en la vida cultural de Sicilia y de Nápóles, algunos procedentes de las primeras vidas de nuestro autor, otros de fuentes italianas del siglo XVII, como los *Giornali* de Francesco Zazzera (1623?), miembro de la *Accademia degli Oziosi*. Se puede hacer revista a los escritores y academias existentes y a las relaciones que Quevedo mantuvo o pudo haber mantenido con humanistas y escritores, con los cuales compartía unos mismos intereses en la literatura y en la cultura clásicas: Mariano Valguarnera, Antonio Amico, Ercole y Ottavio Branchiforte y Rocco Pirri, por ejemplo, en Palermo; Giambattista Basile, Scioppio y Campanella, en Nápóles. Zazzera cuenta que el duque de Osuna asistía a funciones artísticas y que fue protector de pintores y escritores en Nápóles. De Quevedo afirma que era asiduo acompañante del virrey: es famoso el relato de un paseo a caballo, por las calles principales de Nápoles desde el Palazzo Reale hasta las Caballerizas que estaban en el puente de la Magdalena, ya citadas a propósito del relato de María de Zayas, y luego hasta el Palacio de la Vicaría en Castel de Porta Capuana, sede del poder judicial napolitano.

> Venerdì giorno di santa Catarina se è uscita a cavallo con don Fco. di Quevedo e il solito cameriero con pochi stafieri girando la città sino alla cavalleriza del Ponte e ritornando entrò nel Palazzo della Vicaria e caminare nelle sali di Tribunali entrò poi nelle carceri e, veduto il libro di carcerati, non ritrovò il Cameriere Maggior al quale ha fatto dar ordine di più non si parta del suo luogo sotto pena della gallera (f. 71).

Es fácil hipótesis suponer que Quevedo haya participado en actividades de orden político en los dos breves períodos que pasó en aquella ciudad: unos dieciséis meses en total. Es lógico pensar también que Quevedo hubiera mantenido relaciones con las figuras más destacadas de los círculos humanistas napolitanos, tal y como sugiere Pablo de Tarsia en su biografía, pero solo pueden adjuntarse testimonios sobre algunos encuentros y amistades muy concretas. El resto convida a la conjetura y a una investigación más ardua: no debe olvidarse que buena parte de la documentación relativa a estos periodos fue destruida por los bombardeos padecidos por la ciudad partenopea durante la segunda guerra mundial, que afectaron tanto al Archivio di Stato como a ciertas partes de los archivos del Palazzo Reale o del Castel Nuovo.

De estos datos documentados el más probable se refiere al interés de Quevedo por la vida y obra de Campanella; Alessandro Martinengo (1992) indicó ya la presencia de varios títulos en el índice de libros que debieron de pertenecer a Quevedo y que se halla en el convento de San Martín. Se puede especular, sin embargo, a partir del rastro dejado por Mérimée, sobre la posibilidad de que haya sido Quevedo "intercesor de Campanella", a juzgar por dos cartas escritas por Scioppio a Fabri y publicadas por L. Amabile en 1887. Análoga indagación debe realizarse a propósito de otras suposiciones difundidas con diferentes grados de verosimilitud sobre su pertenencia a la célebre *Accademia degli Oziosi* (véase al respecto Cappelli 2017) o sobre sus actividades como transmisor de las misiones diplomáticas del Virrey Osuna.

James O. Crosby (1967), en su cronología de la poesía quevediana, cree que el soneto "Vulcano las forjó, tocolas Midas", dedicado al duque de Osuna pudo haber sido escrito con ocasión de alguna celebración partenopea. El poema es *ekphrasis* de un cuadro, ahora desaparecido, del pintor boloñés Guido Reni en el que aparece representado el duque. Es muy posible que fuera pintado en el tiempo en que el duque de Osuna, en su camino a Sicilia pudo haber parado en Roma, donde residía a la sazón Reni. Luego, en sonetos compuestos tras la muerte del virrey, Quevedo intentará recordar su paso por Nápoles: en el que Borges consideraba uno de los mejores sonetos de la literatura española, "Faltar pudo su patria al grande Osuna", los dos periodos de virrey aparecen citados, con las imágenes de los volcanes: "En sus exequias encendió al Vesubio/ Parténope, y Trinacria al Mongibelo"; y en "Diez galeras tomó, treinta bajeles" figuran las hazañas detalladas del duque en sus empresas contra el turco y contra Venecia:

Diez galeras tomó, treinta bajeles,
ochenta bergantines, dos mahonas;
aprisionole al turco dos coronas
y los corsarios suyos más crueles.
Sacó del remo más de dos mil fieles,
y turcos puso al remo mil personas.
Y tú, bella Parténope, aprisionas
la frente que agotaba los laureles.

El apóstrofe a Nápoles deja entrever una velada crítica al escaso entusiasmo o ingratitud de la capital hacia su virrey, como advierte Federica Cappelli (2013) en su trabajo sobre la presencia del duque de Osuna en la obra quevediana, quien, además, hace notar cómo las "dos mahonas" que aparecen aquí citadas, capturadas por el duque de Osuna a la señoría de Venecia, constituyen obsesión que Quevedo remite a un episodio que debió de vivir de cerca en 1617. En *La hora de todos* y en el *Mundo caduco* se cuenta esta captura, sucedida en las inmediaciones de la ciudad adriática de Zara, con notable y casi personal orgullo. Toda esta poesía encomiástica, más bien funeral, abunda en los principales éxitos militares del duque, donde no pueden faltar las alusiones a su particular guerra con el poder veneciano, lo que lleva de forma casi natural a estudiar el periodo napolitano de Quevedo como el más vinculado a Venecia y, de paso, como el trampolín necesario de la participación del poeta en la llamada conjura de Venecia, aún hoy motivo de especial controversia.

Los textos que más se acercan a la experiencia napolitana de Quevedo se hallan en un lugar un tanto insospechado: en el *Iuliani Caesaris in regem Solem ad Salustium Panegyricus* de Vicente Mariner (1625). Quevedo aparece nombrado varias veces en el libro: en la portada como "equitem aureo torque D. Iacobi insignitum, dominum villae quae vulgo vocantur de Juan Abad" y posteriormente en la afectuosa dedicatoria del propio Mariner: "Hoc igitur argumentum, charissime Quevede, tibi offero; principem laudatorem solis in magna tuae praeclarae bibliothecae scrinia emitto; has laudes in sublime tuarum laudum sphaeram libertissime defero". Se incluye la famosa carta de Justo Lipsio escrita a Quevedo, "nobilissima stirpe et animo vivo" en Lovaina el 8 de febrero de 1605, en la que el humanista de Brabante no oculta la admiración por el joven Quevedo: "Nam amo te et hic animo interiori indui" de quien proclama en griego (traducida al latín al margen) "oh magnum decus Hispanorum". Las palabras a Quevedo continúan con un epigrama del propio Mariner a Quevedo, contestado con una *laudatio* de Quevedo a la erudición de Mariner.

En este contexto, y con la idea de calibrar la presencia de Quevedo en Nápoles, aparecen dos composiciones que se refieren a ese periodo de la vida de Quevedo: Villalba de la Güida (2010) ofrece detalles de ambas. La primera es una *ode* del conde Giulio Cesare Stella, autor del *Columbeidos*, uno de los primeros poemas épicos sobre el descubrimiento de América. Stella parece celebrar el regreso de Quevedo desde Madrid a la corte napolitana. La alusión a la cruz de Santiago, otorgada a Quevedo en diciembre de 1617, convida a pensar en que se trata de su llegada a Nápoles el año de 1618. Este clásico *prosphonetikon*, la composición elaborada para la bienvenida, pudo haber constituido parte de un pequeño sarao organizado para festejar el retorno de Quevedo. La otra composición, con rótulo de *elegía*, escrita por Michael Kelkeris, permite corroborarlo: Kelkeris (o Kelker) solicita a Quevedo que sea su mecenas, función que con gran probabilidad podría estar ejerciendo en la corte napolitana.

> *Ode*
> Quevede, laevum, cui cruce purpurae
> rubense pectus, militae sacrum
> insigne, quae Divi superbit
> clara patrocinio Iacobi,
> idem Camoenis care, nec indigens
> prudentis omni tempore consili
> ut te redonatum placenti
> Parthenope, dominoque laetor,
> qui tecum amicis colloquiis diem
> horas in omnes conserit et tuo
> arcana curarum reponit
> in gremio penitosque sensus.
> Longi per undas aequoris advenis

118

diu moratus dum ratibus viam
adversus intercludit auster
turbine ovans, gravidusque fluctu;
ergo quod atri per maris asperos
campos procellis, sospes ades memor
periculorum vota divis
solve tuis meritasque grates
et nos ut ambos gentis ab aulica
dolis remotos sanctus amor coquit
scientiarum facta magni
grandia Gironii canamus.

Elegia
Quod nisi Maecenas aliquis favisset, abibat
Maeonii pressum sub Styge Vatis opus,
Pindarus hoc canit aeternum fautore, nec umquam
Lesbia permittit virgo tacere lyram;
Hic quoque perpetuum versus spectare Maronis
Efficit ac Plauti comica dicta, diem.
Fare age, quid iam Musa siles? Tibi quaere benignum
Praesidium, tenuis sit tua vena licet.
Nam sic culta magis surges, sic cedet egestas,
Sic erit Ossunae Dux memor ipse tui.
Euge decus Quevedo meum sis, Doctus Apollo
Hoc velit, hoc iubeat Sicelidumque chorus.
Num renues? Procul iste timor, generosa tuendi
Innatum Musas pectora munus habent.
Unde procellosos mittit dum livida ventos
Turba, meae sidus Dux precor esto ratis.
Pelle Hellenen, pluviasque Hyadas, quaecumque minantur
Dira Dioskourun sydera fausta reduc,
Ut freta dum procerum laudum mea Musa pererrat,
Egregiis tumeant carbasa plena Notis.
Sic mihi Maecenas, sic spes, tutelaque vitae,
Praesidiumque meae depereuntis eris.

A ambos textos se le añade un *Chronosticon* que ubica con enigma el día en que Quevedo es recibido a su llegada a Nápoles:

In navem captam: continet annum, mensem et diem, quando Neapolim adducta nec non unde, cui et a quo: LatVs SoLe CaLet ter AqVarIVs eCCe GIronI Portas ab eo LIttore Costa raceM.

Conviene, pues, detenerse en el hecho de que en el año 1625 Quevedo aparece citado, en forma de homenaje (según consideración de Jauralde 1999), en los paratextos de un libro encomiástico, escrito por Juliano el Apóstata al rey Sol y traducido por uno de los humanistas más reconocidos de la corte madrileña, Vicente Mariner. La muerte de Osuna, en 1624, aún es reciente y publicar un libro con esa demostración de memorias napolitanas, incluso con carta de Justo Lipsio escrita veinte años antes, resulta muy significativo del valor de la experiencia en Nápoles. Ocho años después, en el año 1633, con ocasión de la publicación de sus *Opera Omnia*, Vicente Mariner y el mismo Quevedo verán de nuevo impreso el *Panegírico* con idénticos paratextos. Esas referencias napolitanas siguen ahí: Martinengo (1992) establece comparación de estos textos con lo que dirá Pablo de Tarsia en la biografía de Quevedo: observa, en efecto, coincidencia, pero no sería desdeñable considerar que los datos del biógrafo correspondiesen a desarrollos personales, con aires narrativos, a partir del tenor de estos textos encomiásticos de precisas circunstancias.

No conviene olvidar a este propósito que Pablo de Tarsia era de Conversano, lugar de la Puglia en el Reino de Nápoles, y que era también *Accademico Ozioso*, tal y como aparece de forma explícita y destacada en la portada de la biografía quevediana. Y que, además de escribir varias historias eruditas sobre su ciudad natal, también escribió una conocida relación de la revuelta de Masaniello, que él tituló *Tumultos de la ciudad y del Reino de Nápoles del año 1647*. La historia de Quevedo, escrita en 1663, por encargo del sobrino Pedro Aldrete, está contada, pues, por un escritor procedente del reino napolitano, con vínculos muy estrechos con la ciudad partenopea, trasladado a Madrid por avatares mismos del ejercicio del poder en Nápoles (por el Señor de Conversano para el que trabaja), y que, sin saberlo, acompañará en Madrid al célebre marqués de Carpio, que finalmente será Virrey de Nápoles en uno de los periodos más dinámicos de exaltación literaria y musical del siglo XVII. No es baladí estudiar la biografía quevediana al calor de los sucesos de la revuelta napolitana ni de los efectos causados en la corte los disturbios y las dificultades de la corona austríaca en defender su posición en el sur de Italia. En ese estudio, las relaciones de Quevedo con los resortes del poder deberían ser interpretadas *sub specie Neapolis*, ya que muchas de sus empresas diplomáticas o sus lazos con el duque de Osuna aparecen determinados por el resultado de los hechos históricos más inmediatos a la redacción del libro y no tanto por los cercanos al periodo en que Quevedo ocupó cargo en el Palazzo Reale de Nápoles.

En otro orden de cosas, no deja de carecer de importancia la más que probable actividad poética de Quevedo en el tiempo en que está en Italia. El manuscrito autógrafo que contiene las *Silvas* de Quevedo (XIV E 46, un cartapacio de 178 folios) ofrece un interés muy relevante. Los estudios sobre este conjunto de poemas se han multiplicado todos estos años, con relevantes conclusiones complementarias (Ettinghausen 1972, Asensio 1983, Jauralde 1991, Candelas Colodrón 1997, Rey 2006). Entendido como una imitación u homenaje a Estacio y sus *Silvae* -un autor napolitano a todas luces (así aparece nombrado en casi todas las ediciones impresas de los siglos XVI y XVII)- el grupo de poemas pudo haber sido concebido un poco antes de la llegada a Nápoles o bien en la misma ciudad. La heterogeneidad temática convierte a esta colección en una representación en miniatura de la poesía quevediana: bajo el rótulo de *silvas* urdió una colección variada, tal vez no un cajón de sastre que escapara del resto de composiciones, sino una nueva idea para la poesía española del XVII, extraída de la tradición de Estacio que él contribuyó a difundir. No es lugar de describir los avatares de esa colección, pero sí de recordar el carácter innovador y singular de la propuesta en Nápoles, que le valió una nota de Lope de Vega poco después de su regreso a España, en 1621, en su *Filomena*: "Vereis otro Francisco que renueva/ con más divino estilo que el de Estacio/ las silvas, donde ya vencerle prueba". En la famosa carta al obispo de Bona, Juan de la Sal, fechada el 17 de junio de 1624, junto al envío de los cuatro romances sobre "dos aves y los dos animales fabulosos", escribirá Quevedo: "yo volveré por mi melancolía con las *Silvas*, donde el sentimiento y el estudio hacen algún esfuerzo por mí".

Estacio era autor suyo de referencia; los Kallendorf (2000) mostraron las anotaciones autógrafas de Quevedo en su libro de las obras de Estacio, publicado en 1502 en la imprenta veneciana de Aldo Manuzio. En tales notas, Quevedo da pistas (no definitivas) sobre el modo de su imitación, aunque es en otras notas marginales –en las de su ejemplar de la *Retórica* de Aristóteles (López Grigera, 1998)- donde presume de ser el primer introductor de la silva: "*Oración pedestre*: Es la que corre libre como quiere y por eso pierde gravedad. De este género es la que yo usé primero con nombre que yo la puse de *silva* en España". También es cierto que en el *entourage* de Justo Lipsio, en los Países Bajos, se suceden las ediciones impresas de Estacio con comentarios en los primeros años del siglo XVII y que es muy probable que Quevedo, muy influenciado o seducido por los movimientos intelectuales de aquella parte de Europa, pudo haberse dejado llevar por la propuesta singular estaciana. No es baladí el asombroso parecido, casi calco, entre las portadas de tales ediciones estacianas y la portada de la edición del Parnaso español de 1648, póstuma pero tal vez orientada por el propio Quevedo en sus últimas voluntades: la misma recreación iconográfica del monte Parnaso, con los elementos esenciales en lugares muy semejantes (Apolo rodeado de las musas, la fuente castálida en primer término, el caballo alado sobrevolando la escena y las dos cumbres al fondo) no parece fortuita. Tampoco debe olvidarse que en este mismo manuscrito napolitano aparecen los textos de las traducciones del *Anacreón castellano* y el *Carmen admonitorium* del PseudoFocílides (Gallego-Moya, 2013), así como una de las tres versiones del *Poema heroico a Cristo resucitado* o *Poema de la Resurrección* y unos folios escritos en árabe que, como señaló Laura Fernández en su trabajo exhaustivo sobre el aspecto material del manuscrito napolitano (2015), "se corresponden a un poema moral del historiador y literato sirio Ibn al Wardí, que vivió en Sicilia en el siglo XIV". Aunque marginal, estos textos no deberían de dejar de ser estudiados.

Las 26 composiciones presentadas como silvas ofrecen una variedad métrica, temática y genérica. Se reúnen silvas métricas, madrigales, canciones aliradas, canciones a la italiana, octavas e incluso una oda pindárica, "El instrumento artífice de muros", novedad que, junto al aprecio por Estacio o por Anacreonte o Focílides, conviene destacar como singularidad en la *imitatio* quevediana. Se junta poesía moral que aborda los principales temas de la tradición, (soberbia, avaricia, el paso del tiempo, la fragilidad humana), con particular acomodo del *sermo* horaciano y la pátina estoicista; poesía amorosa, inclinada más bien a la representación de la soledad del amante introducido en la naturaleza, en un escenario afín a lo bucólico hasta el punto de probar con una singular égloga, *Pharmaceutria*, de ambientación oscura y numinosa; y poesía mostrativa, deíctica, de *encomia* (a la pintura, a la música, al Yelmo del Segura donde nace el Guadalquivir, a Roma antigua y moderna o a las estrellas) que comunica con la esencia del específico género lírico. Los géneros grecolatinos asoman y, con ellos, modalidades de discurso reconocibles, aunque en ocasiones usados con funciones impropias como execraciones (al inventor de la artillería o a la navegación), epitafios (como el dedicado al túmulo de una mariposa), *idillia* a la manera teocritiana, himnos (a las estrellas o al sueño, traído del mismo Estacio). Esta heterogeneidad debe ser comprendida en relación con el panorama poético que encuentra en Nápoles, alrededor de la *Accademia degli Oziosi* y de la propia corte del duque de Osuna. Los dos madrigales que contiene este manuscrito son claros ejemplos de la apropiación quevediana de los poetas italianos, en este caso de Luigi Groto, inspirador de ambas composiciones (Alonso Veloso 2012), y el *Himno a las estrellas* es imitación notoria de la *canzonetta* del poeta napolitano Giambattista Marino, *Le stelle*, con quien seguro mantuvo estrecho contacto y cuya impronta -revisada por Juárez Almendros (1989 y 1990) tras los estudios ya clásicos de Fucilla- está aún por estudiar de forma sistemática.

Las relaciones con otros escritores como Giambattista Basile también necesitan revisión, sobre todo, a propósito de la posible afinidad entre el texto *Lo Cunto de' Cunti*, escrito en napolitano, y el *Cuento de cuentos* de Quevedo. Se discute el sentido de la influencia, sobre todo por los datos cronológicos, ya que el libro de Basile (escrito en lengua napolitana) fue publicado de forma póstuma en 1634 y el texto de Quevedo parece anterior, aunque la presencia de ambos en el estrecho *entourage* napolitano podría haber permitido una comunicación manuscrita y personal. Pero también conviene discutir, por encima de las coincidencias en el título, las semejanzas de dos textos que en extensión, disposición e incluso intención se hallan bastante distantes. Basile es una figura central en la Nápoles del duque de Osuna, no tanto por su producción literaria, sino por la promoción de distintos eventos culturales. Su hermana, la célebre cantante Adriana Basile, aparece vinculada a uno de los más importantes

122

manuscritos de la Biblioteca Nazionale, el de Pedro Álvarez de Toledo, duque de Alba, sucesor del duque de Osuna. La corona poética a Adriana Basile lleva composiciones en español e italiano (también en portugués), en las que se incluyen poemas de su hermano incorporados por ella y por su hija Leonora Barone. Todo ello da muestra del papel jugado por esta familia en el entorno cultural del duque de Osuna y sus sucesores.

Flavia Gherardi (2013) ha indagado con particular profundidad en otra de las relaciones singulares que pasan por Nápoles: la de Quevedo con Torquato Tasso, poeta adorado en la *Accademia degli Oziosi*, en particular por su presidente original, Giovan Battista Manso, que en 1619 dio a la imprenta (Nápoles, Domenico Roncagliolo) un brevísimo pero significativo *Compendio della vita di Torquato Tasso* que tuvo que conocer y admirar Quevedo, a pesar de que la versión ampliada de la vida apareció publicada dos años después en Venecia. De paso, Gherardi desarrolla otra influencia quizá más inadvertida: la de Marcello Macedonio en su poesía, a partir de los trabajos de Davide Conrieri (2010 y 2015) al respecto.

Es sabido, porque así lo expone González de Salas en su edición de *El Parnaso Español*, que la distribución en musas del conjunto de su poesía debe su inspiración a Piergirolamo Gentile (no el de *La corona di Apollo* sino el del *Concerto delle muse*) y el propio Marcello Macedonio, *Le nove muse*, volumen publicado en Nápoles en la célebre imprenta de Tarquinio Longo (1614), que Quevedo debió de conseguir de forma inmediata. Sin abandonar este asunto central de la división en musas de la producción poética quevediana, no es posible olvidar la obra del citado Giambattista Basile, *Le muse napolitane. Ecloche di Gian Alesio Abbattutis*, publicada en Nápoles (Domenico Maccarano, 1635), o *Il Balletto delle muse* de Giambattista Marino (1618) como fuentes de inspiración napolitanas inmediatas (véase García Aguilar 2013). En el caso de Macedonio, la influencia se hace léxica para el soneto "Crespas hebras sin ley desenlazadas", cuyo noveno verso es copia exacta del "vivi pianeti di animato cielo" del poeta napolitano, con la mirada puesta en Tasso para la idea general. Gherardi (2013) comenta este soneto de forma ejemplar para explicar la operación realizada por Quevedo en el ambiente napolitano, con la poesía italiana que estaba leyendo y asimilando.

Este proceder hermenéutico se hace necesario para desentrañar otras composiciones quevedianas, deudoras no tanto de precisos versos, poemas o ideas generales, sino de una atmósfera propicia, en lo que llama Gherardi "atormentado experimentalismo" poético partenopeo, para la configuración de un lenguaje enriquecido bajo la sombra amplia y fecunda de un difuminado postpetrarquismo. En ese caso, cabría concederle al periodo napolitano de Quevedo la raíz de su concepción unitaria, dentro de la heterogénea amplitud de los subgéneros, de su producción literaria: en ese espacio, los intentos de aglutinar, agrupar o de ordenar los materiales poéticos pudieron tener referencias y estímulos privilegiados en ese ambiente napolitano.

La Fábula de Mirra (1631), de Fernando Afán de Ribera Enríquez, marqués de Tarifa.

El virreinato del duque de Alcalá en el que escribe Cristóbal de Figueroa es el periodo en el que el famoso comentarista de la obra poética de Góngora, García Salcedo Coronel, se halla en Nápoles. Ponce Cárdenas (2018) describe la estancia del escoliasta gongorino y coloca varias composiciones de sus *Cristales de Helicona* (1649) en el contexto de la corte napolitana. En concreto se detiene en una epístola dedicada al hijo del Virrey, Fernando Afán de Ribera Enríquez, marqués de Tarifa, con ocasión del retiro de este a Caserta para componer, a sus diecisiete años, la *Fábula de Mirra*, a imitación de las *Metamorfosis* ovidianas.

Salcedo Coronel era, a la sazón, caballerizo del virrey y ocupaba también el cargo de gobernador de la ciudad de Capua, cercana a Caserta. En los tercetos de la epístola que antecede a la *Fábula* y que aparecerá publicada más tarde en sus *Cristales*, Salcedo Coronel anima al joven Afán de Ribera, ya reconocido por su precoz interés por las artes poéticas, a que se dedique de lleno al ejercicio lírico y le sugiere ver publicada la fábula heroica. El largo epígrafe que figura en la edición de los *Cristales* recoge con exactitud el contexto: *Habiéndose retirado a Caserta el marqués de Tarifa (mientras el excelentísimo duque de Alcalá, virrey de Napóles vino a España por orden de su Majestad) compuso la Fábula de Mirrha, y, sabiéndolo el autor, le escribió desde un lugar de la jurisdicción de Capua, donde era Gobernador, exhortándole a que se divirtiese en este y otros ejercicios*: En la epístola pueden leerse estas referencias napolitanas: "Agora que, entre el ocio, más atento,/miras asegurado en tu ribera/ de la ciudad el golfo turbulento, / los pasados naufragios considera,/ y, en amable sosiego entretenido,/ felices horas, gran señor, espera". Las diligencias de Salcedo Coronel, con la promoción de la voluntad poética del marqués de Tarifa, dieron como resultado la publicación en Nápoles, el año 1631, del libro de la *Fábula de Mirra* en la imprenta de Lazzaro Scorigio.

El libro en cuestión es un libro raro, del que apenas existen ejemplares: es conocido el que poseía el marqués de Jerez de los Caballeros, ahora conservado en la Hispanic Society of America, y que sirvió de base para la edición moderna (con nota biográfica de Rodríguez Marín) salida de la imprenta de E. Rasco en Sevilla, en 1903. Salcedo Coronel arropó la publicación del hijo del virrey con un buen número de textos preliminares. La fábula está dedicada al príncipe de Paternò, Luis de Aragón y Moncada, noble de estirpe siciliana, al que el propio Salcedo le había dedicado el epitalamio con ocasión de sus bodas con María Enríquez Afán de Ribera, hija del virrey y hermana, pues, del propio poeta. La composición de Salcedo Coronel vio la luz también en la misma imprenta napolitana de Lazzaro Scorigio un año antes. La dedicatoria del joven poeta revela también la juventud del destinatario, casado solo un año antes con su hermana:

> Ofrezco a V. E. la *Fábula de Mirra*, no porque su modesta juventud necesite de ejemplos que la aseguren, sino porque el ocio de la aldea le parezca menor. La

124

soledad es favorable a las musas, y por ventura fue ésta la ocasión de haber yo escrito los versos que dedico a V. E.: merezcan por primeros el aplauso que pareciera en otros lisonja, que algún día aspirará al premio sin otra circunstancia que haberlo merecido; pues aunque la Naturaleza hace sólo al poeta, ninguno me negará que el Arte le perfecciona. Entonces cantaré más dignamente las grandezas de V. E., cuya persona guarde Dios como deseo. Caserta, a primero de Julio 1631.

La dedicatoria *Al lector* escrita por el mismo Salcedo Coronel ofrece el dato de la edad del poeta (17 años) y aplaude, con palabras que permiten ir un poco más allá del tópico, la excelencia de Fernando Afán de Ribera como poeta:

¿Qué fruto, pues, esperaremos de quien ha escrito con tanto decoro en sus primeros años esta fábula, y no en más dilatado espacio que el de quince días? Yo a lo menos –confesarelo, aunque con invidia- pronostico a España en este gran señor otro Virgilio, otro Tasso, para que no tenga que invidiar a nación alguna. Leyendo este poema y habiendo examinado la virtud estudiosa deste príncipe, me acordé de Claudiano, que en el prefacio del tercer libro de *Laudibus Stiliconis* dice: "Gaudet enim virtus testes sibijungere musas, Carmen amat quisquis carmine digna gerit". Porque ningún señor he visto más aficionado a esta profesión de la Poesía, ni más digno de ser alabado en ella por su virtud y grandeza.

Poemas en español de Fernando Palomares, de Sebastián de Acosta y Pereira, autor a su vez de otro epitalamio al príncipe de Paternò, en la misma imprenta y en el mismo año que el de Salcedo Coronel, y de Mateo Andrade preceden a las composiciones en italiano de Vincenzo Zito, "detto l'Infammiato", y del dottor Lorenzo Stellato, "detto l'Infocato", ambos pertenecientes a la *Accademia dei Rapiti* de Capua, a la que perteneció el comentarista de Góngora. El mismo Stellato se atreve con un soneto en francés, con un hexasticón en latín, y con un poema sobre el mismo asunto, dedicado no al poeta de la fábula, sino al propio Salcedo Coronel, promotor, sin duda, de la edición napolitana. Concluyen los preliminares, construidos sobre un marco parnaseo, con un soneto escrito por un académico de los Arrebatados, llamado Doglioso, que bien puede esconder el apodo del propio Salcedo: "Tesse d'allori i colti in Elicona,/ perche n'orni'l tuo crin gran vate ispano,/ Febo di propria man nobil corona". El *entourage* del virrey, con Salcedo Coronel como maestro de ceremonias, avala, en completa endogamia, la composición del prometedor poeta Fernando Afán de Ribera.

La *Fábula de Mirra* posee categoría genérica de epilio, compuesto por 152 octavas y dividido en tres cantos de casi idéntica extensión. El primer canto narra con particular detalle el enamoramiento de Mirra y las dudas esenciales de la protagonista sobre la naturaleza del amor por su propio padre: el dilema moral que Ovidio ya planteaba en sus *Metamorfosis* en boca de Orfeo vuelve aquí con una amplificación dramática, con el extenso monólogo de Mirra lleno de dudas y los diálogos con su padre Cinaras o con la vieja ama Alinda, repletos de expresiones extremas. El segundo canto, que se abre con un diálogo de idéntica intensidad dramática, traslada la acción a las fiestas de Ceres y en ellas se detiene, con no poca demora, con el incesto entre Mirra y su padre, organizado por la vieja Alinda, en el que no falta la tensión erótica:

> Mirra, que en todo ya excedía a la nieve,
> no forma voz, ni algún acento exprime;
> a respirar, turbada, no se atreve;
> si comienza un suspiro, lo reprime;
> deseo ardiente a su intención la mueve,
> cuando el temor helado la reprime,
> y, padeciendo entre contrarias penas,
> es fuego el corazón, yelo las venas.
>
> Y, porque más la turbación la ataje,
> al padre vio, que ya la está esperando;
> y, apenas con la vista el cortinaje
> pasó temiendo y penetró dudando,
> cuando, asombrada de su injusto ultraje,
> se arrepintió de hecho tan nefando:
> so sabe si es verdad lo que ha mirado.
> pues, buscando un galán, un padre ha hallado.
>
> Juzga la gran maldad que ha cometido;
> ya se arrepiente de tan gran locura;
> desea habitar el reino del olvido,
> y, muriendo, acortar su desventura;
> mas, habiéndola el ama reducido,
> diciéndole que goce su ventura,
> al padre la entregó, donde, gozada,
> por desdicha mayor, quedó preñada.

El segundo canto concluye con la huida de Mirra de los brazos de su padre y el tercero arranca con el relato de la protagonista escapada en medio de un paisaje silvestre. En el relato ovidiano, Mirra de inmediato se dirige a los dioses, pero en el del marqués de Tarifa se introduce una novedad narrativa, al incorporar a una "tropa de bandoleros y ladrones" como protagonistas de unas escenas de duelo y batallas. El mito ovidiano se enriquece con este *aggiornamento*, que responde al fenómeno social extendido en las tierras de Campania en los primeros años del siglo XVII, combatido por los virreyes. Afán de Ribera describe a estos bandidos con atributos actuales, a la manera anacrónica de pintores que figuran a los personajes de la mitología: "tienen cotas de malla con corazas,/ corvos alfanjes, si pequeños, fuertes./ De morriones y petos varias trazas,/ palos con puntas que amenazan muertes,/ largos montantes y pesadas mazas,/ el corto chuzo, con la pica larga,/ espada al lado y en el brazo

126

adarga". La historia de estos bandoleros, y la de su caudillo Malagor, enamorado de la propia Mirra, abre un paréntesis narrativo autónomo: el poeta cuenta cómo llevan los ladrones a Mirra a una torre y cómo asiste a la batalla cruenta que se libra con la llegada de unos soldados, capitaneados por Organte, un cruel militar, que pretende acabar con todos los bandoleros. La refriega concluye con la muerte del capitán y de todos los bandoleros (incluido el propio Malagor) y con la huida de Mirra, quien, con la ayuda de sus propias trenzas cortadas por unas tijeras, desciende por la ventana de la torre.

No puede poseer más rasgos novelescos esta parte del relato, que para nada distorsiona el hilo principal de la fábula ya que termina con la apelación a los dioses que se hallaba en el relato de las *Metamorfosis* como preámbulo de la transformación de Mirra en árbol, cuyos versos ofrecen evidentes ecos del Garcilaso que describe la metamorfosis de Dafne: "Los dioses a sus ruegos se movieron,/ y los pies en la tierra le hincaron,/ y en torcidas raíces los volvieron;/ los brazos en las ramas se mudaron,/ y de su blanco cuerpo tronco hicieron,/ y *cinamomo* al árbol le llamaron".

Salcedo Coronel preparó el terreno editorial para que este breve poema heroico pudiera ver la luz: su posición en el *entourage* napolitano, al lado del virrey, si bien con residencia en la vecina Capua, le permitió entre agasajar y cumplir los designios de un poeta que tal vez el comentarista de Góngora veía con futuro. En todo caso, constituye elocuente muestra del proceder literario de la corte del duque de Alcalá, famoso por su preocupación cultural ya desde los viejos tiempos sevillanos en que Salcedo y Afán de Ribera compartían amistades y cenáculos. La particular atención de Salcedo Coronel al hijo del virrey puede interpretarse a priori y sin dudarlo en exceso como adulación interesada, pero también es resultado de un ambiente propicio para la difusión de las voluntades de un debutante literario que ya había cosechado excelentes halagos en precedentes tareas: la *Fábula de Mirra*, en este sentido, posee el interés de ofrecer la obra de un joven poeta, pero también las maneras en que un ya consolidado escoliasta podía manejar la imprenta o los resortes divulgativos en la Nápoles de 1630.

Miguel de Silveira y Antonio Gual.

La figura de Miguel de Silveira ha suscitado cierta atención en los últimos tiempos. Su poema heroico *El Macabeo,* una extensa composición que narra la victoria de Judas Macabeo contra los seléucidas y la recuperación del Templo de Jerusalén, es su obra más destacada. Los estudios han resaltado su condición de criptojudío, a partir del dato biográfico de una acusación a la Inquisición y a la interpretación de su marcha a Nápoles como un exilio forzado por tales circunstancias. En su biografía, resumida en el prólogo del poema heroico, se señala su nacimiento en Cellorico (Portugal), sus estudios en Coimbra y Salamanca, "donde en mis principios estudié la Filosofía, Jurisprudencia, Medicina y Matemáticas", y el ejercicio médico durante veinte años no muy alejado de la propia corte madrileña. En Nápoles se halla por intervención directa de Ramiro Guzmán, duque de Medina de las Torres, quien pudo haberle protegido de la persecución del Santo Oficio. Su judaísmo oculto encuentra en el poema heroico algunas claves, ya que puede ser interpretado en clave mesiánica y de disimulo hebraico, dada la importancia extraordinaria de este episodio de la rebelión de los Macabeos en la tradición judía, ya que es motivo de celebración anual en la conocida fiesta de la Janucá.

Miguel de Silveira fue celebrado por Cervantes en el capítulo segundo de su *Viaje del Parnaso* ("por quien de luso están ufanas/ las musas"), por Lope de Vega, al que llama Doctor Silveira, en la silva tercera de su *Laurel de Apolo* por su "considerada y rica vena", y por Francisco Manuel de Melo, quien, en 1657, en su *Hospital das letras,* hará pronunciar al personaje Quevedo de su diálogo el siguiente juicio sobre el poeta Silveira: "arrogantíssimo espírito teve esse português e tanto que se levantou a maiores com a nossa própria linguagem, em que compôs aventajadamente", completado con la apreciación del personaje de Justo Lipsio: "em todos os seus escritos nao se viu numca um só termo baixo". Son el *Parténope Ovante* y *Os Macabeus* los textos objeto de la conversación del famoso apólogo dialogal de Francisco Manuel de Melo.

El larguísimo poema épico sobre la victoria de los macabeos, editado en dos volúmenes, de marcada impronta gongorina y con unas primorosas ilustraciones, es claro imitador de las grandes composiciones heroicas del Tasso (*Gerusalemme liberata*) y, dado su origen, de *Os Lusiadas* de Luis de Camoes, tal y como Mercedes Blanco (2017), en un exhaustivo trabajo, muestra. Los veinte libros de que consta el relato bíblico fueron escritos, como indica en el prólogo, en un periodo de veintidós años, "en que con perseverantes estudios y censuras acabé este poema"; recuérdese que ya Juan Pérez de Montalbán habla de Silveira y de ese poema en su *Para todos* publicado en 1632: "el Apolo [Silveira] de más espíritu heroico que tiene Europa y, como lo han confirmado tantos actos hechos, y lo confirmará su elegante *Poema de los Macabeos*". El *Poema heroico* obtuvo su aprobación el 13 de febrero de 1638 y fue publicado en la imprenta de Egidio Longo, considerado estampador real, ese mismo año de 1638, no muy lejos de la fecha en que el duque de Medina de las Torres jura su cargo de virrey en Nápoles, en el otoño del año anterior.

Entre sus miles de octavas, comentadas por Sánchez (2017) en un trabajo extraordinario sobre el duque de Medina de las Torres, destaca el libro decimoquinto, en el que el relato bíblico se acerca al dedicatario del poema y desgrana las hazañas de los reyes portugueses, culminadas con las de los tres Felipes de la dinastía Habsburgo (presentados con el clásico mito de Atlas) que gobernaron Lusitania y la esperanza de la llegada reciente del príncipe Baltasar Carlos. Ya estaba anunciado este repaso histórico en la dedicatoria cuando escribe, incluyendo a la marquesa de Heliche, "no me dilato en la alabanza de su generosa sangre y de mi señora la Princesa, porque con ella ilustra mi musa sus episodios en el libro 15". En efecto, el largo encomio de ambas casas, la de los Guzmanes (con el conde-duque de Olivares y el propio virrey como personajes centrales) y la de la virreina, Ana Carafa, Princesa de Stigliano, termina en un apóstrofe a la ciudad partenopea, en las octavas 69 y 70, de panegírico al duque de Medina de la Torres.

> ¿No miras cómo el cielo le destina
> a traspasar la ley del culto humano?
> ¿Con qué glorioso aplauso el pecho inclina
> Parténope a su imperio soberano?
> Advierte cómo el hado no declina
> vigilante dominio de su mano,
> cual funda opresa Italia en su coluna
> nueva restauración de su fortuna.
>
> Mira en las cunas del rosado oriente
> cómo desata la tiniebla fría
> un nuevo resplandor de antorcha ardiente
> que con fuego inmortal enciende el día
> a donde de Pusílipo la frente,
> para adornar la suya ,flores cría
> y el húmido tridente se adelanta
> a besar de Parténope la planta.

Estas octavas encomiásticas son abreviatura de los poemas que dedicará el propio Miguel de Silveira a la gloria de los virreyes de Nápoles: heroico uno y sin una clara determinación genérica el otro, aunque ambos de extremo carácter laudatorio. Los dos poemas aparecieron publicados en la misma imprenta napolitana citada de Egidio Longo: *Parténope Ovante*, sin fecha pero quizá anterior, no muy lejos de 1637, ya que es muy posible que narre la entrada triunfal del virrey en Nápoles el 27 de octubre de ese año, y *El sol vencido*, con fecha expresa de abril de 1639. No ha habido muchos estudios sobre estos textos, en particular sobre el primero, ya que se dio por desapa-

128

recido hasta hace bien poco, como pueden corroborar trabajos muy recientes que así lo consignan (Sánchez 2014). Puede leerse en su *editio princeps* en el ejemplar que ofrece la Biblioteca de Castilla y La Mancha y que lleva en su lomo como curiosidad el tejuelo del otro libro *El sol vencido* de Miguel de Silveira.

El libro de *Parténope Ovante* está dedicado al conde duque de Olivares, lo que ha llevado a confusión y a pensar en que el Guzmán que aparece citado es el mismísimo valido de Felipe IV y no el duque de Medina de las Torres que es el objeto principal del poema:

> como los ríos de las grandezas del duque de Medina de las Torres, mi señor, se derivan de los mares de V.E. los dedico y vuelvo a su nativo centro, porque desde allí procedan más caudalosos. Reciba V.E: este breve Poema de Parténope Ovante, lustrosa acción de su entrada, que aunque es corta ofrenda a tanta soberanía, de una breve nube pueden salir resplandores y pues siempre he vivido a la luz de los de V.E, no será razón que me deje ciego con su olvido

En el frontispicio aparecen las armas de los Guzmanes del mismo modo que en la primorosa edición del *Poema del Macabeo*, y, aunque no aparece fecha alguna, no debe de estar distante de la entrada del duque como Virrey de Nápoles. Es poema encomiástico, pero, sobre todo, es relación laudatoria de la cabalgata organizada con tal ocasión, considerada triunfal. Algunas circunstancias políticas permiten contextualizar el poema: el duque de Medina de las Torres se había casado con una de las hijas del conde duque, María de Guzmán, Marquesa de Heliche, muerta al poco tiempo, en parto prematuro, y volvió a casarse con Ana Carafa, una de las damas de la más alta nobleza, de inequívoca estirpe napolitana. Según Elliott, Olivares había mimado a este yerno como si fuera su propio hijo o su necesario sucesor, lo había acercado a la corte (con el cargo de sumiller) y lo había colmado de honores hasta otorgarle el propio título de duque de Medina de las Torres. Elliott sostiene que "el conde duque se mostró hostil a la boda sintiéndose ofendido por la insubordinación de un jovenzuelo al que había sacado de la nada y al que quería mantener a su lado", pero, a pesar de todo y con muchos recelos, admitió la sustitución del conde de Monterrey por su estimado yerno.

Las discrepancias entre el conde duque de Olivares y el duque de Medina de las Torres se manifiestan en los prolegómenos de su entrada como virrey, ya que desde el verano de 1637 el duque se hallaba en las proximidades de Nápoles (llegó a vivir en Posílipo y hasta llegó a entrar en carroza a la misma ciudad para dar un paseo, mientras el conde de Monterrey seguía siendo virrey, en una clara demostración de hostilidad) pero sin poder cumplir con su voluntad de tomar posesión definitiva. Con todo, es necesario consignar que las cartas del duque de Medina de las Torres al conde duque durante el periodo de su virreinato permiten explicar (y así lo hace Elliott en la última parte de su libro sobre el valido) la desastrosa falta de respuesta de Olivares ante las advertencias del virrey acerca de las excesivas cargas impositivas, las frecuentes protestas de los nobles napolitanos y la necesidad de reducir los gastos bélicos para frenar la crisis económica y social evidente de la monarquía.

130   Este pequeño excurso resulta obligatorio para explicar el por qué de la disposición del libro de *Parténope Ovante*, dedicado al conde duque, pero centrado en la glorificación de la llegada del duque de Medina de las Torres a Nápoles. Podría parecer convencional la exaltación de la familia de los Guzmanes, pero, teniendo en cuenta los roces previos, no deja de constituir una especie de propaganda de uso más interno o íntimo para contentar al conde duque o, al menos, para menguar los recelos del privado de Felipe IV.

Se trata de cincuenta octavas reales que describen el paso de las personas que protagonizan el desfile del virrey, presentado como un rayo que baja en forma de serpiente y metaforizado en la diosa Astrea, la diosa de la verdad y la virtud, "dando al suelo / anuncio de victoria evidente/ y con la voz horrible en fuego abierta/ la dormida Parténope despierta". La presencia del virrey, comparado y equiparado al mismo sol, con todo el repertorio semántico alusivo a la luz, el fuego o el esplendor, ocupa las primeras octavas. Aparecen luego nombrados los *ciencontinuos*, la guardia real a caballo, que lo anteceden; detrás de él la nobleza a pie, doscientos guardias más, "de adornos más lustrosos", y los togados de los distintos tribunales de la ciudad. La descripción incluye a partir de aquí algunos nombres propios, como el marqués de Alcañices, Álvaro Enríquez de Borja, capitán general de las galeras de Nápoles, o a "Villanueva gentil" (probablemente Jerónimo de Villanueva, que aparecerá en el poema de *El sol vencido* como organizador de los saraos), que le sigue a pie. A Diomedes Carafa, duque de Maddaloni, que más adelante en 1642 se opondrá al aumento de los "donativos" obligatorios del virrey, le dedica media octava, con tonos heroicos: "cuya suerte/ una tropa gobierna, que reparte/ al mundo asombro, emulación a Marte". Francisco de Vargas, el príncipe de Ascoli -Maestre de Campo- y un tal Campusano son los citados antes de que aparezca Anarda, nombre con que figura en esta relación encomiástica la virreina doña Ana y justo antes de que describa el pasaje de la comitiva desde Nápoles hasta Posílipo por la ribera de Chiaia, con toda la mitología marina (Tetis y las ninfas del agua) contemplando la escena. No debe olvidarse que el célebre Palazzo de Donn'Anna, aún en pie, si bien algo ruinoso, sobre las aguas de Posílipo, uno de los lugares más conocidos de Nápoles, fue construido precisamente como casa de recreo por el duque de Medina y su esposa Ana de Carafa.

La entrada en palacio, acompañada del sonar de los clarines y de los estruendos de los fuegos voladores, aparece figurada con toda la iconografía napolitana del Neptuno y del Vesubio como compañías. La aparición de la virreina conduce el relato hacia la Sala Regia del Palazzo Reale, donde se celebra un baile extraordinario:

En una Sala Regia se convoca
la belleza, por templo de hermosura,
cuya suprema cumbre el cielo toca
con él reciprocando su luz pura
a festivo certamen se provoca
beldad, que el hado eternizar procura
con juventus, que en mudos movimientos
formen en quiebras métricos concentos.

De rubíes, diamantes viva lumbre
brotan los pechos de las damas bellas;
el techo flecha trémula vislumbre
brillante emulación de las estrellas.
De colores diversa muchedumbre
reparte de las telas las centellas
con tan alegres visos que parece
que el día en varias formas amanece.

El baile es descrito con una particular delectación, que cabría considerar erótica:

Los galanes con una y otra aurora
asiendo arpones de animada nieve
al dulce son de cítera canora
alternan con donaire el paso leve.
El sol, que en su nadir los montes dora,
tan grande aplauso suspender se atrever
que el gusto no limita al pasatiempo,
si no le pone términos el tiempo.

La fiesta se prolonga, pues, durante la noche y durante varios días, tras la cual el virrey irá a cumplimentar en la iglesia su compromiso con la ciudad: las últimas octavas explican esa especie de contrato con Nápoles, con una última estrofa puesta en boca del propio virrey que proclama su juramento:

Irá a prestar la fe, que la palabra
en las aras celestes ratifica
y en láminas del alma efectos labra
que divina constancia fortifica
y porque a su deidad las puertas abra
al templo Catedral su curso aplica
donde dedican al etereo coro
alabanzas en número sonoro.

Dixo, cuando Parténope levanta
su frente coronada de azucenas
y postrado Pusílipo a su planta
sus flores derramaba a manos llenas,
Astrea, que a su imperio se adelanta
de la ciudad renueva las almenas
porque con el favor del nuevo Marte
en ellas enarbole su estandarte:

„¡Oh dichosa ciudad, a quien la suerte
se muestra en los trofeos más propicia,
que enemigo mortal puede ofenderte
si el amor te defiende y la justicia
triunfa de los amagos de la muerte,
pues que te ampara angélica milicia,
porque siempre dilata el buen gobierno
a la conservación su curso eterno.

El poema lleva al comienzo un soneto de Isabel Henríquez, mujer que para Mercedes Blanco debió de ser la poeta famosa del entorno madrileño citada por otro poeta criptojudío Miguel de Barrios, y que tuvo que exiliarse, por la misma condición de judía, a Amsterdam en 1635.

Príncipe del Parnaso, que de Apolo
los números cifraste en breve suma,
el fénix solo te prestó su pluma
porque quedes al mundo ejemplo solo.

A tu nombre levanta Mauseolo
la fama, a quien el tiempo no consuma
y porque el eco en glorias se resuma
con cálamo de luz lo escribe el polo.

Tú dedicas la palma merecida
a Parténope Ovante, que retrata
en sí la eternidad que previenes.

Ella planta en su seno agradecida
otro nuevo laurel, no Dafne ingrata
para tejer coronas a tus sienes.

El segundo de estos poemas, *El sol vencido*, está dedicado a Ana Carafa, virreina de Nápoles, duquesa de Medina de las Torres, que aparece en el interior del poema como Anarda. En el prólogo, firmado el 20 de abril de 1639, Silveira se jacta de la incomprensión de su estilo entre sus lectores: "bástales por castigo no entenderlo, como ellos mismos confiesan, que a mí me sobra por premio que los doctos lo aplaudan y que V. E. lo ampare". La composición está ligada de forma estricta a las fiestas organizadas en Nápoles en honor del nacimiento de la hija de los reyes Felipe IV e Isabel de Borbón, María Teresa de Austria. Sánchez (2017) resume con mucho detalle la relación del impresor Egidio Longo, que contiene, entre otras cosas de interés, pasajes de las comedias representadas, una ilustración de la virreina con máscara y una antorcha en la mano, así como curiosos croquis desplegables de las distintas mudanzas del baile. La fiesta duró los tres días del carnaval de 1639, como se indica en la relación, aunque la infanta había nacido en otoño de 1638. El poema de Silveira atiende a exaltar la fiesta del último día, celebrada en primer lugar en una sala del Palazzo Reale, acompañada de una *giostra* en las inmediaciones del palacio, tal vez en el habitual Largo del Castello. Fiorelli (2008), que ha estudiado con mucho detalle la figura excepcional de Anna Carafa, escribe al respecto: "È il caso del ballo in maschera tenuto a Palazzo nel 1639 ricordato come un evento memorabile anche oltre i confini del Regno".

La composición, ochenta y dos octavas reales, describe, pues, esas dos partes de la celebración. La primera muestra el aparato escenográfico montado en la sala: la relación menciona un globo terráqueo, un Mundo Nuevo, de 40 palmos, unos diez metros de diámetro, mientras Silveira cree imaginar un templo con cuatro puertas, cada una de las cuales representa los cuatro puntos cardinales. Las primeras octavas dan voz a la fama que describe el esplendor de ese globo, poblado de elementos mitológicos y cosmológicos. De ese globo saldrá Ana Carafa, Anarda, la duquesa de Medina de las Torres, con el rostro vendado en forma de máscara, acompañado de otras 23 damas de la corte: tanto la *Relatione* como el texto de Silveira coinciden en la lista de las asistentes, incluso con un parecido orden, lo que permite sugerir la posibilidad de que fuese el propio Silveira el redactor de la relación. El descenso del globo continúa con una danza, y con un ceremonial, en el que Anarda, vestida a la manera de Diana cazadora, se quita la máscara y descubre su rostro delante del virrey que se levanta a darle la mano, en medio del aplauso de la multitud que contempla la cuidada escena.

La *maschera* da paso en el poema de Silveira a una parte algo confusa en la que, al parecer, se describen dos espectáculos teatrales: la comedia *El príncipe de la Estrella* y *El rapto de Europa*. La relación habla de ambas obras, pero fueron representadas en días distintos. De la primera dirá que fue "parto di tre famose penne spagnuole, animata dall'orditura e intrecci di una vaghissima traccia" y añadirá que "le mutationi, le compariscenze e le macchine la divisarono per cosa ammirabile". Tanto en la relación como en el poema se menciona a Antonio Gual (junto al marqués de Montealegre, organizador de los saraos) como director de la puesta en escena de ambas obras y adaptador del texto para los que llama "recitanti napoletani". En el poema se lee: "al docto Gual también demanda/el marqués que desate la perene/ fuente de su saber alto y profundo/ porque el robo de Europa admire el mundo" y en la relación: "divison

134

ne la traccia e orditura il fecondissimo ingegno del dottor Antonio Gual". Se trata del mismo Antonio Gual que firma la aprobación del *Parténope Ovante* y el autor de dos largas composiciones, *La Oronta* y *El Cadmo*, que luego serán analizadas. La obra primera tiene que ver con una ambientación siciliana, ya que aparece mencionado aunque con notables perífrasis enigmáticas la figura del gigante Polifemo, justificada correspondencia política, que se explicita en la *Relatione*, por el anterior destino del duque, pero también por el señor Francisco de Melo que a la sazón ocupaba el virreinato siciliano y que parece estar de visita en Nápoles en aquel momento.

La segunda obra, sobre el rapto de Europa, que en la relación fue representada el segundo día, aparece descrita en sus detalles escenográficos por parte de Silveira, pero el narrador de la relación hace notar la conversión del episodio heroico primario en plenamente jocoso: "data in preda de' recitanti gratiosi e burleschi, che conditala col riso e con suoi scherzi la fecero più saporita e più confacevole alla allegrezza ancora del Carnevale": "Superbissime machine", "ricchissimi sogli", "grandi e imperiosi apparati", "scene volanti e d'improvise compariscenze arrivar un fatto scherzoso", estas son las observaciones del narrador de la obra, que destaca el contraste del extraordinario despliegue espectacular con la naturaleza carnavalesca y ridícula de acciones y personajes. En el poema de Silveira, las connotaciones burlescas no aparecen, lo que invita a pensar que el poeta portugués destina su composición a quien conoce o a quien ha visto ya la obra. El consumo interno parece más que evidente en este aspecto.

La parte final del poema remite a la parte también última de la relación, a lo que aparece rotulado como la *Giostra dell'Eccellentissimo Signor Vicerè*. En el poema, la representación teatral en medio de la plaza deja lugar a la llegada de los intervinientes en la justa, con sus dos indumentarias: la negra y blanca, del virrey, y la contraria, de azul y rojo.

> Mas ya aparecen de una y otra parte
> los bandos defendiendo sus colores:
> Ramiro, Numa en paz y en guerra Marte,
> del negro y blanco, sombras y esplandores.
> Ramiro generoso, que reparte
> niebla a la noche, al día resplandores.
> Toma por timbre con que al mundo alegra
> el caballero de la lanza negra.
>
> El bando opuesto con lucido adorno
> primero ocupa el circo limitado,
> ya circundando el bélico contorno,
> ostentando lo azul y lo encarnado.
> Los atabales dan la vuelta en torno

al sitio alegre a Palas dedicado;
los valerosos pechos inquieta
el animado son de la trompeta.

En la relación se especifica que los bandos proceden del palacio de Gravina, en Pizzofalcone, y bajan hacia la via Toledo para encontrarse en la plaza delante del Palazzo
Reale, pero no aparecen citados en ese punto los participantes: solo se indica que
son los mismos que bailaron el primer día de las fiestas. Así, el autor del *Poema* vol-
verá a citarlos, casi con el mismo orden con que aparecen varias páginas atrás en la
Relatione, con un esquema *ad hoc* de la disposición de las cuadrillas. La composición poética concluye de manera algo abrupta, sin el epifonema de los otros poemas
heroicos, como si el compromiso de dar cuenta del espectáculo se apoderara de la
misión laudatoria: las últimas octavas recogen los logros del virrey en la justa, pero
no se cierra con el encomio esperable:

Renuevan otra vez marcial palestra
alternando en sus fines las mudanzas;
cada uno alienta su robusta diestra,
escureciendo a Marte confianzas.
Ramiro, que el valor del pecho muestra,
quiebra en el estafermo cuatro lanzas:
los trozos que región del aire ofenden
en alas de los vientos se suspenden.

Ya uno y otro en prestos movimientos
quiebra su lanza con que al mundo asombra
y las hastas tejidas con los vientos
ofrecen a la tierra opaca sombra.
Si caen en remotos pavimentos,
sirven al suelo de triunfante alfombra
dixo, y, formando el aire nube densa
muda, la admiración queda suspensa.

El poema de Silveira no es, en propiedad, una relación informativa, pero, con la vertebración reducida de una narración festiva que duró varios días, el locutor lírico
procura ensalzar la belleza y el esplendor de todos los festejos. El texto de Silveira
ejemplifica como ninguno la literatura oficial, la destinada al agasajo y la celebración
del poder en Nápoles y permite ver la sólida vinculación de la imprenta con el aparato
de fiestas conmemorativas. La exhibición del imperio dinástico, a través de la figura
omnipresente del virrey, en cuerpo vivo, protagonista indiscutible del espectáculo junto a la virreina, se prolonga con la publicación de la narración y descripción de tales
eventos. La exaltación efímera no concluye hasta que se ve plasmada en cuadernos
impresos, dispuestos a difundir y perpetuar la fortaleza y magnificencia del virrey. Tal

vez no sea muy amplia su difusión, pero, al menos, la ciudad partenopea custodia la memoria, como en las inscripciones de las fuentes, de los dinteles de las puertas o de los muros, de la omnipresencia del poder hispánico.

136 Miguel de Silveira (o Silvera, en su opción castellana) responde a esa consideración del poeta encomiástico de corte, exaltador a sueldo del poderoso, pero, por otro lado, pertenece al siempre frágil mundo de los *marraos* portugueses, del sefardismo más o menos oculto, siempre perseguido, que, con asiento principal entre Lisboa y Ámsterdam y con ramificaciones ocasionales en Livorno o Venecia, encuentra en Nápoles y en la casa de los Guzmanes un refugio provisional. No deben ser olvidadas en este contexto las polémicas abiertas con la decisión del conde duque de Olivares (de la misma casa nobiliaria) de recurrir a los judíos portugueses para sufragar financieramente las empresas de expansión imperial en Europa. Los textos antijudíos de Quevedo son la muestra palmaria de ese ambiente hostil, dirigidos hacia el partido olivarista (los Guzmanes, en general), proclive a una cierta tolerancia con los grupos de banqueros y prestamistas hebreos.

La biografía de Silveira suele aceptar un giro en su vida a partir del año ya comentado de 1635, lo que le obliga a huir de España y a establecerse en un lugar más transigente con su condición de perseguido. En Nápoles halla cobijo, con la práctica de la medicina, pero también con su habilidad para la composición poética, de larguísimo aliento, de naturaleza plenamente encomiástica, al servicio indudable de la corona hispánica.

De forma paralela a la figura de Miguel de Silveira transcurre la de Antonio Gual, antes citado. De su biografía se conoce su origen mallorquín, su condición eclesiástica, su presencia en la corte madrileña en contacto con los principales autores del momento y su llegada a Nápoles de la mano del mismo duque de Medina de las Torres como secretario. La vuelta a España, al término del gobierno del duque, le lleva a ocupar distintos cargos políticos en Palma de Mallorca hasta su muerte en 1655. Posee una obra extensa y variada que Gerónimo Rosselló detalla en su rigurosa publicación de *Poetas baleares. Siglos XVI y XVII*. Entre ella se hallan dos textos publicados durante su permanencia en Nápoles: *La Oronta* y *El Cadmo*, ambos poemas narrativos escritos bajo la fórmula métrica esperable de octavas reales. No hay muchos estudios sobre el poeta o sobre tales composiciones, pero algunos aspectos contribuyen a comprender mejor el ambiente creado alrededor de la corte del duque de Medina de las Torres.

En el primero de estos poemas, *La Oronta*, impreso en 1637 en la imprenta de Egidio Longo, aparecen unos extensos paratextos, firmados por muchas de las personas que aparecen citadas en las relaciones de celebraciones napolitanas al lado del virrey, lo que demuestra que alrededor de los años 1637 y 1640 se constituye un ambiente literario muy prolífico y muy entregado a la exaltación mutua de carácter público. La composición cuenta, entre los poemas encomiásticos preliminares, con sonetos del marqués de Montealegre, de don Gerónimo Casanate (regente de la Vicaría), décimas de Jerónimo González de Villanueva u otro soneto del propio Silveira, nombres propios que forman parte del grupo que organiza los festejos palaciegos, incluso con la composición de algunas obras dramáticas. El poema está dedicado a Anna Carrafa, la repetida Anarda que aparece en los textos de Silveira. Las tres primeras octavas están a ella dirigidas, con el *topos* de las dedicatorias garcilasianas de solicitar que se abandone el ejercicio de la caza para escuchar la narración: resulta insólita la petición, aunque no está de más recordar que en la relación de los festejos, la virreina hace las veces de Diana o de diosa cazadora, y aquí también se la presenta de igual manera en la segunda octava:

> Si pudo de la caza la fatiga
> aconcederla treguas inclinarte
> o la razón a suspender te obliga
> las honras de la muerte que reparte
> en verde rama al colorín la liga
> y el plomo al jabalí, en sangriento Marte;
> trueca el prado de flores matizado
> por la quietud de tu dosel bordado.

El poema posee los ingredientes habituales de un relato bizantino, protagonizado por Oronta, una joven napolitana que, al despertar en una cueva, advierte que su amado Ardenio con el que ha pasado la noche, ha desaparecido y comienza a pensar que ha sido burlada. En su camino por encontrarlo se topa con un gran edificio en el que vive un hombre anciano con una mujer que se llama Irene, a la que Oronta contará su enamoramiento, estrofas 52 y 53 del poema:

> Donde tranquilo el mar napolitano
> a Parténope erige mauseolo
> y venera deidad con culto vano,
> vi la primera vez del claro Apolo
> de luz ceñido el rostro soberano.
> Nací de padres nobles, pero solo
> para que de mi sangre en los candores
> mejor se divisasen mis errores.
>
> Pues del lustro tercero de mi vida
> llegué a tocar el límite postrero
> apenas que del hado compelida,
> sino de un falso trato lisonjero
> al repetido batallar rendida,
> blanco mi pecho fue de arpón severo,

de los ojos de Ardenio despedido,
que fue de mi valor mal resistido.

138 Le confesará la razón fundamental de su huida: el accidente de la pistola que se dispara sin querer mientras ambos amantes se hallan en el jardín de la casa de Oronta. El estruendo alerta a la familia y, por evitar la explicación de tal situación en apariencia deshonesta, ambos jovencísimos amantes deciden escapar y pasar la noche juntos. La inquietud de Oronta por encontrar a Ardenio le hace continuar camino hasta llegar al mar: desde la orilla ve tres barcos y cree ver en ellos a su amado. Pero se trata de tres embarcaciones turcas que la apresan. Oronta, desesperada, aprovecha un descuido para plantar fuego a la sentina del barco y hacerlo explotar con una mecha. El barco queda destruido y ella se salva gracias a dos tablas que la conducen hasta la orilla. En la playa es recogida de nuevo por el viejo e Irene que la llevan a su casa. Allí, al cabo de un breve espacio de tiempo, llegan unos pastores a cuyo frente aparece Ardenio, que había sido apresado por los turcos que mueren en la explosión. El reencuentro concluye con el compromiso de matrimonio entre los dos amantes, al fin reunidos.

El lenguaje del poema es de un gongorinismo palmario, en léxico, en sintaxis e incluso en *dispositio*, en lo que se refiere a la alternancia de pasajes descriptivos, relativo al paisaje o a la indicación de las horas o del tiempo en que suceden los hechos, y pasajes narrativos, en los que no falta algo de enigma y predisposición para la sorpresa. El *Polifemo* parece su inspiración principal, quizá por el ambiente marino y lo intrincado de las selvas por donde camina la protagonista, pero el encuentro con la casa o con el viejo rememora la peripecia del *viator* de las *Soledades*. A pesar de ello, en la dedicatoria a Anna Carafa, Gual dice escoger "un estilo dulce y llano, no por sobradamente crespo escabroso, pues no fuera razón cuando intento hacerla una lisonja, negociarla una fatiga; respondiendo tan desigualmente a las primeras honras que V.E. hace a la lengua castellana". Más adelante le sugiere (en un pasaje algo confuso) que "cuando esté (el duque?) con la duquesa, mi señora, la lea alguna de sus damas *La Oronta* que con esta le remito". Sánchez (2017) cree deducir de estas palabras que las octavas pudieron ser escritas para el aprendizaje del español. Pueden ser deudas del proemio, porque parece difícil como ejercicio para el conocmiento del idioma. De hecho, en el texto de *El Cadmo* dirá lo mismo al duque: "bien puede, pues, y aun debe V. E. remitir los cuidados y negándose a la fatiga, concederse a sí mismo un buen rato, permitiendo que alguno de sus criados le lea la prodigiosa fábula de Cadmo que he escrito con particular advertencia".

No obstante, la peculiaridad puede hallarse en la perspectiva de la heroína amorosa y, en cierto modo, en la presencia de elementos violentos en la trama narrativa, pautada con dos momentos en que el fuego de la pistola y el de la pólvora en los barriles del barco deciden el rumbo de su vida. Lo que es indudable, dada la estricta cercanía entre emisores y receptores del relato, es que un texto de estas características constituye el modelo estético por esos años en Nápoles, la moda literaria que satisface al ambiente en el que nace, desarrolla y tal vez, sin mayores pretensiones ulteriores, muere.

El otro poema, de naturaleza mitológica, aborda la historia de Cadmo, el hermano de Europa. Rosselló afirma que es la primera vez que ese mito es recreado en la literatura española y es parecer que se repite en otras consideraciones. La composición aparece en la imprenta de Egidio Longo, en marzo de 1639, justo en el momento en que se celebran los actos de celebración de la hija del rey Felipe IV durante los carnavales de ese año. La historia de Cadmo no es de las más habituales, pero no es inconveniente pensar que tal vez el Secretario del virrey quisiera apuntar alguna analogía entre el héroe mitológico y el duque de Medina de las Torres. No es inoportuno recordar que una de las comedias representadas en los festejos carnavalescos de 1639, si bien en modo jocoso, fue la de *Il rapimento de Europa*, que, como se ha apuntado, fue escrita por el propio Gual, según Longo, en "verso eroico" y traducida a lo jocoso para que los cómicos italianos pudiesen lucirse. Cabría pensar que el poema surgiese de la familiaridad con el relato mitológico, a pesar de que ambos presentan naturalezas genéricas distintas. En cualquier caso, *El Cadmo* y esta máscara jocosa que fue en principio más heroica, por razones cronológicas, pueden y deben considerarse juntas. Longo en su relación de la fiesta llega a insinuar la analogía política entre el relato de Júpiter y Europa y el nacimiento de la infanta: "tornò bene in acconcio della novella Infanta, che congionta un giorno a qualche gran Giove, potrà dare non men la felicità che il nome d'Europa".

El papel de la figura de Cadmo podría revelarse interesante desde un punto de vista político. Cadmo es un mito fundacional: el de la ciudad de Tebas. Se ve obligado por su padre a la búsqueda de Europa, su hermana, en una especie de exilio. En su camino se encontrará una serie de obstáculos de los que sale, como héroe, vencedor: la muerte del dragón es la más célebre y la que justifica su presencia en las *Metamorfosis* ovidianas, fuente principal del relato. Son precisamente los versos finales de su narración los que pueden permitir la correspondencia con el gobierno del duque de Medina de las Torres, pues él mismo se casa con una mujer napolitana y logrará que su exilio (su presencia en Nápoles) sea feliz y que Nápoles renazca y se vuelva a fundar con su virreinato:

> Iam stabant Thebae, poteras iam, Cadme, videri
> exilio felix: soceri tibi Marsque Venusque
> contigerant; huc adde genus de coniuge tanta,
> tot natos natasque et, pignora cara, nepotes,
> hos quoque iam iuvenes; sed scilicet ultima semper
> exspectanda dies hominis, dicique beatus
> ante obitum nemo supremaque funera debet.

140

La narración de un mito de esta especie nunca es inocente y es muy posible señalar ciertas claves interpretativas, nacidas, como en este caso, al comienzo del mandato, cuando la iconografía del proyecto virreinal está por construirse. Apunto por curiosidad o coincidencia la fecha del cuadro *Cadmo y Minerva*, expuesto en el Prado y destinado a la Torre de la Parada, una residencia de Felipe IV, pintado entre 1636 y 1638 por Jacques Jordaens sobre supuesto boceto de Rubens. El asunto político es más que evidente y puede presentarse como *exemplum* del príncipe en épocas de agitación evidente, ya que se muestra un esbozo de guerra civil y la actuación de Cadmo en tal caso: la guerra con Francia y los indicios de un malestar creciente entre los distintos territorios de la monarquía hispánica pueden ser las referencias inmediatas. La conclusión del relato mitológico, con la fundación de una nueva ciudad, de una segunda patria, debe ser tenida en cuenta como sugerencia política y propagandística para el Virrey de Nápoles.

Antonio Gual seguirá escribiendo y publicando poesía a la vuelta de Nápoles con parecidos mimbres mitológicos, como el *Marte en la paz* (Palma, Gabriel Guasp, 1646), en el que narra el desarrollo de una justa, y el romance, *El ensayo de la muerte*, que apareció en 1650 en la misma imprenta mallorquina y que luego pudo leerse en la colección *Delicias de Apolo* de 1670 en ediciones simultáneas en Madrid y Zaragoza. No fue poeta desconocido, pero sus imitaciones gongorinas, tan fieles, pudieron haberle pasado factura en su posterior olvido. En el siglo XIX aparece en catálogos poéticos como el citado de Rosselló, para desaparecer por completo de la bibliografía crítica en los siglos XX y XXI. Es significativo que Gallardo incluyese a Gual y a su obra en su catálogo de libros raros y curiosos: desde 1862 no ha logrado superar esa condición porque aparece de forma marginal en los estudios de la poesía del siglo XVII.

Esta rémora histórica del gongorinismo ha hecho que no se haya prestado demasiada atención a la producción de ambos poetas. Sus largas composiciones, de verso heroico, escritas en un periodo de tiempo relativamente corto, deben ser consideradas como una muestra muy sobresaliente en el contexto cortesano de Nápoles, con el complemento adicional de los varios espectáculos representados por esas fechas. De marzo de 1637 es *La Oronta*, de Gual, dedicada a Anna Carafa (que aparece como Anarda), princesa napolitana casada con el duque el año anterior, en un hecho sin precedentes por tratarse de la primera virreina no de origen español, algo casi vedado en la gobernanza napolitana. De febrero de 1638 es la dedicatoria de *El Macabeo* de Silveira a ambos virreyes, en la que se incluye un libro entero de glosa encomiástica al cargo de virrey y a la familia nobiliaria de Ramiro Guzmán, el duque de Medina de las Torres. La *Parténope Ovante* del mismo Silveira es de ese mismo año de 1638, dedicada al conde duque de Olivares, pero con el duque como principal protagonista. *El sol vencido*, de Silveira, de 1639, narra y exalta los festejos del carnaval cortesano de ese mismo año presentado como homenaje a la nueva Infanta, nacida en Madrid en septiembre de 1638. En los espectáculos que se narran aparece citado, como *factotum* literario de una de las comedias representadas, *Il rapimento de Europa*, el propio Antonio Gual, quien, en el año de 1639, verá publicado su poema mitológico sobre Cadmo, figura relacionada muy estrechamente con la de Europa y ambas con una indiscutible pero no del todo clara significación política. En estos dos años, pues, la literatura encomiástica y heroica, con Góngora como instrumento lingüístico en forma de koiné conceptista, ocupa el terreno poético de la corte de los Guzmán, entre el año 1637 en que entra hasta el de 1644, cuando es despedido de forma no precisamente espléndida.

Vida de Estebanillo González (1646).

El género picaresco presenta una trayectoria larga y compleja. Los libros del Guzmán, antes estudiados, publicados al comienzo del siglo XVII, conectan por vía napolitana con uno de los que se publican mucho después: la *Vida de Estebanillo González* de 1646. Ahorro en este extremo las dudas sobre la autoría y, en particular, la existencia de un Estebanillo González responsable de su propio relato, aunque alguna de las investigaciones en relación con Nápoles podrían arrojar datos sustantivos al respecto. En el caso de este libro, la ciudad acaba constituyendo una referencia constante, ya que el protagonista entra y sale con frecuencia de ella. No se olvide la condición de "gallego enjerto en romano" que exhibe el narrador a cada momento, lo que le permite situar su centro biográfico en Italia. Nápoles, en ese contexto, representa siempre una salida ocasional a un episodio malogrado, casi siempre de paso, pero que funciona como refugio o lugar de convalecencia.

La primera vez que llega el protagonista a Nápoles viene en falúa desde Palermo. Apenas desembarca, se dirige de noche hacia la Puerta Capuana por donde sale para ir a Roma a la mañana siguiente. Después de hacer en la ciudad romana de barbero (oficio que en términos amplios constituirá su *status*) vuelve a Nápoles, para pasar una temporada. Los elogios a su belleza remiten al tópico ("por renombre la bella"). En Nápoles se instala en el hospital de la Real Casa de san Giacomo degli Spagnoli, el ya mencionado conjunto asistencial construido para los españoles en la ciudad en torno a la Iglesia que mandó construir Pedro de Toledo entre el Largo di Castello y la propia vía que lleva su nombre; así lo define el narrador: "auxilio y amparo de las de esta nación y edificio suntuoso". Allí intentará hacer de barbero/cirujano, con la práctica de sangrías, sin demasiado éxito. Resulta interesante comprobar, como señala Schmitz (2016), que los nombres citados de los médicos y cirujanos correspondan a personas reales de aquel momento y que ciertas técnicas aparecen consignadas en los libros de medicina contemporáneos. En la edición de Carreira-Cid (1990) se adjunta documentación al respecto: Folla era "cirujano mayor del hospital de Santiago en Nápoles hacia 1623. Consta que ya ejercía ese cargo desde antes de 1620, en una orden de Felipe IV al virrey" y el doctor Cañizares, que también aparece citado, "vivía aún en 1637 y seguía desempeñando su carga, según se documenta en carta de un doctor Pascual López Coronel, que aspiraba a sucederle". En este espacio, descrito con intenciones de veracidad, su condición de necesitado le lleva a robar a un estudiante que pena sus últimos días en una cama del hospital (en una escena de evidente sabor macabro) con cuyo dinero decide irse a Milán.

En Milán también pasa poco tiempo y vuelve de nuevo a Nápoles y también al Hospital, donde es de nuevo recogido. Viaja a Palermo a recoger la poca herencia que le lega su padre y regresa a Nápoles de nuevo como desterrado: "sacándome fuera de las puertas de Palermo, encamíneme a Nápoles y, escarmentado de la causa de mi destierro, me junté así que llegué con una tropa aun peor que la referida". En esta ocasión, la presencia de la ciudad se hace más evidente, pero siempre dentro del ambiente español definido por la soldadesca: a la mención del hospital se le añade la constante del Cuartel Español, el *quartiere*, las casas construidas por el Virrey Pedro de Toledo para albergue de las tropas. Alguna nota costumbrista ("fuímonos a bañar un día al muelle") y de ambiente delictivo ("queriendo dar garrote a una reja") precede a la instalación algo más permanente en la ciudad: sienta plaza de soldado a caballo. No falta la descripción del mundo de buscones y la referencia a la famosa taberna del Cerriglio, Chorrillo, o a ciertas zonas cercanas al puerto, en general aquellas en las que los españoles parecen moverse en Nápoles.

> Estábame siempre muy de asiento en Nápoles, buscaba soldados para mi com-pañía, dábame mi capitán a dobla por cada uno, los cuales embaucaba y daba a entender para conducirlos dos mil embelecos y otros tantos al capitán para enca-recerle la cura y el trabajo y gastos aun no imaginados del oficio de la correduría, con que, demás de quedar agradecido, añadía nuevos socorros a lo capitulado. Íbame los viernes y los sábados a la marina, donde por aprendiz de valiente esta-faba a la mayor parte de los pescadores; traía alborotado el cuartel [quizá Cuartel] con trapazas y enredadas sus damas con tramoyas y cansadas sus tabernas con créditos y el Chorrillo y guantería con fianzas de suerte que de todos me hacía conocer y con todos campaba y a todos engañaba.

No del todo contento con la ciudad, que vive entre mancebías, hurtos y movimientos delictivos, se marcha una buena temporada.

Vuelve más tarde, doce años después (capítulo once) desde Liorna (Livorno), con la flota de la marquesa de los Vélez, que va como virreina a Sicilia. Paran las naves en Púzol, Pozzuoli, donde vive el Virrey, el duque de Medina de Rioseco. De allí regresa al Cerrillo y al Cuartel y lo encuentra cambiado todo. Es este pasaje uno de los más interesantes, ya que observa que la belleza de Nápoles sigue siendo la misma, pero los rostros de las personas que había conocido ya no son los mismos: se trata de un pasaje lleno de reflexión moral sobre el paso del tiempo, ejemplificado en las prosti-tutas y en los hombres de la corte. Es el paso desde 1632 hasta 1644:

> Acogime a mi nuevo retiro de Nápoles, al cual hallé tan fértil y poderoso como lo había dejado, pero todos los amigos y conocidos y paraderos tan trocados que me causó admiración y asombro. Fui a visitar la taberna principal del Chorrillo y hallela tan diferente y tan en bajo estado que llegué a dudar si era aquella la misma que ser solía. Fuime al cuartel de los españoles [*Quartieri Spagnoli*], el cual hallé tan desierto que parecía sombra de aquello que había sido. Supe en él cómo todos mis camaradas que se sustentaban de ser desfacedores de tuertos y agravios de damas de alta guisa, de hacedores de paces y alborotadores de pen-dencias, estaban unos muertos en desafíos, otros huídos, otros en galeras y otros ahorcados. Fuime a entretener con las damas, adonde acabé de ver la mayor mu-

144

danza que pueden contar las historias pasadas, porque las que dejé bisoñas estaban ya jubiladas; las que eran mozas y ollas las hallé viejas y coberteras; las que había dejado en el amago de la senectud las hallé pasando plaza de hechiceras y brujas, y primera, segunda y tercer vez subidas en azotea y residentes en Corazaín. Consideré cuán breve flor es la hermosura y con cuánta velocidad se pasa la juventud y cuán a la sorda se acerca la muerte, y qué de mudanzas hay de un día para otro; por lo cual no me espanté de hallar, en el tiempo de doce años que había que faltaba de aquella ciudad, tanta variedad de mudanzas y tanta diversidad de acaecimientos, y más en gente que vive muy de priesa y ellos mismos, como la mariposa, solicitan su fin.

La reflexión sobre el paso del tiempo podría llevar implícita alguna observación sobre la decadencia de la presencia española en Nápoles. Marcha de Nápoles durante el comienzo del virreinato del conde de Monterrey y vuelve justo cuando se produce la marcha del duque de Medina de las Torres en 1644. En Nápoles, en este regreso, no pasa demasiado tiempo, ya que aprovecha la preparación de la flota de vuelta del virrey saliente para irse con ella. El periodo que domina el duque de Medina de las Torres coincide con una época de tensión política, propiciada por una carestía notable de los bienes esenciales y por una creciente imposición para sufragar los gastos del decidido impulso bélico asumido en el centro de Europa con la guerra de los Treinta años y, por tanto, para alimentar toda la energía imperial de los Austrias en el marco europeo. Es muy posible que la descripción de los lugares principales del bullicio soldadesco y prostibulario, desiertos y cambiados, corresponda con este estado de cosas, por otro lado, anunciantes de la ulterior revuelta de Masaniello en 1647.

La marcha con el virrey a España queda interrumpida, porque decide quedarse en Italia y visitar varias ciudades. Regresa a Roma y desde allí vuelve a Nápoles en una falúa que toma en Ripa Grande, el muelle principal del río Tíber. La llegada a Nápoles por mar coincide con la preparación de otra flota, esta vez de "veinticinco bajeles para hacer viaje a España a llevar gente de guerra levantada en aquel reino, de lo cual me holgué en extremo por llevar en ellos asegurada mi persona y muebles". No solo Nápoles nutre la economía habsbúrguica para luchar en Europa, sino que destina esfuerzos militares, en tropa armada, a los conflictos abiertos en la propia península, en particular en Cataluña, en la última fase de la guerra iniciada en 1640. Estebanillo recoge ese momento con una mezcla de temor y de distancia, ya que decide eludir el posible compromiso u obligación de formar parte de la soldadesca y dedicarse al *dolce far niente* napolitano:

Embosqueme en aquel jardín de Italia y en aquel abreviado globo, gastando el tiempo que me detuve en él, hasta partir la armada, en oír comedias españolas y italianas, que son pasto del cuerpo y recreación del alma. Entreteníame en ver en el Largo del Castillo la variedad de montambancos y charlatanes, la poca venta de sus badulaques y la grande multitud de sus arengadas prosas y oyentes noveleros.

La ocasión le permite asistir a los fastos por la muerte de la reina Isabel de Borbón, a quien curiosamente dice escribir un fúnebre epitafio de dos octavas. Pasa por una temporada de efímera bonanza (entre gente noble de la ciudad, como el conde de Celano o el príncipe de Bisignano) y encuentra un negocio de conseguidor de favores sexuales con una mujer napolitana. Tras un breve episodio con ella, la relación se rompe (la abofetea) y vive huido dentro de la propia ciudad, lo que le lleva a embarcarse de nuevo dentro de una armada organizada "para rehacer con ella los ejércitos de España", al mando de Pedro de Arellano junto a otros personajes principales. El retrato patético del puerto napolitano desde el puente de la embarcación disuena en el relato jocoso y ligero de sus aventuras:

> Partimos de Nápoles con viento en popa y mar en bonanza, dejando llena la amenidad de aquella playa de madres que lamentaban por sus hijos y de casadas que lloraban por sus maridos y de solteras que suspiraban por sus amantes.

El regreso a España (en el libro duodécimo) le permite alegar su curriculum frente al mismo rey y lograr que le otorgue una casa de conversación y juego de naipes en Nápoles. Con ese objetivo, recorre toda Europa, con inicio en Pamplona, pasando por San Sebastián hasta llegar a Flandes, donde encuentra a Ottavio Piccolomini, la persona a la que dedica el libro para luego bajar poco a poco hasta Nápoles, en una decisión que Estebanillo González presenta como retirada definitiva, análoga a la del emperador Carlos V:

> Andándome paseando (…) me acordé de haber leído cómo en aquel mismo puesto [Bruselas, tal vez] el invencible Emperador Carlos Quinto, por hallarse enfermo de la gota y fatigado de los trabajos de la guerra, hizo renunciación de su imperio y reinos y se fue a Yuste a retirarse y tener quietud. Y queriendo aprovecharme de tan grandioso ejemplar, por verme enfermo del mismo achaque y fatigado de los trabajos de la paz y por ver que se me va pasando la juventud y que me voy acercando a la vejez propuse de abreviar con más eficacia para irme a retirar y a tener sosiego en aquel ameno y deleitoso Yuste de la gran ciudad de Nápoles, metrópolis de todas las grandezas, maravilla de maravillas, cuyos montes son dulce olvido de los hombres, cuyos campos son prodigios ostentosos de la naturaleza, cuyo celebrado Sebeto es emulación del Janto y competidor del Pactolo; su muelle, asombro del piramidal coloso; sus templos, desperdicios del de Efesia; sus príncipes y señores, símbolo de la lealtad, la congregación del valor, el centro de la nobleza, el sol de toda la Europa y la flor de toda la Italia.

Con este largo elogio de Nápoles (con buena parte de los tópicos de la *laus parthenopea*) concluye el relato de la vida de Estebanillo González, solo prolongado con un colofón fúnebre a la emperatriz María por haber sobrevenido su muerte mientras estaba dando término al libro en mayo de 1646. Las idas y venidas incesantes del protagonista obedecen a los impulsos que un hombre de inquietudes y deseos de medrar pudo haber encontrado en los territorios del imperio de los Austrias. Estebanillo González se aprovecha de los resortes políticos (militares y sociales) que el virreinato crea en Nápoles (en algo parecido a una colonización imperial) y acude con frecuencia para buscar amparo y oportunidad para recuperarse. En este sentido se parece a los Guzmanes, efímeros huéspedes del ambiente napolitano, pero Estebanillo añade a la memoria de su vida una melancolía singular, que puede ser enlazada con la percepción ya comentada de Cervantes. Su paso por Nápoles, en dos etapas distanciadas de su vida, le permitirá interpretar con cierta nostalgia las mudanzas del tiempo y reconocer, al final del relato, en Nápoles ese lugar de oportunidades que los españoles de su época quisieron imaginar.

146

Los Comentarios del desengañado de sí mismo (1646) de Diego Duque de Estrada.

Es impensable un libro sobre Nápoles sin el concurso de los *Comentarios* de Duque de Estrada. Se trata del testimonio más amplio sobre la vida en Nápoles escrito en lengua española. No ha tenido una fortuna crítica amplia, en parte debido a su discutida naturaleza genérica, a medio camino (más bien en tierra de nadie) entre la ficción narrativa de influencia picaresca y la relación verdadera de hechos más o menos contrastados de forma histórica. La vieja querella entre poesía e historia alcanza de lleno a discursos como este, sometido a una especie de verificación impensable para otros textos (véase el volumen coordinado por Carminati/ Nider, 2007, sobre esta cuestión teórica).

Como consecuencia de esta naturaleza híbrida, los estudios han girado de forma principal en determinar su estatuto de género. Ha importado más ubicar la narración en un marco de ficción o de documento histórico que en analizar con detalle su contenido. Los trabajos de Ettinghausen, que ha dedicado su investigación a los textos de estas características (autobiografías o biografías de soldados), y su extensa introducción a la edición moderna (1982) trata en exclusiva estas cuestiones estructurales. El prestigio canonizador de la ficción ha arrinconado este prolijo relato, presentado como verídico, a mero apéndice en las historias de la literatura, al lado de los textos de Miguel de Castro o de Alonso de Contreras, como chocantes o bizarras muestras (sin valor literario) de una pragmática voluntad escritora. Sin embargo, el auge contemporáneo de la autoficción y una clara indiferencia actual por observar los límites de los estatutos de ficcionalidad permiten reconsiderar los *Comentarios* como un discurso de mímesis de la realidad, sea esta imitación especular o sea invención en sentido amplio. Que sea o no verdad (desde el punto de vista referencial pero también desde la perspectiva del receptor/a) no supone ninguna diferencia con respecto a los elementos que contiene.

Benedetto Croce, en su momento, y, por lo que se nota, hasta la actualidad, dejó claro que buena parte de las referencias históricas se acomoda a los hechos: personajes, lugares, fechas se corresponden con los datos que, por otros testimonios más fiables, pueden ser considerados reales. Pascual de Gayangos, que lo publicó por primera vez en forma impresa, lo había advertido, sin el detalle del erudito napolitano. No obstante, las dudas han permanecido durante demasiado tiempo para otorgarle de forma definitiva una patente de relación histórica. El protagonista, que narra su propia vida, es parte interesada y somete los sucesos a su natural parcialidad. De ahí debe derivar una cautela necesaria sobre la verdad de los hechos, pero no una ejecutiva clausura de su estatuto de realidad. Diego Duque de Estrada tuvo existencia real en épocas afines al relato y es posible admitir o dar por buenas muchas de las consideraciones que en él se detallan: la Nápoles que aparece en sus páginas no difiere ni de las crónicas de autores como Zazzera (1623) o Capaccio (1635), ni tampoco de las construcciones inventadas de los narradores que hemos tomado como novelistas. En otros términos, resulta poco pertinente plantearse esa diatriba con un autor decisivo de la *napoletanità* como Duque de Estrada.

148 La vida napolitana del protagonista comienza el 10 de septiembre de 1614, en pleno virreinato del conde de Lemos. Llega de España, con la misma situación que buena parte de los antihéroes picarescos: por escapar de la justicia. Tan pronto como desembarca, deja constancia de la belleza de la ciudad en un largo parágrafo con todos los elementos tópicos de la *laudatio urbis parthenopea*:

> Entré en la esclarecida ciudad de Nápoles, la cual se escribe en esta forma: N. P. L. S., que no solamente significa Nápoles pero con las mismas letras se escribe *Non Plus*. Sería necesario para su descripción un libro entero, pero, porque se halla en diversos volúmenes, digo solo de esta suntuosa y ampla ciudad que, después de Constantinopla, que en Europa es la primera y París la segunda (esta compitiendo con la grandeza de Lisboa) igualándose y pasando la circunferencia de los muros de Roma y superando el pópulo a estas y demás de Europa (...) es la más populosa, rica y deliciosa, fecunda y noble de toda la Europa, así en jardines, fuentes, frutas, carnes, caza, peces, legumbres, así en temperamento proporcionado cuanto en riqueza y comercio.

La *via* Toledo, el puerto de Santa Lucía, Posílipo y el palacio de Poggioreale son citados de forma específica en la descripción, donde no falta ninguna de las habituales alabanzas. Nada más tomar tierra, entra en contacto con la soldadesca española y se incorpora a una compañía hasta asentarse en poco tiempo. Hará de Nápoles su lugar de referencia y el arranque de sus ligeros ascensos. Durante toda la narración, Diego Duque de Estrada participa en distintas empresas bélicas, siempre con Nápoles como eje central. En la primera larga permanencia en la ciudad, entra en contacto con el virrey y con las principales autoridades de la corte: Francisco de Castro, al que acompaña, o el célebre marqués de santa Cruz, General de las galeras del Reino de Nápoles. Su cometido en Nápoles parece definido en esta cláusula: "Yo estaba entretenido en entrar de guardia, lucir mis galas y pescar damas".

Esa ocupación, propia de un soldado español cercano a Palacio, le permite dar a conocer el funcionamiento interno de la *Accademia* asociada al conde de Lemos, cuyo nombre concreto no aparece citado: la de los *Oziosi*. En la descripción, se habla de los Argensola, en concreto de Gabriel Lupercio de Argensola, hijo de Lupercio y secretario del virrey, con quien compite en memorizar décimas; se narran detalles de los concursos, como el curioso del castigo impuesto por dejar de hablar en verso durante el tiempo de la reunión: el de pagar los helados, la nieve, que se toman de refrigerio. Es valioso el retrato que hace Duque de Estrada del sarao académico, porque cuenta el pormenor de la representación de una comedia de repente, de tenor burlesco, sobre la historia de Orfeo y Eurídice, con el hijo de Argensola vestido de la protagonista.

Presume de buenas relaciones con las principales familias napolitanas, en especial con los Carafa, en sus distintas ramas: Bisignano, Maddaloni, el duque de Nocera, el príncipe de Conca. Entra en palacio con frecuencia y se presenta como hombre admirado por su brío y simpatía. En uno de los más divertidos lances de todo el libro, el caballero toledano narra su faena taurina en el Largo del Castello (tiran al toro por el despeñadero del Castillo al Arsenal) concluida con una cornada violenta del toro. La resolución del hecho le lleva a exclamar: "¡Oh libro de *Don Quijote de la Mancha!* ¿Adónde estás, que no metes esta partícula entre tus aventuras? ¡Y que esté esta locura puesta en uso en este bárbaro juego de toros!".

Pasa varios días de convalecencia mientras dice escribir dos comedias: *El rey Sebastián fingido* y *El forzado vencedor*, de las que se desconoce todo, a pesar de que los catálogos de piezas teatrales las incluyen. La crítica teatral ha reparado en la inclinación (al parecer jocosa) del narrador por buscar el osímoron en los títulos de las obras. Este mismo gusto por la comedia se traslada a las aventuras tabernarias, en las que aparece citada, como siempre, la célebre del Cerriglio, presentada en plural como los Chorrillos. En ese ambiente destaca su desenvoltura; su fama llega hasta los oídos del virrey y de la virreina, quienes celebran sus lances; sin embargo, les llegan también noticias de su vida algo menos honesta, capaz de corromper a otros caballeros de mayor importancia. En esta parte del libro, las relaciones entre los soldados y el virrey se muestran fluidas, y los castigos para los delitos o faltas de los soldados españoles, como ocurre en las narraciones picarescas, no suelen ser muy rigurosos.

El alejamiento del virrey no es óbice para que otros caballeros napolitanos hallen amistad en Duque de Estrada. Es el caso de Francisco Maureli, que le muestra un afecto extraordinario y cuya hermana, Lucrecia, será pronto la mujer del protagonista. La preparación de la boda no está exenta de elementos en apariencia novelescos que, en realidad, se corresponden, por analogía con otros relatos semejantes, a las prácticas comunes en la corte napolitana. El amigo Maureli le propondrá a Duque de Estrada la mano de su hermana, con la dote correspondiente, a cambio de que sus buenas mañas en palacio puedan conseguir que su padre obtenga el puesto de maestre de campo. En efecto, el trueque de favores se realiza y el protagonista se casa el 5 de abril de 1616, el día de Resurrección, con una espléndida fiesta que dura una semana, hasta el domingo de Quasimodo, y que aparece descrita con cierto detalle:

> Hizo su Excelencia el banquete y el sarao cuatro días, y la primera noche, comedia de repente de los académicos; el segundo, comedia española y mía, que fue *El forzado vencedor*, y el terecero, carrera. Asistió su Excelencia el primer día; el segundo, el señor don Francisco en su nombre; y el tercero, don Antonio de la Cueva; los otro cuatro días, la señora madrina, que fue la princesa de Colibrano (Colobraro), hermana del duque de Matalón (Maddaloni), convidando a toda la no-

150

bleza italiana; y, con ser la sala grande, se habían tirado las paredes de dos buenas cuadras para que cupiese más gente. No obstante esto, fue tanta la multitud que eran necesarios alabarderos a la puerta. La señora Princesa tuvo comedia italiana y encamisada, con músicas excelentes sus cuatro noches. Duró la fiesta ocho días y yo me puse otros tantos vestidos diferentes y de diferentes cabos.

Vuelve a repetir lo de su afición de poeta de comedias y concluye, al final de esta sexta parte, con una apreciación que bien puede resumir las aspiraciones de un soldado español, que, por méritos de guerra o habilidad cortesana, alcanza una posición en Nápoles: "Solo pido que me dejen dormir a sueño suelto, andar en carroza, a caballo y en falúa, comer y gastar, dure lo que durare, como cuchara de pan".

La séptima parte comienza con un cambio en el gobierno de Nápoles: se va el conde de Lemos y llega el duque de Osuna, quien entra en la ciudad por Puerta de Mar el 20 de agosto y hace ceremonia de juramento el 17 de septiembre en la sede principal de la soberanía napolitana: el convento de san Lorenzo, donde se reúnen los *seggi* representativos del poder partenopeo. La llegada del duque de Osuna coincide con la noticia de que el rey mismo desde el Escorial manda entregar a Duque de Estrada cuatro escudos. El protagonista se dirige a palacio a recogerlos y se encuentra con el virrey. No da tiempo siquiera a crearse una opinión sobre el nuevo gobernante porque de inmediato parte para una empresa naval en la que consigue un sustancioso botín de guerra que le hará de inmediato rico. Las páginas siguientes narran otras incursiones en el Adriático (como la de Ragusa, en la que el protagonista declara "ser napolitano, lengua que yo he poseído como la natural española, de Nápoles mismo"). A la vuelta, con la hacienda muy acrecida, se entrevista con el duque de Osuna, al que le reclama los escudos otorgados por el rey. El diálogo ofrece un interés extraordinario, por excepcional, ya que Duque de Estrada se encara con el virrey de forma inusual, con una subversión evidente de las jerarquías sociales:

"Señor, vengo a suplicar a Vuestra Excelencia se ponga en efecto la gracia que me concedió siete meses habrá". Pero, o que no se acordase o que la cólera que traía no le diese más lugar, me respondió: "No quiero; que quiero pagar a quien me sirve". Yo le repliqué: "Pues pague Vuestra Excelencia a sus lacayos, que hombres como yo sirven solo a su Rey". El Duque se encendió de cólera y yo me vi perdido y afrentado, y, como quien vuelve el pie atrás para dar mayor salto, se reparó por ventura para que, empeñándome, yo tuviese más castigo y él más razón. Me dijo: "Quien me sirve a mí observa mis órdenes como capitán general, sirve a Su Majestad y, de servirme a mí, se precian muchos tan buenos como vos". A que respondí: "Puede ser, señor, pues lo dice Vuestra Excelencia, pero no de mi humor; y si quien sirve a Su Majestad sirve a Vuestra Excelencia como capitán general le pido me pague, porque, ¡voto a Dios! que he servido a los dos más bien que a Dios, que le he quebrantado todos sus diez preceptos y del Rey Vuestra Excelencia ninguno".

La tensión se eleva en el relato de forma dramática, pero revela un problema político acerca de la jurisdicción del virrey sobre sus supuestos vasallos. El protagonista alega cuestiones de dependencia para solicitarle el pago y reflexiona (en medio de una noche agitada) sobre el altercado al comienzo de la parte octava, cuando dice:

> Sentí mucho el haberme llamado tantas veces de *vos*, cosa a que yo no estaba enseñado, aunque había tratado con muchos grandes de España, y mucho más el no haberme conocido o no querer conocerme y haber dudado que hubiese servido al Rey, creyendo que me había quedado en aquella ocasión en Nápoles como hacen muchos guzmanes, fingiendo ser enfermos por quedarse con sus mujeres o damas o por ser gallinas y, sobre todo, el haberme enviado noramala.

El nacimiento de su hija, la restitución del dinero del Rey y una nueva armada por el Adriático (Zara, Ragusa, Brindisi, Manfreddoni) preceden al relato extraordinario, desde dentro, de la conjuración de Venecia, organizada para el mismo día de los esponsales de la gran góndola del Bucentoro. De inmediato, tras el fracaso, el duque de Osuna es reemplazado por el cardenal Borja y Velasco. Duque de Estrada narra los conocidos movimientos del duque de Osuna, inobediente a los designios reales, en los últimos días de su gobierno en 1620: según su testimonio, el duque salió por las calles de una Nápoles con las puertas de las murallas cerradas en loor de multitud, mientras el cardenal ("a los 2 de junio y de mi edad 31") entraba en Nápoles de forma clandestina y tomaba posesión del Castillo (Castel Nuovo). Todos estos hechos son narrados desde muy cerca, como protagonista de las acciones: acompaña al duque de Osuna hasta Cadaqués y se vuelve pronto a Nápoles, donde se hace cargo de una compañía como capitán. La llegada del cardenal Zapata en sustitución del interino Borja le hará marchar de Nápoles, debido a antiguas desavenencias. Deja a la familia para formar parte de diversas batallas a lo largo de la península itálica.

En la décima parte, vuelve a Nápoles y en ella encuentra a doña Francisca, de la que se enamora. Estos pasajes ofrecen un sabor más novelesco, con peripecias como la de vestirse doña Francisca de hombre para moverse por los caminos. En Milán, el duque de Feria le preguntará "con mucho donaire: "¿De España, caballeros? ¿De España, caballeros? ¡Brava bizarría!". Yo respondí con el mismo tono: "De Nápoles". Da la impresión de que Duque de Estrada hace ver, en dos ocasiones, que su origen es napolitano. A la vuelta estrecha amistad con los príncipes de la casa Carafa: Maddaloni, Bisignano y Colobraro, así como con el duque de Nocera. Esta nueva estancia prolongada en Nápoles está repleta de episodios de acción: lo quieren asesinar pero logra salvarse en varias ocasiones: las escenas se suceden en lugares conocidos de Nápoles, la iglesia de san Giuseppe (donde mata al que pretendía asesinarlo), la de Santa Maria la Nuova y la de san Giovanni in Carbonara, donde convalece de las heridas. Por todos estos episodios es pregonada su cabeza por el famoso *luogotenente* de la *Sommaria*, el marqués de san Julián, y se ve obligado a marcharse. Palermo y Sicilia serán los destinos de su huida.

152

La universidad de Padua (en donde dice escribir el libro *Reducción general*) y el fascinante acompañamiento como gentilhombre y maestro de ceremonias del príncipe de Transilvania, Behtlen Gabor, que transcurren entre los años 1628 y 1629, ocupan las partes XIII y XIV. Al final de esta última entra en contacto con Baltasar de Marradas, que le permitirá ocupar el cargo de castellano de la fortificación de Fraumberg, desde la que parece escribir esta parte. Sánchez (2013) ha documentado la exactitud de las referencias históricas en estos pasajes, así como la envergadura de ciertas imprecisiones: su trabajo permite calibrar el modo de contar los hechos verídicos.

La siguiente parte decimoquinta, centrada en la prolija narración de la boda de la Infanta María, hija de Felipe III, con Ferdinando III, rey de Hungría y Bohemia en Viena, a la que no asistió, da pie a uno de los pasajes más interesantes del texto: la relación de la erupción del Vesubio, acontecida el 16 de diciembre de 1631. No está presente en Nápoles el protagonista: la cuenta desde lejos, pero recoge los detalles principales. La primera parte se abre con una larga digresión sobre la llamada montaña de Soma, con erudición sobre lo que los autores antiguos escribieron al respecto y sobre las características de los volcanes. Es lo habitual en las relaciones que se conocen: situar el lugar del suceso y explicar el funcionamiento interno de la lava dentro del monte. Después, el relato se dedica a contar la magnitud del incendio, capaz de alcanzar hasta los confines del reino en Otranto, al cabo de la Puglia. No pierde ocasión el narrador de introducir algunas escenas patéticas sobre el impacto del fuego en las personas, sorprendidas (a la manera de la erupción pompeyana) en pleno fragor amoroso. Los intentos de conjurar los efectos de la erupción se centran en rezos y oraciones y Duque de Estrada no ahorra detalles sobre "las penitencias inauditas de cadenas, grillos, barras, candados en la boca, piedras con que se batían, disciplinas, cilicios, sangre, cardenales, ceniza, coronas de espinas y otros modos de penitencia extraños e innumerables a que asistía el eminentísimo cardenal arzobispo de Nápoles", ni sobre las medidas adoptadas por el virrey napolitano, a la sazón el conde de Monterrey, para trasladar a los heridos de Torre del Greco o de Torre Annunziata.

Esta parte se acomoda a lo que ciertas relaciones del suceso cuentan: en especial la *Distinta relatione dell'incendio del sevo Vesuvio al 16 de decembre de 1631* de Michele Angelo Masino (1632), la de Giulio Cesare Braccini (1631, escrita el día 23 de diciembre), la de Pietro Paolo Orlandi Romano (1632) o la del famoso *Il forastiero* de Capaccio (1635) en la que se incluye un extenso diálogo entre Capaccio y un Citadino a cuenta de la erupción vesubiana. Pero Duque de Estrada hace amplificación muy notable de los detalles, a partir de datos generales, comunes a las relaciones impresas, sobre el miedo de las personas o sobre la reacción piadosa de cada una de ellas. En este sentido, cabría pensar en la posibilidad de una cierta voluntad de estilo, aunque durante todo el libro el narrador elude toda pretensión ornamental. La minuciosidad, la singularización de cada persona resulta extraordinaria, con una percepción sorprendente del instante:

En este punto, los carnales, viciosos, amancebados, sin más despedirse ni tratar de correspondencias, se partieron de los deshonestos y lascivos brazos de sus amigas, maldiciendo la hora que en ellos entraron. Y ellas, temerosas de su infelice suerte, pasaron en un punto al forzoso arrepentimiento, convirtiendo los abrazos en cruces hechas de los mismos brazos y de los deshonestos y lascivos besos a besar muchas veces la tierra, pidiendo perdón a Dios de sus pasados y presentes pecados. (...) Y los que más ánimo tuvieren se abrazaban, queriéndose esconder uno dentro de otro. Juzgando los hijos estar más seguros dentro de sus madres que los cubrían con sus brazos, deseaban volver al materno seno para no ver las espantosas llamas, temblores, estrépitos y nubes cenizosas.

En plazas públicas se oyeron públicas confesiones de rameras, asesinos y ladrones blasfemos, que hacía temblar la tierra la enormidad de sus sacrílegos y nefandos pecados. (...) Las monjas y religiosos, en sus monasterios y conventos, con exquisitas penitencias pedían a su Divina Majestad perdonase el pueblo afligido.

He oído decir (cuando escribo esto), con sus propias bocas, que salieron desnudos de sus casas, dejándolas desamparadas; digo no solo de soledad, pero que algunos salieron en cueros vivos; otros, con sola la camisa; y los otros, medio calzados y medio vestidos. Las honestas matronas, muchas desnudas y mal cubiertas, que fueron remediadas de los mejor advertidos y prevenidos que tomaron capas o ropas con mucha caridad. Las pobres monjas, diciendo salmos y oraciones con muchas lágrimas se negaron a quien quiso acompañarlas en peligro de deshonor o fuerza.

Aparecen detalles tan concretos, que no figuran en otras relaciones, que hace pensar en una articulación muy personal de Duque de Estrada sobre este suceso, a partir de los testimonios de gente conocida, como es el caso del caballero "de la casa de Estramón (Strambone), rico y principal, que habita en la tierra de Soma, que al cabo de tres días volvió de Nápoles a ella y que halló su casa abierta como la dejó y la plata y demás preseas sobre los bufetes y en sus lugares, sin haberse perdido un alfiler".

Aunque el protagonista no se halla en el lugar de los hechos, siente la necesidad de transportarse y dar cuenta de todo ello. Nápoles queda siempre como referencia para la vuelta, ya que allí está siempre su mujer, presentada como una Penélope que aguarda su regreso. En la parte decimosexta, recibe en Roma la noticia de la muerte de ella en Nápoles y esto le hace reflexionar sobre su propia vida: comienza a dudar entre seguir como soldado de fortuna o buscar una profesión religiosa. Se incorpora a la compañía del cardenal Spínola y lucha en Milán y vuelve a Roma, donde decide inclinarse por la orden de san Juan de Dios. Desde la misma Roma cuenta lo que sucede en toda Europa (batalla de Nordlingen) y en la propia península, donde anuncia las rebeliones de Cataluña y Portugal, a pesar de que se halla en 1635.

154

La muerte de Baltasar Marradas precipita su ingreso en la orden hospitalaria: cambia su nombre por el de Justo, hace breve noviciado en Roma y es enviado a Cerdeña a fundar la orden. El intento de invasión francesa de la isla es contado con todo detalle. La estancia reglamentaria de tres años en Cerdeña ocupa las últimas páginas del libro, en las que se incluyen memoriales escritos con otros propósitos y una prolija narración del intento de invasión francesa de la isla. La enfermedad lo asedia desde el mes de junio de 1644. Una visita fugaz a Roma en 1645 es el preámbulo de su nombramiento como Prior de Somma, cargo que ostentará hasta el final del relato. Un terremoto ocasionado de nuevo por el Vesubio, el 2 de junio de 1646, y una visita a la Puglia se alternan en el relato con una descripción de su precario estado físico.

La última parte cuenta la batalla naval contra los franceses en Orbetello, concluida con la victoria de los españoles, gracias a la intervención rápida del Virrey de Nápoles, el duque de Arcos, que acude al auxilio. Este hecho, aunque sucedido lejos de Nápoles, hace que el propio virrey le encargue la formación de un hospital de campaña para recibir a los soldados heridos en esta batalla: "me hizo superintendente general de todos los hospitales, aunque en el de los Incurables y la Anunciada, hospitales famosos en Europa, eran nuestros títulos de mucha calidad". Una vez que la situación se normaliza, el narrador pide licencia para volver a Cerdeña: el relato termina, de forma abrupta en este punto, en Civitavecchia, el día 18 de octubre de 1646, desde donde dice estar escribiendo, tras un infructuoso intento de alcanzar la isla sarda. El libro termina con un *Discurso de la vida del autor por anales, en suma*, que, en efecto, resume los hechos principales de los *Comentarios* de su vida.

García Santo Tomás (2011), en su reflexión sobre el libro, planteada desde una perspectiva de estudios culturales, concluye:

> this heterogeneity is precisely its most fruitful element, as it offers invaluable tools for historians and literary critics alike, addressing issues of interest to scholars of diplomatic and cultural history, gender theory, disability studies and, perhaps most importantly, to those willing to offer a more nuanced perspective of the social and economic conditions of the time.

En efecto, la densidad de elementos susceptibles de análisis o de estudio es altísima. Desde el punto de vista de la construcción de un imaginario napolitano, parece evidente que Duque de Estrada muestra todas las características de la impronta hispánica: llegada como delincuente huido, inmediato ascenso en el escalafón militar y fama en los ejercicios propios del oficio soldadesco (conquista sexual, triunfos en el juego, habilidad en el baile y en la comedia y en la justa taurina, arrojo insolente en los lances de desafíos y duelo, desempeño belicoso para la rapiña y la magnificación del *status*). Nápoles le permite libertad de movimientos, impunidad a priori, una plataforma segura para ejercer todas estas aparentes señales de heroicidad, al servicio de la corona.

El libro, en este sentido, ofrece un compendio exhaustivo de la vida de un soldado de fortuna español en una ciudad virreinal, dominada por la soberanía austríaca y dominadora, a su vez, de todo el Mediterráneo. Aunque las peripecias de Duque de Estrada se extiendan por buena parte de Europa, la mayoría (quedan fuera los episodios del príncipe de Transilvania o los breves de su estancia en Viena) funciona como prolongación del virreinato napolitano y, en términos literarios, como suma de las posibilidades que un mercenario a sueldo del Virrey de Nápoles y, en última instancia, del rey español, posee con haberse establecido en la ciudad partenopea.

Vida de Alonso de Contreras.

Las autobiografías de soldados o de buscavidas, escritas en manuscritos, presentan, como se ha visto, cierta querencia por la ciudad de Nápoles. En la *Vida de Alonso de Contreras*, el protagonista alcanza la corte virreinal después de verse obligado a huir de un asesinato en Palermo. En el contexto de este género de narraciones, resulta hasta natural leer que es perseguido por el Virrey de Sicilia, el duque de Maqueda, y recibido, acto seguido, por el virrey napolitano, solo en función de sus modos y aspecto:

> Puse la proa a la vuelta de Nápoles, que hay 300 millas de golfo, y, siendo Dios servido, llegamos sin peligro en tres días. Vino el guardián del puerto por la patente; contamos la verdad y que, temerosos de que el duque de Maqueda no nos ahorcase, nos habíamos huido como está dicho. Era virrey el conde de Lemos viejo, y había hecho capitán de infantería a su hijo, el señor don Francisco de Castro, que después fue Virrey de Sicilia y hoy conde de Lemos, aunque fraile. Quísonos ver el conde y, viéndonos de buena traza y galanes, mandó sentásemos la plaza en la compañía de su hijo, y que la faluca se enviase a Palermo con la mercaduría de azúcar que tenía; llamábannos en Nápoles los *leventes* del duque de Maqueda y nos tenían por hombres sin alma.

La primera peripecia describe a la perfección el ambiente delictivo de la soldadesca española: salen de noche a robar capas y acaban matando a un hombre que está "haciendo el amor" (un bujarrón, se señala) y huyen de la justicia italiana y también del cuerpo de guardia de los españoles. La distinta jurisdicción o la camaradería en los cuarteles en los que viven los soldados son reflejo muy fiel de la vida napolitana. La primera estancia de Alonso de Contreras no puede ser más efímera: sale de Nápoles escapado hacia Malta.

Tendrán que pasar varios años para que el protagonista vuelva por la ciudad de Nápoles. El virrey ahora es el conde de Monterrey: corre el año 1631 y es nombrado responsable del presidio de Nola, una ciudad al pie del Vesubio, con una gran vinculación con Nápoles. En este destacamento, Alonso de Contreras vive de cerca la erupción del Vesubio del 16 de diciembre.

> Me envió de presidio a la ciudad de Nola y, estando allí quieto una mañana, martes 16 de diciembre, amaneció un gran penacho de humo sobre la montaña de Soma, que otros llaman el Vesubio, y, entrando el día, comenzó a oscurecerse el sol y a tronar y llover ceniza. Advierto que Nola está debajo casi del monte cuatro millas y menos. La gente comenzó á temer viendo el día noche y llover ceniza, con lo cual comenzaron a irse de la tierra, y aquella noche fue tan horrenda que me parece no puede haber otra semejante al día del juicio, porque, demás de la ceniza, llovía tierra y piedras de fuego como las escorias que sacan los herreros de las fraguas, y tan grandes como una mano, y mayores y menores, y tras todo

esto había un temblor de tierra continuo que esta noche se cayeron 37 casas y se sentía desgajar los cipreses y naranjos como si los partiesen con un hacha de hierro. Todos gritaban ¡misericordia!, que era terror oirlo. El miércoles no hubo día casi, que era menester tener luz encendida. Yo salté en compaña con una escuadra de soldados y truje siete cargas de harina y mandé cocer pan, con lo que se remediaron muchos de los que estaban fuera de la tierra por no estar debajo de techado. Había en este lugar dos conventos de monjas, las cuales no quisieron salir fuera, aunque el Vicario les dio licencia para ello antes que se fuera, los cuales conventos se cayeron, y no hizo mal a naide porque estaban en el cuerpo de la iglesia rogando a Dios.

En la narración, Alonso de Contreras repite del común las plegarias de "misericordia, misericordia" de las personas que huyen de la erupción, pero, como consecuencia de su ocupación, narra detalles de sus trabajos para desviar el curso de las corrientes de agua que bajan de la montaña. Las notas sobre lo que sucede en días ulteriores coincide con lo que señalan las muchas noticias impresas del incendio, aunque, para ser precisos, conviene advertir que Alonso de Contreras cuenta que el viernes llovió, hecho que, por ejemplo, Duque de Estrada omite:

El viernes quiso Dios que lloviese agua del cielo revuelta con tierra y ceniza, que hizo una argamasa tan fuerte que era imposible cortarla aunque fuese con picos y azadones, conque tuve algún consuelo por si apretaba el fuego tener por dónde salir.

El sábado se cayó casi todo el cuartel donde estaba la compañía; pero no hizo mal a nadie porque los soldados más querían estar al agua y ceniza en la plaza que en el cuartel y en la iglesia mayor que era *damuzada*, anque se meneaba como enjuagadientes en la boca, de los terremotos que había.

Domingo me vino una orden del conde pensando estaba todo perdido porque no podían haber pasado, en que me mandaba saliese y me fuese á Cápua, y aunque me pesó, cierto, por dejar aquellas monjas, que viéndome ir se habían de desanimar, me fué fuerza el usar de la orden porque si sucedía algo no me culpasen.

El capítulo XVII de la *Vida* se centra en su llegada de nuevo a Nápoles, tras algunas escaramuzas en L'Aquila. Aquí se hace cargo de una compañía de caballos y tiene como misión desfilar en las calles de Nápoles. Alonso de Contreras narra con detalle la exhibición de toda la caballería (española e italiana) al servicio del virrey, con la descripción de las evoluciones de los caballos y de los espectadores:

Los demás capitanes, que eran en cantidad, pasamos todos por delante Palacio, donde estaban en un balcón el conde, mi señor, y los eminentes cardenales Sabeli y Sandoval, y en otro balcón mi señora la condesa de Monterrey y mi señora la Marquesa de Monterroso con sus damas. Todas las compañías como iban

158

entrando en la plaza de armas hacían un caracol y abatían los estandartes y la infantería las banderas, y pasaron al Largo del Castillo donde se hizo el escuadrón y nosotros peleamos con él, que cierto era de ver pelear la caballería con la infantería. A este tiempo ya Sus Excelencias habían pasado con los señores cardenales á Castelnovo y al pasar se disparó toda la artillería, que era mucho de ver, y hacíase esto tan al vivo que no faltaba más que meter balas, que todas las demostraciones se hicieron.

La descripción da paso a una encendida defensa de la figura del virrey napolitano, el conde de Monterrey, ejemplificada en la magnificencia de las fiestas celebradas en honor del nacimiento de Baltasar Carlos en Roma en 1629 cuando era Embajador del Rey ante la santa sede. Las también numerosas relaciones de tales fiestas detallan las mismas cosas que Alonso de Contreras: "tantas comedias, tantas luchas, tantos artificios de fuego, tantas fuentes de vino, tantas limosnas a los hospitales, derramar tres días a reo por las tardes cantidad de dinero, oro y plata á puñados".

El soldado madrileño prosigue su encomio del conde de Monterrey con otras virtudes de su gobierno, como la de saber elegir a sus ayudantes, como el tesorero, don Gaspar de Rosales, que trae de la embajada romana, o la de recuperar del ostracismo a militares eficaces: "¿qué virrey ha habido que busque los hombres que tienen méritos, los cuales estaban arrinconados en algunos castillos, desesperados, y Su Ex.ª los ha sacado y premiado que yo conozco muchos?". La alabanza alcanza a la virreina, la condesa de Monterrey, que aparece como caritativa benefactora de los necesitados:

Pues si tratase de mi señora la condesa, la afabilidad que ha tenido con todas aquellas señoras tituladas del reino, repartiendo los días de la semana en los hospitales, y a los de las mujeres ir a servillas con sus manos, llevando de Palacio toda la comida que se había de gastar aquel día; y de esto soy buen testigo; pues ¿un convento de mujeres españolas arrepentidas que ha fundado y otros a que cada día ayuda con sus limosnas, favoreciendo y honrando a todos los que quieren valerse de su intercesión?

Es en este punto del panegírico donde Alonso de Contreras se detiene para informar, en anticipo del final, de que todo el relato está siendo escrito el 4 de febrero de 1633 desde Palermo, de forma paradójica, "en desgracia del conde mi señor".

Alonso de Contreras permanecerá en Nápoles durante una temporada, con incursiones en los territorios del Reino, en la provincia de Citra, Éboli y Acerno, o en labores cercanas como la de vigilancia en el Puente de la Magdalena, a las afueras de Nápoles por la costa oriental, ya citado a propósito de la novela de María de Zayas: "entré en Nápoles con mi compañía y alojáronme en el puente de la Madalena, de donde salía cada noche con veinte caballos a batir la marina de la Torre del Griego, y las demás compañías hacían lo mesmo por la otra parte de Puzol". La opción de ir a

Pescara se trunca y acaba en Palermo, desde donde escribe: la última parte narra el rápido regreso a España, en ese periplo denominado, en términos militares y navales, "la vuelta de Nápoles".

La lectura de esta autobiografía, junto a las de Miguel de Castro y de Diego Duque de Estrada, que debieron de tener cierto éxito en los círculos en los que se daban a conocer, ofrece un panorama de la vida de los soldados españoles por el mar Mediterráneo, con Nápoles como centro de referencia. A los lectores/as españoles, estas aventuras, en parte conocidas por las repetidas menciones, debían de atraerles dada la notable sucesión de episodios y lances. Así lo comenta Thomas Calvo (2019): "si se buscaba algún público lector —que era en sí la finalidad aunque a veces se negara- las inmensidades marítimas, la vida de corsario o de cautivo y las 'turquerías' ofrecían un mayor atractivo". En cierto modo, en la primera mitad del siglo XVII, los relatos de pícaros y los relatos de malhechores que buscan redención entre las tropas mercenarias del rey o del virrey parecen hallar en el espacio napolitano, completado con el de las posesiones del reino a lo largo de la costa itálica, una escenografía muy seductora, no exenta de consideraciones morales o de códigos de comportamiento definidos que condicionan los resortes narrativos o la misma naturaleza de los personajes.

Capítulo 4
De Masaniello (1647) a los borbones

La revuelta de Masaniello supone un hito transcendental en la historia de Nápoles. La constante y latente pugna entre la soberanía austracista, apoyada por cierta aristocracia local desde siempre, y ciertos representantes de la burguesía local, sustentados en secciones del *baronaggio* rural, acabó en una de las revueltas más conocidas de la Europa de entonces. La bibliografía al respecto es ingente, desde la clásica y ejemplar monografía de Rosario Villari (1976). Un buen resumen del estado de la cuestión se puede leer en Enciso Alonso-Muñumer (2004), pero toda pone de manifiesto el carácter revolucionario de la empresa y la debilidad del poder hispánico, que, a partir de este momento, intentará reconstruirse. No voy a detallar aquí los pormenores de los actos sucedidos en aquel momento (que quizá convenga poner en relación con los movimientos antiunionistas de Portugal, Andalucía o Cataluña), pero es indudable que la segunda mitad del siglo XVII en Nápoles es la historia de la reconstrucción política, social y cultural de un poder amenazado, con una clara vocación propagandística de realce y de reafirmación dinástica. Que fuese Juan José de Austria, hijo natural de Felipe IV, el destinado a paliar la revuelta, da muestra de la importancia del suceso. El posterior virreinato de Oñate intentó desde el principio reconducir la estructura administrativa, con cambios sustanciales en las relaciones con la aristocracia local, también con una notable política propagandística y una calculada represión de los sectores más díscolos de la aristocracia napolitana. La muerte de Felipe IV en 1665 y el periodo de regencia o de interinidad con Carlos II aumentó el grado de autonomía política del virrey, que fue poco a poco considerando su posición más como un príncipe de un rico y complejo territorio que como legado de la monarquía hispánica.

En este apartado epigonal, voy a centrarme en dos de los periodos más estudiados, a pesar de que desde el punto de vista de la crítica literaria, las aproximaciones son casi nulas. El primero el del conde de Oñate, Ognatte para la tipografía italiana, restaurador de la soberanía austríaca tras la revuelta. Y el segundo, el de los últimos virreyes, sobre el reinado de Carlos II, muy próxima ya la sucesión borbónica.

El conde de Oñate. Íñigo Vélez de Guevara.

Ana Minguito Palomares ha dedicado su tesis a un exhaustivo repaso al virreinato del conde de Oñate, figura capital en la reconstrucción económica, social y cultural de Nápoles tras la revuelta. Entre sus valiosas páginas espigo aquello que puede interesarnos desde el punto de vista literario o poético dentro de una extensa producción impresa, destinada a la glorificación del nuevo gobierno y, de paso, a la negación y ocultación, en un proceso sistemático de *damnatio memoriae*, de los sucesos acaecidos entre 1647 y 1648. La censura, el control de los medios de publicación es absoluto y afecta incluso al nivel religioso, ya que en ocasiones se producen roces entre el aparato eclesiástico y el virreinal por las licencias. La ausencia ya tantas veces citadas de un control inquisitorial permite al poder palaciego imponer sus criterios sobre la edición de textos.

162

Minguito Palomares, de acuerdo con las tesis de Galasso sobre la inclinación del conde de Oñate hacia las novedades intelectuales, considera que, a pesar de ejercer una supervisión completa de las ediciones, el virrey da pie a la introducción y difusión de ciertas ideas de lo que se da en llamar de forma muy genérica y simplificada el movimiento de los *novatores,* con particular arraigo en sede universitaria, a la que dará realce y concederá naturaleza de instrumento de influencia política, como se verá en el panegírico de Giovanni Battista Cacace dedicado al virrey, *Theatrum omnium scientiarum*, en la imprenta napolitana de Roberto Mollo en 1650, sin olvidar la promoción de toda clase de iniciativas de alcance artístico y cultural, con las academias como lugar de expansión particular. En época de Oñate aumenta su número, sobre todo las más especializadas en temas como la magia o la astrología o de temas jurídicos como los *Rinnovati*, y en ellas participa de modo decidido el propio virrey. Es destacable la de los *Investiganti*, que funciona como alternativa más crítica a la ya más longeva de los *Oziosi*, la de los *Discordanti* o la de *Colonna*, creada por Camillo Colonna, que, como señala la propio Minguito, "atacaba frontalmente la Filosofía escolástica dominante" y que ejemplifica una de las características del gobierno de Oñate en materia cultural: la de parecer "vinculado, o, al menos muy cercano a entornos intelectuales totalmente contrarios a las doctrinas difundidas desde el poder", en una clara posición conciliadora con las *nuevas ciencias* que se extienden por Europa.

El conde de Oñate, ya entrenado en Roma con su ocupación de embajador, va a servir de puente de conexión entre la pintura que se hace en Italia y la corte madrileña. Su labor de mecenazgo se incrementa notablemente (sobre todo para fomentar una reforma extraordinaria en el Palazzo Reale) y, en especial, la de suministrador de buena parte de las obras que luego fueron a parar al Alcázar de Madrid o al Buen Retiro. Realizó una extraordinaria labor de recopilación de esculturas y de otro tipo de adornos artísticos a lo largo de su virreinato: es conocido, en ese contexto, su relación con un Diego Velázquez delegado por el mismo rey Felipe IV para llevar a España algunas de las obras más importantes del momento. Los datos de ese trasiego ("300 estatuas de bronce, mármol y estuco para adornar los jardines de los palacios reales") muestran con claridad la magnitud de su tarea.

Pero donde parece sobresalir la política de Oñate es en el impulso a los espectáculos y a las celebraciones de todo tipo y, como derivado de todo ello, su devoción por el teatro, tanto el cortesano como el representado en la calle, siempre o en su gran mayoría acompañado de un fabuloso aparato musical y escenográfico. Domenico Antonio Parrino, en su enciclopédico *Teatro eroico e politico del Governo dei Viceré del regno di Napoli,* (Nápoles, Parrino-Muti, 1692), comenta que fue el conde de Oñate, tras recordar los desfiles en celebración de la toma definitiva de Barcelona, el que en el año 1652 "rinovò l'uso antico dei passatempi delle maschere nel Carnevale et introdusse l'uso delle commedie in musica nella città" (tomo II, p. 460). La compañía de ópera ambulante, los *Febi armonici*, era conocida por el conde de Oñate de su época de embajador en Roma. Consiguió traerlos a Nápoles, donde desarrollaron una intensa labor musical. En las historias de la ópera, su actividad está considerada como uno de los primeros avances del nuevo género dramático, tanto en sus representaciones en las salas del Palazzo Reale como en el Teatro San Bartolomeo que, con una serie de reformas estructurales para facilitar los juegos escenográficos que exigen estos espectáculos a cargo del comediógrafo Giovan Battista Balbi, se constituirá a partir de entonces y casi hasta la inauguración del Teatro San Carlo en 1737 en su sede principal. Las primeras obras representadas (con algunas dudas) tienen que ver con las celebraciones por las victorias en España del rey Felipe IV en Cataluña, de manera que exaltación del poder y despliegue de la maquinaria teatral, con acomodo *ad hoc* de los pabellones del Palazzo Reale destinados al juego de la pelota, van unidas en este momento del nacimiento de la ópera. Suele indicarse, como elemento singular, el hecho de que es en Nápoles donde, antes que en la propia corte de Madrid, se dan a conocer las primeras obras del género operístico, escritas de forma predominante en italiano.

Esta cuestión de la lengua empleada en las obras de teatro o de ópera, en plena restauración del ambiente cortesano de Nápoles, resulta muy relevante, porque es muy posible que, como modo de contentar a los círculos nobiliarios desafectos a la dinastía austríaca, el propio virrey prefiera el uso del italiano. Podría especularse incluso con la idea de que fuesen mejor comprendidas o disfrutadas las obras con este mayor predominio de la lengua toscana, pero, en todo caso, conviene estudiarlo con mayor detalle de lo que se ha hecho hasta ahora.

José Delitala y Castelví y *Engaños y desengaños del profano amor* de Joseph Zatrilla y Vico

164 El año 1675 toma posesión del cargo de Virrey Fernando Joaquín Fajardo, marqués de los Vélez. Venía de Cagliari, donde había ocupado semejante cargo aunque de menor importancia desde el año 1673. La capital sarda no era un destino fácil, ya que en el verano de 1668 se habían producido dos asesinatos, el del marqués de Laconi, Agustín de Castelví, y, un mes más tarde, el del propio virrey, el marqués de Camarasa. De inmediato, la corona hispánica, con Mariana de Austria como regenta, tomó cartas en el asunto y sancionó a los culpables del magnicidio. El encargado de poner orden a la situación fue el general napolitano, Francesco Tuttavilla, duque de san Germán, en una decisión singular, ya que el puesto nunca era ocupado por no naturales de España. Estuvo un par de años y luego fue sustituido por el marqués de los Vélez.

El ambiente enrarecido de la corte, hostil en sumo grado, no impidió que se desarrollase en ella una vida cultural intensa, protagonizada por un grupo de nobles y algunos representantes de la curia catedralicia. En el centro de ese *entourage* se hallaba la figura de José Delitala y Castelví, autor de varias loas celebratorias de aniversarios o bodas, destinadas a personajes como Artal de Alagón y Pimentel, quinto marqués de Villasor, que reunía en su casa saraos en los que se representaban comedias o se interpretaban canciones de todo tipo. Este mundo se narra con cierto detalle en el poema de Delitala, *Relación de las fiestas que se celebraron en la ciudad de Cáller al casamiento del príncipe de Pomblín con la señora doña María de Alagón y Pimentel*, en cuya fiesta el propio Delitala participa, al igual que su hijo.

José Delitala se traslada a Nápoles en 1679 para tomar posesión en la *Vicaria* del puesto de Regente el 21 de octubre. Puede haber ido por indicación del marqués de los Vélez, que tuvo que conocerlo en Cagliari. En esta ciudad, había visto publicada su *Cima del Monte Parnaso* el año de 1672, nacida a priori como continuación del *Parnaso* español quevediano con el que mantiene un vínculo evidente. *Las tres musas castellanas* de Quevedo, publicadas por el sobrino del poeta, Pedro Aldrete, en 1670, desbarataron el intento de ser el continuador del *Parnaso*, pero no arredraron al poeta cagliaritano para publicar sus composiciones de todas formas. En ese libro de poesías aparecen datos suficientes para analizar entre líneas la conformación intelectual de un hombre nacido en Cerdeña, que pasa en la corte de Madrid (tal vez en el propio Alcázar) su adolescencia y juventud, y que se instala en la corte cagliaritana en medio de una efervescente y agitada situación política. Su libro salió después de todos los sucesos y en varios poemas dedicados a las dos personas asesinadas intenta asumir una posición neutral, en un equilibrio político casi imposible. Lo cierto es que aparece en Nápoles diez años después, bajo el gobierno del marqués de los Vélez.

En la Biblioteca Nazionale di Napoli se conserva un valioso manuscrito, el I E 39, ya citado, que contiene un cancionero que Flavia Gherardi y yo mismo hemos denominado *Cancionero Hispanosardo,* a semejanza del que Tonina Paba publicó a propósito de otro custodiado en la Biblioteca de Brera en Milán. Además de los poemas, en el manuscrito se incluyen cartas fechadas a finales del siglo XVII en las que se cita al papa Inocencio XII y al conde de Martinitz, que será más tarde virrey unos pocos meses del año 1707 en que Nápoles pasa a manos borbónicas. Los textos poéticos del manuscrito están ligados a Cerdeña: hay menciones expresas a la isla y aparecen varias composiciones de circunstancias específicas cagliaritanas, como el *Elogio epitalámico* del principio, dedicado a la boda de Artal de Alagón y Pimentel, marqués de Villassor, y Ana de Benavides y Bazán, que tuvo lugar en 1678, o como los motes escritos en ocasión del cumpleaños del rey Carlos II, que incluyen versos de otras personas destacadas del ambiente de Cagliari, como Juan de Nurra o el famoso impresor Hilario Galcerín (véase al respecto Vidorreta, 2019).

La cuestión es averiguar qué hace un manuscrito de ese tenor en Nápoles y si se trata de unas composiciones escritas o controladas de algún modo por José Delitala. Es muy posible: las coincidencias léxicas, el tipo de temas empleado, algunas fórmulas elocutivas pueden corresponder con él. Incluso se puede aducir la sumisión bastante evidente al influjo marinista, ya observada en su *Cima* y que en este manuscrito napolitano se resuelve palmaria, al contener varias traducciones (sin indicación de que lo son) de algunos madrigales de Giambattista Marino.

Es evidente que la relación cultural entre Cagliari y Nápoles se muestra en estos momentos más intensa y no es descartable que la figura de un Delitala en ocupaciones judiciales haya provocado tales conexiones. Sin duda, conviene estudiar la naturaleza de estos vínculos, a mi juicio, poco explorados hasta la fecha, incluso desde un punto de vista estrictamente histórico o político. La peculiar especialización de los estudios historiográficos sobre los distintos territorios de la monarquía hispánica debe acompañarse de inmediato de un análisis de los nexos producidos entre todos ellos.

Este aspecto halla en una obra singular su paradigma: *Engaños y desengaños del profano amor* de José Zatrilla y Vico, publicada en Nápoles mucho más tarde, en 1687, en el mismo año en que se produce la muerte del marqués del Carpio, pero escrita con toda seguridad el año anterior, a juzgar por las fechas de las aprobaciones. El autor pertenece también a una de las familias más conocidas de Cerdeña, de origen catalano aragonés, cuyos representantes desde finales del siglo XVI se distinguieron por su apoyo a las distintas empresas de los Austrias. Los títulos (caballero de la orden de Alcántara y conde de Villasalto) que exhibe en la portada del libro le fueron concedidos en vida. Es conocido por su *Poema heroico al merecido aplauso del único oráculo de las musas,* dedicado a sor Juana Inés de la Cruz y publicado en Barcelona en 1696. No hay datos de que Zatrilla y Vico estuviera en Nápoles, pero su libro, de gran éxito editorial durante el siglo XVII y XVIII, conoció su primera impresión en la ciudad partenopea. Paolo Caboni, en su tesis doctoral (2017), transformada luego en edición crítica (2019), aventura, de forma convincente, que detrás de esta publicación en Nápoles se halla la mano de José Delitala. Parte de la idea de que la imprenta cagliaritana en esos momentos era demasiado modesta y que no reunía, al entender de Zatrilla y Vico, el nivel de exigencia necesario para su libro. Podría haber recurrido a las imprentas catalanas, pero Caboni cree que en este punto interviene Delitala, aunque no deja de observar que la imprenta napolitana de José Roseli en ese momento publica varias obras de tema similar. Esta circunstancia apunta a la probable dependencia cultural del virreinato sardo con respecto a la magnificencia y riqueza editorial del *Regno* napolitano.

En cualquier caso, el libro se publica en Nápoles, con un conjunto más que sobresaliente de paratextos, todos ellos laudatorios (incluidas las aprobaciones), escritos por la plana mayor de la cultura impresa de Cagliari, entre la que destacan con especial interés, Hilario Galcerín y Delitala. El primero escribe un magnífico compendio y casi resumen del libro en unas páginas de erudición muy notable, y el segundo, redacta una sobria aprobación, en la que subraya su carácter de entretenimiento, y un soneto encomiástico como prolegómeno del libro.

Fénix del sol, que en la altanera cumbre
del sacro Apolo ofreces reverente
el ardor de un espíritu excelente
que se eleva en su excelsa pesadumbre.
¡Oh heroica pluma, que en la activa lumbre
no se abrasa: se templa diestramente
(digna de los laureles de tu frente)
que en estas empresas más se encumbre.
Con una y otra lira bien templada
a duraciones de inmortal memoria,
celebre el esplendor de tu gran celo.
La fama, por al eclíptica dorada,
numen sagrado es, la alma de tu historia,
que coloca en su templo el dios de Delo.

La obra de Zatrilla y Vico es una *novella* al uso, llena de excursos eruditos que interrumpen la acción con frecuencia. Cuenta la historia *profana* de Federico de Toledo, enamorado de súbito de Elvira de Peralta, a la que intentará conquistar. La narración posee todos los enredos, obstáculos, ires y venires, trazas, habituales del género, con la novedad de que todos ellos van adornados con un aparato de autoridades casi enciclopédico, a modo de *polyanthea*, que intenta dar cuenta de todos los asuntos relativos a la relación amorosa y a las convenciones sociales. El propósito moral aparece declarado desde los preliminares, pero también el reparo de que quizá alguno de los comportamientos presentados no corresponden al canon moral o religioso que se espera. Es interesante lo que dice al principio sobre los inconvenientes que puede tener el libro y en concreto el hablar "con poca veneración de las mujeres": "se ha de suponer que jamás hablo generalmente de las mujeres, sino que venerando a las que son virtuosas y prudentes, culpo solamente a las que dejan de serlo". Las excusas del prólogo pueden servir de documento interesante sobre las lecturas de la época, ya que se reprocha a sí mismo, 1) que la historia es profana, poco edificante; 2) que el estilo no es muy culto; 3) que no lleva cada capítulo el contenido, por dejar abierta la sorpresa y porque relega esa información al índice final; 4) que los textos de autoridades van al margen y en "buen romance" para ayudar a los lectores/as; 5) que se extiende en las digresiones; y 6) que no posee competencia intelectual en lo moral y lo político para el desarrollo que en el libro merecen. La *captatio benevolentiae* es tan extensa como llena de cautelas, por otra parte repetidas en la mayoría de las aprobaciones por parte de sus lectores amigos, lo que permite considerar que "los sudores de mi estudiosa aplicación", como define Zatrilla y Vico a su libro, son materia susceptible de censura o de recelo moral.

Que un escritor sardo escriba en español a la altura de 1686/1687 una *novella,* de dudosa o ambigua moralización, en los tórculos partenopeos debe ser tenido en cuenta como un ejemplo de la producción poética que durante tanto tiempo fue incluída en el marchamo de la periferia del imperio, pero que en la época gozó de tanto interés como si se hubiese producido en la península. En los años 1737 y 1755 salieron dos ediciones barcelonesas de la obra, sesenta años después. De las tres ediciones, la *princeps* y las catalanas, se conservan, según los cálculos de Caboni, 146 ejemplares, una cantidad bien notable para una obra publicada en esos años.

El enlace libresco y literario entre Nápoles y otros lugares de influencia del imperio dinástico de los Austrias encuentra en este libro de Zatrilla y Vico un ejemplo que necesita ser resaltado. Delitala pudo haber servido de puente entre ambas orillas, pero no puede olvidarse que ambos son originarios de Cerdeña, de familias procedentes del reino aragonés, en particular de Cataluña, y ambos escriben en un español cultísimo, plegado a las modas versificatorias en el caso de Delitala, con una asimilación intensa de los principales poetas españoles, y, con aires más innovadores las narraciones amorosas, repletas de erudición divulgativa sobre la materia, en el caso de Zatrilla. Nápoles es el punto de prestigio y de referencia cultural, no la sede de la corte monárquica o las ciudades de la costa mediterránea española. Hacia ahí va el manuscrito original de Zatrilla y Vico, con los abundantes adornos preliminares a cargo de toda la plana intelectual de Cagliari. En Nápoles encuentra la legitimación libresca, necesaria para su posterior impacto.

El marqués del Carpio.

Desde un punto de vista cultural, el periodo de mayor interés de este final de siglo se produce con la llegada de Gaspar de Haro, el marqués del Carpio, el 6 de enero
168   1683, fallecido cuatro años después, mientras ocupaba el cargo en Nápoles. En un sintético párrafo, Enciso Alonso-Muñumer (2010) enumera el elenco de personajes que componen la corte de Carpio:

> El modelo del político y el modelo del intelectual van a encontrar puntos comunes en la figura del marqués del Carpio, que contaría en su *entourage* con músicos como Scarlatti; poetas, como Sebastiano Baldini; eruditos, como el padre Bonaventura Tondi, y filósofos y astrólogos, como Ignacio de San Blasio y el jesuita padre Cottingnez. A través de Academias y el teatro y la música en el Palacio, el marqués del Carpio buscó, como ya lo habían hecho otros virreyes, la colaboración de la sociedad napolitana. A su círculo pertenecía la elite nobiliaria, como el príncipe de Maddaloni o el de la Riccia; representantes del ceto togado, como el abogado Matteo Sogliano, coleccionista de obras de Lucas Jordán, y otros españoles, además de artistas e intelectuales, que ayudarían en la proyección de la imagen de la Corona.

Se trata de un periodo muy estudiado en los últimos años. Las tesis de Leticia de Frutos Sastre sobre el marqués del Carpio como mecenas y coleccionista de arte (2006), transformada en su libro *El Templo de la Fama. Alegoría del marqués de Carpio* (2009), o la documentadísima de Felipe Vidales (2015) desde la perspectiva de los estudios de historia del libro (imprentas y publicaciones) no dejan apenas resquicio para ulteriores investigaciones. A ellas habría que añadir los sucesivos trabajos de la propia Frutos sobre los inventarios de la pintura que reunió Carpio y los de José María Domínguez (2012 y 2015) sobre la ópera y su extraordinario desarrollo en Nápoles durante este periodo de finales del siglo XVII, con el marqués del Carpio como principal promotor y con Antonio Scarlatti como singular protagonista.

Los inventarios de la biblioteca del marqués del Carpio en el Palazzo Reale y en su casa de Posílipo los describe con todo detalle Vidales (2015). Durante su mandato conviene destacar dos obras de legitimación dinástica y virreinal, escritas en el mismo año de 1683: el *Memorial de las tres Parténopes* de Manuel Ponce de Soto (Novelo de Bonis) y *La cordura gobernadora* de Anastasio Marcelino Ubarte Balaguer (Carlos Porsile). La primera es compendio histórico sobre el Reino de Nápoles con la enumeración de los distintos gobernantes anteriores. No era la primera vez que eso se hacía, pero no en español. En el prólogo, el fraile carmelita Ponce de Soto especifica la deuda con otros eruditos anteriores, en particular con Capaccio, que ya había puesto orden, en lengua italiana, con la historia de la ciudad partenopea. Se presenta como hijo adoptivo de Nápoles, donde, según escribe, lleva cuarenta años residiendo e incluso perteneciendo al *seggio* de la Montaña. Es tanto el tiempo que se excusa (en una fórmula ampliada de la modestia de la *captatio benevolentiae*) de cometer algún error a la hora de escribir bien el español, lo que, por otra parte, permite especular sobre la menor presencia del castellano en la comunicación habitual en la corte. El texto está dirigido al marqués del Carpio y va precedido de una oda del *dottore* Domenico Conforto, de un pequeño proemio de Anastasio Marcelino Ubarte Balaguer, a quien cita a lo largo del libro, de elogio a la ciudad de Nápoles, y de cinco sonetos de varios autores, de menor relieve.

Ponce de Soto hace alarde de erudición con un completo repaso a todo lo relativo a Nápoles. Comienza con una relación de todos los gobernantes de Nápoles, con datos mínimos cronológicos que conforme van llegando al presente se hacen algo más prolijos. Conviene detenerse en el juicio de señalados virreyes para ver cómo se va configurando una tópica sobre sus virtudes o sobre los hechos más destacados de su gobierno. La relación se completa más adelante, en unas páginas de densidad política, en la que pasa revista de las actuaciones de carácter económico y de organización territorial de los distintos virreyes. En medio de ambos pasajes, el fraile desgrana los protocolos formales del virrey (por ejemplo, los de su vestimenta y, en concreto, en varias páginas, la de sus salidas en público), así como los datos precisos sobre población, perímetro urbano, islas, caballos, castillos, fuerzas de milicia, galeras, rentas y modos de riqueza, en párrafos sucintos que parecen reforzar ciertos tópicos sobre la ciudad que ya se han visto en los textos literarios antes comentados. Esta primera parte concluye con la loa del marqués del Carpio, que aparece glorificado como príncipe ideal bajo el motto *O Carpio Licet*.

La segunda parte se abre con quizá el pasaje más interesante del texto, donde Ponce de León explica con escasas sutilezas el concepto de razón de Estado aplicado a Maquiavelo y la defensa de una política providencialista, encarnada por los monarcas austríacos en alianza con el poder religioso y eclesiástico. Una relación de los distintos tribunales de justicia o de control económica, con las distintas ramas del derecho, deriva en un apartado (también singular en el contexto de una especie de breve enciclopedia napolitana) sobre cuál deben ser los atributos del hombre sabio. Lo hace conformando su vida en tres fases, como si fuera una comedia de iguales actos, en cuya formación aparecen los rasgos indispensables del humanista. Deja paso este excurso sobre la formación del letrado a una explicación detallada de la forma de gobierno de la ciudad, con ligeras notas sobre la estructura urbana y social de Nápoles y sobre sus principales características. De entre ellas, resulta relevante a efectos de un posible canon literario partenopeo, el parágrafo dedicado a sus ilustres poetas, en el que, por cierto, no aparecen voces castellanas:

Ennio, Pacuvio, Horacio, Ovidio, Juvenal, Estacio, Torquato Tasso, Sannazaro, Marino, Pontani, Anisii, Epicuj, Bosi, Constanzi, Galeoti, Pignatelli, Capecci, Arandoli, Pelegrini, Tansili, Stigliano (...) queriendo hasta los güesos de un Virgilio ser coronado del laurel de las espondas del deleitoso Pusílipo.

170

Un extenso elenco de príncipes, duques, marqueses, condes, señores distribuidos por los *seggi* de la ciudad antecede a un par de largos recorridos históricos sobre la casa de los Habsburgo y sobre la casa de Haro a la que pertenece el virrey, que termina con elogios extraordinarios hacia su figura. No falta en este último tramo de la relación erudita la mención de los símbolos asociados a la ciudad, así como de los conventos, monasterios, conservatorios, hospitales, iglesias, reliquias e imágenes que pueden conformar la Parténope sacra que figura en la portada y que conduce hacia el final del libro. El libro de Ponce de Soto constituye un ejemplo máximo de la legitimación de dos órdenes simultáneos: el del poder del virrey y, "correlativamente", como se dice de modo explícito en uno de los pasajes finales, el de la monarquía hispánica a la sazón encabezada por Carlos II.

La construcción de un imaginario napolitano en las páginas de Ponce de Soto, que presenta como suyo en muchas ocasiones y en especial al final del libro donde repite con frecuencia "nuestra Nápoles", encuentra en el libro de Uberte Balaguer un complemento de orden moral y político. Uberte Balaguer era ya un prestigioso erudito de los ambientes religiosos napolitanos. Se había destacado años antes, entre los años 1677 y 1678, por la participación beligerante en una polémica de orden político, abierta por una persona bajo el seudónimo de Moderno, que defendía el permiso para que las rameras pudieran ejercer dentro de los castillos del Reino de Nápoles, como mal menor contra los, al parecer, habituales desórdenes públicos. Uberte Balaguer verá publicada su respuesta en su libro *La obligación prevenida*, publicado en Pozzuoli en 1678, en el que rechaza con abundante argumentación erudita la opción de permitir y, en cierto modo, alentar la prostitución en los territorios de los presidios, competencia y soberanía del rey español. El tema debió de ser enjundioso, a juzgar por el tamaño de los preliminares que incluye la edición, en el que escriben numerosos representantes de las distintas órdenes religiosas (carmelitas, franciscanos, dominicos y jesuitas) y por la dedicatoria al mismo Carlos II, al que hace principal responsable último de la situación en los castillos y presidios construidos y defendidos en la costa italiana. El texto tuvo que publicarse en Pozzuoli, además, dada la gravedad del asunto y de la celeridad con que quería verlo publicado, pero toda la maquinaria paratextual está firmada en Nápoles. Así lo indica Gerónimo Lamarra: "solo le encargo a vuestra merced la brevedad de imprimirlo, aunque para ella lo haga fuera de esta ciudad, porque en cualquiera otra se conseguirá la licencia con menos tiempo y se evitarán los encuentros políticos que se pueden ofrecer en perjuicio del servicio de Dios y del Rey Nuestro Señor". El mismo Uberte lo admite más adelante, con el añadido de no querer enturbiar demasiado el ambiente, aunque lo cierto es que ese mismo año había ya publicado unas *Prevenciones de discretos del no ser del ser político*, de sentencia, como dirá, "satírica". A propósito de estos dos textos, Uberte hará una interesante reflexión teórica sobre la naturaleza genérica de los textos argumentativos o de expresión del pensamiento: en el prólogo de *La obligación prevenida* se lee: "porque en este Tratado son muy impropios los hipérboles y muy ajenos los discursos que comúnmente llaman *críticos*, por extravagantes y misteriosos y por sobradamente sutiles y con frases y vocablos más cultos".

Este tipo de textos resulta muy significativo y ejemplar para entender cómo funciona la maquinaria de una polémica de asunto no intranscendente, la participación de las élites cultas, de responsabilidad religiosa, y el trasiego impresor y publicista que resulta de todos estos movimientos dialécticos. Puede llamar la atención, y debe consignarse como nuevo aspecto paradigmático, la ausencia del virrey en el aparato belicoso de esta polémica, solo salvada por la presencia del ya citado Lamarra, capellán real, que es el responsable de sugerirle la publicación en otro lugar distinto de Nápoles. Quizá la autonomía del poder religioso sea explicable en estos casos.

Esta pequeña pero sintomática ausencia se compensa con la apabullante presencia en *La cordura gobernadora*, un compendio de temas y asuntos relativos a la manera de gobernar, con hechuras de espejo de príncipes. Fue escrito antes de la llegada de Gaspar de Haro al virreinato, pero va destinado desde el prólogo a su figura. La primera aprobación aparece firmada el 20 de enero de 1683 y la toma de posesión del marqués del Carpio es del 16 de enero. Una de las aprobaciones, la del franciscano Miguel de Berraín, define el texto como "una carta de marear en el escuro, por profundo, piélago político que a los entendidos en el arte puede servir de libro de acuerdos y a los que anhelan a serlo, de gustoso doctrinal". En efecto, el libro repasa las principales doctrinas políticas del momento, en línea con el antimaquiavelismo de Ponce de Soto y en correspondencia con las ideas estoicas del buen gobierno, como la admisión de la adversidad como escuela de aprendizaje, la dorada mediocridad entre el rechazo de la codicia y el necesario uso de la gala para la exhibición de poder, la práctica de la caridad con los pobres, la precaución con los cortesanos y los privados, las estrategias para conservar un reino, en la clásica diatriba que propone Maquiavelo y que los tratadistas católicos intentan arrimar a sus intereses. Los textos que sirven de base a sus consideraciones político morales proceden de las sagradas escrituras, a las que dota de una interpretación sistemática de la defensa del dictado religioso sobre las materias de orden profano.

Son muchos los temas que surgen, escritos en un estilo deliberadamente oscuro, dada la naturaleza grave de los asuntos, pero inclinado a un laconismo que Quevedo en sus últimos textos (como el *Marco Bruto*) y Gracián en sus tratados políticos desarrollan con idéntica densidad de pensamiento. En este caso, Uberte Balaguer parece alumno muy aventajado que lleva en ocasiones al paroxismo este ejercicio de aticismo elocutivo, necesitado de auxilio hermenéutico. Es muy probable que su destino sea el de los propios cortesanos, y no de todos, aficionados a un cierto escolasticismo de mayor complejidad argumentativa. El penúltimo capítulo es resumen de buena parte del desarrollo anterior y en él extrema esa brevedad y esa sentenciosidad de frases cortas, contrapuestas al límite de la paradoja, y con elipsis y sobreentendidos acumulados. De los treinta y dos capítulos del texto, no muy extenso como suelen ser los *specula Principis*, el dedicado a "Atajar forajidos" es el que propone medidas específicas y concretas, en el contexto más o menos conocido del bandolerismo/bandtismo del *Regno di Napoli*. La bibliografía sobre el fenómeno es muy abundante, no solo en su descripción como en su interpretación política. Lo cierto es que Uberte parece considerarlo grave en ese momento de ascensión del marqués del Carpio al poder: sus soluciones repasan el dilema -también clásico entre la doctrinas políticas- entre piedad y justicia, o entre compasión y crueldad. Pero en este caso entra en terrenos prácticos sobre la utilidad y la manera de emplear a los delincuentes en la milicia como castigo o como redención: "no es el medio más eficaz dividirlos con indultos, destinarlos a guerra peligrosa donde paguen sus delitos: se animan otros a poblar las campañas cuando faltan aquellos viendo la facilidad del perdón". La argumentación pasa a medidas muy concretas:

> En los primeros días de sus arrestos no hay tratarlos con caricias, sino a sangre, y luego experimenten los rigores porque, aunque sean pocos, se pueden agregar otros. (...) No son menester Tercios militares para vencerlos, sí paisanos de sangre celosos, que, asistidos de buenos cabos, no habrá emboscada que no se penetre ni cóncavos en los peñascos donde se oculten y en flagrante delito con el tormento averiguado el influjo y ardid, reciban la pena. Con la misma, padezca el que fomenta y anhelarán todos la paz o se retirarán de enturbiarla.

La conclusión parece preferir la beligerancia y la guerra al compromiso pacífico o compasivo, con la mirada (algo maquiavélica) de conservar el orden:

> La CORDURA como práctica también lo avisa; como noticiosa, lo persuade; y, como informada, así lo ordena. Pues lo demás es contemplación especulativa, que retarda los frutos de la ejecución, porque son muchos los que discurren con prudencia y obran sin ella en la mayor vigencia: se ostentan valerosos en la paz, siendo en realidad cobardes para emprender y aconsejar la guerra contra forajidos.

El texto de este capítulo es ejemplo singular de la *dispositio* de cada uno de los breves ítems y pone de manifiesto, con claridad meridiana, la atmósfera política y administrativa de la corte del Reino de Nápoles. Junto al texto de Ponce de Soto, constituye literatura oficial, discurso autorizado sobre el modo de ejercer el poder y, entre líneas, muestra la realidad conflictiva, convulsa del interior del *Regno*. Puede resaltarse la naturaleza encomiástica y laudatoria de los textos hacia el novísimo virrey, pero en sus halagos o en la presentación de sus virtudes hay, por negación, una suma de los principales problemas que una dinastía de ínfulas imperiales tiene en la conservación de la *pax* en territorios que gobierna a distancia y por delegación. Algunas de las observaciones valen para la gobernanza madrileña, pero, en general, la mirada se centra en las dificultades del virrey en administrar gente y territorio, justicia y organización, en un reino de una riqueza y complejidad creciente como el napolitano.

Epílogo

La investigación sobre Nápoles, a medida que se avanza, se muestra inabarcable. En este libro hay caminos previstos que no encuentran a priori un horizonte definido. Los estudios sobre el último periodo del virreinato constituye un campo sin explotar (piénsese, por ejemplo, en el médico de origen tal vez judeoconverso Luis Enríquez de Fonseca y sus *Ocios de los estudios. Versos y discursos filológicos*, publicado en 1683, en la imprenta de Salvador Castaldi, aún por estudiar), pero aquellos que en apariencia parecen muy resueltos ofrecen margen para la especulación y el análisis. Las conclusiones, pues, se antojan provisionales y no siempre articuladas del todo en un conjunto coherente. Las enumeraré con ánimo de clarificar (a mí mismo el primero) el denso panorama.

1.- El periodo elegido es amplio pero parece poseer rasgos comunes. La infraestructura creada por Pedro de Toledo, con el aparato burocrático más o menos perfilado, se mantiene, con ligeras variantes, a lo largo del tiempo. Las jerarquías de gobierno, las instituciones, las normas de funcionamiento, las relaciones orgánicas no sufren sustanciales cambios. Con el paso de los distintos virreyes, se refuerzan ciertas mecánicas y se diluyen otras, pero, en general, se conserva una orientación política definida. La legitimación del régimen virreinal acompaña a las acciones y puede rastrearse en los textos analizados una comunidad de discursos en la descripción de la *polis* partenopea. La historiografía moderna elude la palabra *colonia* para referirse a este tipo de articulación política, pero ronda, al menos en cuestiones de orden cultural, una construcción de esa naturaleza. Los textos analizados suelen contar episodios y aventuras de protagonistas españoles, pero, sobre todo, de personajes que viven en el entorno de los españoles en Nápoles. Es el ambiente español el que se destaca, salvo casos contados que los estudios literarios españoles no comprenden. El ejemplo de Garcilaso, en este aspecto, es demasiado notorio. Garcilaso, que suele vincularse al virrey o la virreina o a Boscán en los libros de literatura española, debe su obra a su contacto continuo con poetas y eruditos napolitanos. La lista de autores que conmemora en sus textos no viene al caso, pero es suficiente para incluirlo entre la literatura napolitana de su tiempo.

2.- El mapa físico de ese ambiente también es claro a lo largo de los textos. Puede ser reducido al croquis de unos círculos concéntricos con el núcleo principal situado entre el Castel Nuovo de los primeros tiempos y las sucesivas ampliaciones del Palazzo Reale. Muchas de las obras recuerdan ese espacio. La *Question d'Amor*, *Propalladia*, los escenarios del teatro palatino o de las autobiografías de Miguel de Castro o de Duque de Estrada, se completan con los ya cortesanos y oficiales discursos poéticos de Silveira o de Gual o las consideraciones histórico políticas de Ponce de Soto y Uberte Balaguer.

El segundo círculo interno abarca los lugares del dominio español: el omnipresente *Cuartel* (*Quartieri Spagnoli*), donde viven muchos de ellos, entre la soldadesca; las calles del ambiente prostibulario, alrededor de la taberna del Cerriglio y próximo a la Puerta del Mar, en el Nápoles más cercano al castillo y de origen medieval, hoy desaparecido. En ese mismo círculo se hallan los aledaños y anexos del poder palaciego, en el barrio de Pizzofalcone, en donde las cada vez más numerosas personas del séquito cortesano tienden a residir, y, sobre todo, en la institución más importante de protección de los españoles que es la denominada *Insula* de san Giacomo degli Spagnoli, ramificada en distintas instituciones de misericordia siempre al servicio de la comunidad española en Nápoles. En ese radio de acción, que se puede extender a los brazos de la *Vicaria* donde se juzga a los delincuentes, se acumula la mayor parte de las peripecias, de los episodios relacionados con la ciudad partenopea, lo que apunta, sin duda, a una concentración de la vida de los españoles en unos limitados espacios de la cartografía urbana.

Un tercer círculo está constituido con las fronteras o los límites de ese poder hispánico: en primer lugar, el *Molo*, el muelle que comunica Nápoles con un vastísimo horizonte marítimo que incluye casi todo el Mediterráneo, desde las costas levantinas de la península ibérica hasta Constantinopla, con incursiones ocasionales en enclaves del norte de África. Los relatos de aventuras colocan a Nápoles en una especie de punto neurálgico imprescindible, cabeza de puente de todo el imperio austríaco en el sur de Europa. Y esos relatos de aventuras llevan además una dimensión diplomática y política que explica el nacimiento de algunos discursos políticos, como sucede con los de Quevedo sobre Venecia o sobre los uscoques, o el de la autobiografía de Duque de Estrada, fascinante derrota por todos los puertos del Tirreno y del Adriático, con exóticas entradas en el interior de Transilvania o de la misma Viena. En el *Molo* se concentran las idas y venidas de los virreyes, la preparación de las galeras armadas para auxilio de batallas. Es paso obligado que los textos leídos certifican y que funciona, en algunos casos, como estímulo para la narración.

En este círculo periférico de lindes, hay que contar con las puertas de la ciudad, como la del Mar, que sirve de escenario para *El condenado por desconfiado,* o la puerta de Chiaia o la puerta del Mercado o del Carmen, que dan salida a las principales vías hacia el oeste y el sureste de la ciudad, y cuyo tránsito introduce elementos de cierto suspense narrativo. En la primera puerta, se sitúa una capilla que suele utilizarse como refugio o retraimiento de maleantes en la autobiografía de Miguel de Castro, mientras la segunda puerta del Mercado conduce al Ponte della Maddalena, citado por ser lugar de trasiego de hombres y de control del orden público, que aparece en *La fuerza del amor* de María de Zayas.

El cuarto círculo recoge los lugares del *otium* patricio, de la clase nobiliaria que reúne a cortesanos para celebrar allí academias o saraos de intensa actividad literaria. En él entran las villas de la Mergellina de Sannazaro o las de Pusílipo (como en el texto de Suárez de Figueroa), con la contemplación además de los espectáculos marinos, a bordo de falúas o góndolas fastuosamente engalanadas. Al otro lado de la ciudad, Leucopetra, Pietrabianca, resulta fundamental, desde su función como receptora de la llegada de Carlos V de la campaña de Túnez hasta la posible ubicación del diálogo valdesiano sobre la lengua española.

Un quinto círculo, de referencias más ocasionales, comprende los espacios cercanos que rodean el circuito urbano. Las erupciones del Vesubio en 1631 aparecen en los relatos de Duque de Estrada y en un episodio de Alonso de Contreras; los caminos de Miguel de Castro por la *Terra di Lavoro*, desembarcado en la costa del golfo de Salerno (Amalfi o Vetri); las alusiones a Púzol (Pozzuoli), siempre relacionados con el tránsito con la península, en María de Zayas o en el *Estebanillo González*; o las islas de Procida (teatro de uno de los episodios más interesantes de la autobiografía de Miguel de Castro) y, sobre todo, de Isquia, con la singular corte promovida por los marqueses de Pescara, Fernando D'Avalos y Vittoria Colonna, que Garcilaso tuvo que conocer sin duda alguna.

Esta cartografía napolitana parece constituir el espacio de la literatura española, reunido en torno al Palazzo Reale, sede física y simbólica del poder de la monarquía hispánica: física porque funciona como parte esencial de los resortes narrativos o dramáticos para las acciones, con sus lugares acotados o limitados a modo de escenografía operativa; y simbólica, porque su trazado evidencia una posición jerárquica, una disposición política en el sentido incluso más literal del término, con su ágora, su teatro de representación e incluso su identidad histórica y legitimadora. El espacio de Nápoles es un espacio de reconocimiento inmediato, creado a imagen de una delegación dinástica que, a su vez, pretende ser simulacro de un reino independiente, con su administración autónoma, alrededor de la figura omnipresente del virrey. Los círculos concéntricos parecen el diagrama correspondiente a este modo de gobierno, como un sistema solar, metáfora, que como otra parte, está presente en la configuración mental del poder político en el siglo XVII y que los Austrias pretenden apropiar como santo y seña de su imperio.

3. Los estudios sobre lo napolitano se han centrado sobre dos periodos singulares: el del gobierno *albano* de Pedro de Toledo (1532-1553) y el de Pedro Fernández de Castro, el VII conde de Lemos (1610-1616); el primero, por su prolongado y decidido ejercicio del cargo, y el segundo, por la especial inclinación por las letras y, sobre todo, por tener especial cohorte a su servicio próximo, a pesar del escaso tiempo en la ciudad napolitana. Es muy posible que tal concentración se deba a la canonización ulterior de Garcilaso o a la de los escritores que formaron el séquito de Lemos, y no tanto del impacto de esos autores en Nápoles. Piénsese de inmediato en los Argensola o en el conde de Villamediana, cortesanos eruditos del de Lemos cuya huella en Nápoles es muy escasa o difícil de describir.

Question d'Amor y *Propalladia* se imprimen al calor del triunfo del Gran Capitán. Garcilaso y Valdés se mueven alrededor de Pedro de Toledo, así como el *Viaje a Turquía*, aunque se presenta algo más intemporal en las referencias. Miguel de Cervantes llega después de Lepanto, mientras gobierna el cardenal francés Granvela, aunque los pasos del peregrino del *Viaje del Parnaso*, escrito más tarde, decidan no entrar en el Nápoles del conde de Lemos. Los Guzmanes pululan por Nápoles con el conde de Benavente como referencia. María de Zayas debió de residir en Nápoles en la corte de Pedro Fernández de Castro, pero su *novella* napolitana no verá la luz hasta 1637. Los poetas dramáticos que colocan Nápoles como escenario lo hacen por esas fechas: Lope escribe *El desdén vengado* en 1617 y de 1618 es la *princeps* de *El perro del hortelano*; Tirso ve impreso *El burlador de Sevilla* en 1630, pero se aventura 1617 como año de representación de una posible versión primera. De *El condenado por desconfiado* es difícil determinar el año, pues parece intemporal la dramaturgia. El relato autobiográfico de Miguel de Castro comienza en el virreinato del conde de Benavente, personaje que vemos muy de cerca, en su aseo personal, y se interrumpe en el de Lemos, de igual modo que sucede con el primero de los libros de Suárez de Figueroa, *El pasajero*, de 1617, que, a pesar de todo, describe las características de la ciudad partenopea sin una precisión cronológica; sí es más evidente en el caso de *Pusílipo*, 1629, escrito bajo el gobierno del duque de Alcalá. Quevedo resulta indisociable del gobierno del duque de Osuna, mientras el poeta portugués Miguel de Silveira y el erudito Antonio Gual ven publicadas sus obras de propaganda y exaltación virreinal durante el virreinato del duque de Medina de las Torres, entre 1637 y 1639. La *Vida de Estebanillo González* narra dos momentos distintos de la Nápoles del siglo XVII: el primero, en 1632, con el conde de Monterrey, y el segundo, en 1644, a finales del *viceregno* del duque de Medina de las Torres. Los *Comentarios del desengañado de sí mismo* de Duque de Estrada abarca un periodo amplio, desde el final del conde de Lemos hasta el año 1644 o 1646, a punto, pues, de la revuelta de Masaniello. En ellos se cuenta la llegada y la salida del duque de Osuna, en páginas llenas de tanto interés histórico como de tensión dramática. Bajo el conde de Monterrey, al que le dedica elogios extraordinarios, se desarrolla la *Vida* napolitana de Alonso de Contreras, con el episodio singular de la erupción del Vesubio de diciembre de 1631. Los poetas sardos, Delitala y Zatrilla y Vico, entran en contacto con Nápoles gracias al marqués de los Vélez, pero es durante el virreinato del culto marqués del Carpio, en el mismo año de su muerte, 1687, cuando el segundo ve publicados sus *Engaños y desengaños del profano amor*. Unos años antes, en 1683, dos cortesanos como Ponce de Soto y Uberte Balaguer publican, *ad maiorem gloriam* del mismo marqués del Carpio, dos libros de legitimación política y de construcción evidente de una identidad napolitana más o menos definitiva. En concreto, el *Memorial de las tres Parténopes* ofrece un extenso repertorio del imaginario histórico-cultural napolitano, un compendio de elementos constitutivos de algo parecido a una identidad partenopea. En él no aparecen signos de la presencia española a estos niveles literarios: solo sobre Lemos, de quien podría señalar la *Accademia degli Oziosi*, dirá que fue "aficionadísimo a los hombres de letras", pero poco más.

Esta larga relación cronológica prueba una presencia no sistemática de voces hispánicas: son testimonios aislados, sucedidos en distintas etapas del virreinato, con aspectos comunes en algunos casos, pero no con una continuidad llamativa. Y no todas obedecen a los mismos estímulos: quizá podría observarse, casi al final del periodo, una mayor adecuación de los textos a una propaganda política definida: la maquinaria burocrática parece lograr con el tiempo y, con las crisis estructurales como la que da pie a la revuelta de Masaniello, controlar la producción de discursos de aceptación y legitimación virreinal.

4. Las obras analizadas pertenecen a distintos géneros. No es posible trazar una línea definida con mimbres tan dispares. Una novela pastoril, un recopilatorio de obras dramáticas con un proemio de referencia para la poética teatral, poesías de impronta grecolatina, un libro de viajes, relatos picarescos de rica intertextualidad, *novelle* de ambiente algo turbio o de erudición desbordante, comedias palatinas con conflictos morales y políticos básicos, autobiografías de soldados o de algo más que soldados, misceláneas de entretenimiento, tentativas de renovación poética como el conjunto de silvas, poemas heroicos y encomiásticos, enciclopedias sobre la historia de Nápoles o espejos de príncipes compuestos a*d hoc* para el poder virreinal. Los diferentes discursos también poseen una diversa dimensión pragmática. Muchos de ellos ni siquiera tuvieron recorrido impreso y algunos solo se conocieron siglos más tardes. Los casos de las autobiografías de soldados son bien elocuentes, rescatadas hoy de un olvido doble: el de sus peripecias y el del impacto de tales historias en el campo literario en el que pudieron haberse producido. También experimenta semejante *lacuna* el *Diálogo de la lengua* valdesiano, hoy singular documento de un *status quaestionis* lingüístico, pero ignorado en vida y, por tanto, desprovisto de su proyección práctica. No lo es tanto el propio Valdés, cuyo influjo y ascendencia sobre los intelectuales napolitanos es mucho mayor que la de otros autores que colocan a Nápoles entre sus intereses especiales. Tanto Garcilaso como Quevedo escriben sus innovaciones poéticas bajo el influjo de un ambiente propicio para una imitación grecolatina más sofisticada. Las circunstancias en ambos casos (la muerte abrup-

178

ta en el de Garcilaso y el final del virreinato del duque de Osuna, en el de Quevedo) ponen fin a lo que podría haber sido un fenómeno más desarrollado en el *entourage* napolitano. En el caso del poeta toledano, parece evidente que el resultado de algo generado y desarrollado en Nápoles se traslada, Boscán mediante, a las imprentas barcelonesas en 1543 y abandona una posible recepción napolitana. Aunque hay edición veneciana en 1555, es definitivo el desembarco de Garcilaso en el canon hispánico, con las sucesivas ediciones comentadas del Brocense y Herrera, más de cuarenta años más tarde.

Esta forma de impacto diferido en España, en los círculos de lectores y eruditos, es el observable en la mayor parte de los discursos aquí analizados. Nápoles acaba sirviendo de referencia en el interior del sistema literario madrileño, por metonimia de la corte: el autor del *Viaje de Turquía,* Miguel de Cervantes, María de Zayas, los poetas dramáticos, los autores de las voces picarescas se apropian del imaginario napolitano para los lectores/as españoles, que no conocen o no han estado en Nápoles. El consumo de tales discursos se hace en clave ajena o exótica: Nápoles es un espacio que está lejos y, por tanto, no es, a priori, destinatario de las observaciones de los escritores. Esta percepción es quizá la del viajero o el del visitante efímero, sabedor de que sus experiencias deben proyectarse sobre la mentalidad de sus contemporáneos en España. Esto sucede, curiosamente, a finales del siglo XVI y principios del siglo XVII, en los reinados de Felipe II y Felipe III, cuando se extrema la concepción de Nápoles como puente de avance de la ofensiva militar en el Mediterráneo y cuando se refuerza la relación entre Madrid y la corte virreinal. A mayor presencia política del monarca hispánico, mayor dependencia de los productos culturales con la corte: esto explica que las obras publicadas en esas fechas, con Nápoles como elemento de importancia, sean expuestas a un público necesitado, tal vez, de información sobre lo que sucede en los lugares de vanguardia en la lucha por la hegemonía europea.

Fuera de ese periodo de gran interacción política se observa una recepción endogámica, tanto en las obras publicadas después de la incorporación de Nápoles a la corona de los Austrias, *Question d'Amor* o *Propalladia*, como en las publicadas cuando la debilidad del rey Felipe IV en Europa se hace evidente, cuando comienzan a llegar signos de rebeliones internas a partir del año de 1635 y, sobre todo, cuando la revuelta de Masaniello hace mella en la naturaleza de la dependencia política de Nápoles con Madrid. Los textos comentados de Silveira o Gual, con el duque de Medina de las Torres, o los de Ponce de Soto y Uberte Balaguer, con el marqués del Carpio, son consumidos (con toda la parafernalia encomiástica) en clave localista, con destinatarios reconocibles y con una intencionalidad pragmática que se termina en los propios límites de Nápoles. Se unen, pues, en esta proyección hacia dentro, las obras que vieron la luz con la inercia del poder aragonés, reconocido como más soberano, y las que, de vuelta de un periodo de regresión política, miran hacia el interior de la ciudad (metropolitana) que, en poco tiempo, querrá poseer una autonomía mayor sobre las dinastías dominantes de Europa.

Bibliografía

Nota bibliográfica

La bibliografía sobre Nápoles, sobre el Reino de Nápoles, en su dinámica interna, su relación con la corte madrileña, con la dinastía de los Austrias, su interdependencia con otros territorios ha experimentado en los últimos años un aumento casi exponencial. Podría hablarse en términos de una auténtica renovación historiográfica, consolidada en el siglo XXI, capaz de ofrecer una imagen muy compleja de la Nápoles del XVII. Los estudios de Galasso, Coniglio, Villari o Musi, entre otros, a finales del siglo XX, han dado paso a un nutrido grupo de estudiosos españoles, como Hernando Sánchez, Rivero Rodríguez o Carrió-Invernizzi, entre una extraordinaria cantidad de investigadores/as jóvenes que han hecho sus tesis doctorales sobre aspectos muy concretos del arte o de la cultura napolitanas en el periodo virreinal, que han contribuido a delinear con mayor precisión y finura intelectual los perfiles poliédricos de la monarquía hispánica en el Reino de Nápoles, en Nápoles y, por extensión, en toda Italia (véase una síntesis crítica en Colomer 2009).

Los avances en el terreno de la historiografía han corrido paralelos al de los estudios literarios. En particular, es notorio el de la profesora Fosalba que ha sabido promover un equipo, procedente de varias filologías (hispánica, italiana, clásica), que ha propuesto un nuevo acercamiento a la obra de Garcilaso de la Vega, con la reconstrucción de las coordenadas históricas y literarias en las que el gran poeta se vio inmerso durante su estancia en Nápoles, etapa decisiva de su trayectoria. Este trabajo, conocido con el nombre de ProNapoli, ha dado lugar a monografías colectivas, varias fichas bibliográficas con los autores principales del entorno napolitano (Luigi Tansillo, Juan Boscán, Bernardo Tasso, Onorato Fascitelli, Pietro Bembo, Antonio Sebastiano Minturno, Vittoria Colonna, Miquel Mai, Jacopo Sannazaro, entre otros) y a avances muy destacados en la descripción de las academias, el (neo)clasicismo de sus propuestas o en la edición de ciertos textos.

El rico fondo de la Biblioteca Nazionale di Napoli está siendo revisado y estudiado con sistematicidad notable, a partir del catálogo de Alfonso Miola (1895). Miola se limitó, en un trabajo excepcional, a consignar los primeros versos de los poemas manuscritos en español. El catálogo Martini-Ortiz, elaborado con posterioridad, pudo añadir algunas referencias sobre la autoría de ciertos poemas, pero en general sus aportaciones adicionales son escasas. La

180 distinta bibliografía moderna ha ido cubriendo la información sobre esos textos, en particular la relativa a las obras de teatro allí incluidas: comedias de Lope o de Miguel Sánchez el divino, pero aún quedan muchas lagunas por resolver. En un trabajo reciente se hace repaso de quince manuscritos que contienen en mayor o menor grado poemas escritos en lengua española (Candelas Colodrón 2019): entre estos, el manuscrito I E 38, que ofrece un poema extensísimo sobre la célebre rebelión de Masaniello, escrito en décimas y con una división macroestructural en cantos, a la manera de una poesía épica; el manuscrito I E 62, que bajo apariencia de horóscopo o librillo de entretenimiento a una tal Jerónima de Ossorio, incluye poemas de sátira política (en especial sobre la situación bélica en Europa) de finales del XVI; el manuscrito I E 40, que reproduce *La Africana* de Miguel Sánchez de Lima con la dedicatoria a Alessandro Farnese o el manuscrito XII G 42, que además de décimas de encomio a una dama, de caligrafía *cinquentesca*, incluye un *Diálogo del Amor y el Viejo*, y que ya fue dado a conocer por Pérez Priego (2010) como complemento a la transcripción y estudio de Benedetto Croce. En este orden de exhumación de textos manuscritos de la Biblioteca Nazionale, Molinaro (2019) acaba de presentar en fecha reciente su edición crítica del manuscrito brancacciano V A 16, que contiene romances, redondillas, villancicos, letrillas de distinta autoría, entre ellos de Lope de Vega o de Góngora.

Estos trabajos fundamentales de investigación en diversas bibliotecas napolitanas como la del Archivio di Stato, la del Real Monte Manso della Misericordia (cartas del virrey Lemos con los méritos del creador del patronato Giovan Battista Manso), o la de la Società Napoletana di Storia Patria, son dirigidos desde el Departamento degli Studi Umanistici de la Università Federico II por Antonio Gargano y Flavia Gherardi, bajo el marbete de "Sillogi poetiche nella Napoli vicereale", y conducen a una renovación singular de los estudios sobre la literatura española en la ciudad partenopea.

Todo este panorama bibliográfico debe a Encarnación Sánchez buena parte de las indagaciones de utilidad: en especial, sus trabajos sobre la cultura impresa de Nápoles en los dos siglos del virreinato, *Imprenta y cultura en la Nápoles virreinal: los signos de la presencia española* (2007), un conjunto de trabajos sobre distintos aspectos y periodos de esa amplia época histórica. Sánchez, además de sus aportaciones personales, de extraordinario valor, ha contribuido a estos estudios con la organización de varios congresos alrededor de la cultura partenopea de esos dos siglos, con especial dedicación a los años primeros del siglo XVII. Las principales instituciones culturales, que aún mantienen con el pasado virreinal un vínculo notable, han sido sede de esos encuentros, como los celebrados en la *Fondazione Monte Manso Scala* o en la propia Biblioteca Nazionale (publicados luego en Sánchez, 2011). Sin el auxilio de toda su investigación, este libro sería impensable.

Fuentes primarias.

Question d'Amor, Valencia, Diego Gumiel, 1513.

Propalladia, Torres Naharro, Nápoles, Ioan Pasqueto di Sallo, 1517.

Garcilaso de la Vega, obra poética y textos en prosa, edición de Bienvenido Morros, Barcelona, Crítica, 1995.

Diálogo de la lengua, Juan de Valdés (1535-1541).

Viaje de Turquía, edición de Alfredo Rodríquez-López Vázquez, Cátedra, 2019.

Miguel de Cervantes. *Don Quijote de la Mancha*, edición de Francisco Rico, Madrid-Barcelona, Real Academia Española, 2015. // *Novelas ejemplares,* edición de Jorge García López, Madrid-Barcelona, Real Academia Española, 2013. // *Viaje del Parnaso y poesías sueltas*, edición de José Montero Reguera y Fernando Romo, Madrid-Barcelona, Real Academia Española, 2016.

Mateo Luján, *Segunda parte de la vida del pícaro Guzmán de Alfarache* . Edición de David Mañero, Madrid, Cátedra, 2007.// Mateo Alemán, *Guzmán de Alfarache*, edición de Luis Gómez Canseco, Madrid-Barcelona, Real Academia Española, 2012.

María de Zayas, *Novelas amorosas y ejemplares,* Madrid, Hospital Real, 1637.

Lope de Vega, *El desdén vengado*, manuscrito firmado, RES/109 de la BNE, 1617.// *El perro del hortelano,* en *Doce comedias de Lope de Vega,* Barcelona, Sebastián de Cormellas, 1618.

Tirso de Molina, *El burlador de Sevilla*, edición de Alfredo Rodríguez-López Vázquez, Cátedra, 2016. // *El condenado por desconfiado,* en *Segunda parte de las comedias del maestro Tirso de Molina,* Madrid, Imprenta del Reino, 1635.

Libro que comenzó en Malta Miguel de Castro, manuscrito mss/2597, BNE.

Cristóbal Suárez de Figueroa. //*El Pasajero,* Madrid, Luis Sánchez, 1617.// *Pusílipo* Nápoles, Lazaro Scoriggio, 1629.

Fernando Afán de la Ribera, *Fábula de Mirra*, Nápoles, Lazzaro Scorigio, 1631.

Francisco de Quevedo, *El Parnaso español*, Madrid, Díaz de la Carrera, 1648.// *Las tres musas últimas castellanas*. Madrid, Imprenta Real, 1670.

Miguel de Silveira. *Parténope ovante*, Nápoles, Egidio Longo, 1638? //*El sol vencido,* Nápoles, Egidio Longo, 1639.

Antonio Gual. *La Oronta,* Nápoles, Egidio Longo, 1637.// *El Cadmo,* Nápoles, Egidio Longo, 1639.

Vida de Estebanillo González, edición de Antonio Carreira y Jesús Antonio Cid, Madrid, Cátedra, 2012.

Diego Duque de Estrada, *Comentarios del desengañado de sí mismo*, manuscrito de la BNE: ms/2498. También edición de Henry Ettinghausen, Madrid, Castalia, 1983.

Alonso de Contreras, *Vida*, manuscrito de la BNE: mss/7460

José Delitala y Castelví , *Cancionero Hispanosardo. Manuscrito IE39 de la Biblioteca Nazionale di Napoli*, editio minor, edición de Flavia Gherardi y Manuel Ángel Candelas Colodrón, Nápoles, Pisanti, 2018.

José Zatrilla y Vico, *Engaños y desengaños del profano amor*, Nápoles, José Roseli, 1687.

Manuel Ponce de Soto, *Memorial de las tres Parténopes*, Nápoles, Novelo de Bonis, 1683.

Anastasio Marcelino Uberte Balaguer, *La cordura gobernadora*, Nápoles, Carlos Porsile, 1683.

Fuentes secundarias

Alcina, J. F. (2018): "La poesía latina de Garcilaso". Centro Virtual Cervantes..

Alonso Veloso, M. J., (2012)"Los madrigales de Quevedo", *Bulletin Hispanique*, 114-2 (2012), págs. 621-644.

Arce Menéndez, A., (2012), "Suárez de Figueroa ante Tasso: del plagio ocultado a la devoción declarada", *Cuadernos de Filología Italiana*, 2012, Vol. 19, págs.145-171.

Asensio, E., (1983): "Un Quevedo incógnito*: Las "silvas""*, en *Edad de oro*, 2 (13-48).

Béhar, R., (2018): "Garcilaso de la Vega y la canción napolitana", *Contexto latino y vulgar de Garcilaso en Nápoles. Redes de relaciones de humanistas y poetas (manuscritos, cartas, academias)*, Bern, Peter Lang, págs. 117-132.

Blanco, M., (2017): "La cultura ibérica del exilio marrano: Góngora y Camões en *El Macabeo* de Miguel Silveira", *e-Spania* [Online], 27|juin 2017.

Bonazzoli, V. (1981): "Gli ebrei di Napoli all'epoca della loro espulsione: II parte, Il periodo spagnolo (1501-1541)" *Archivo storico italiano*, 139 (1981), págs. 179-287.

Bonilla y San Martín, A. y Mele, E., (1902): *El cancionero de Mathías Duque de Estrada*, de la *Revista de Archivos, Bibliotecas y Museos*, Madrid, 1902.

Brown, J. y Elliott, J. H. (1981), *Un palacio para el rey. El Buen Retiro y la corte de Felipe IV*, Madrid, Alianza.

Cabo Aseguinolaza, F., (1992): "Realidad, ficción y autobiografía: a propósito de Miguel de Castro", en *IV Simposito Internacional de la Asociación Española de Semiótica*, ed. Romera Castillo, J., Madrid, Visor, 1992, págs. 587-594.

Caboni, P., (2017), Engaños y desengaños del profano amor *di Joseph Zatrilla y Vico. Edizione e studio*, Tesis Doctoral, Cagliari, Università degli Studi di Cagliari, 2017.

Caboni, P., (2019), ed. Joseph Zatrilla y Vico, *Engaños y desengaños del profano amor*, Madrid, Sial/ Prosa Barroca, 2019.

Calvo, T., (2019): *Espadas y plumas en la Monarquía hispana: Alonso de Contreras y otras vidas de soldados (1600-1650)*, Madrid, Casa de Velázquez, 2019.

Cancelliere, E., (2017), "La ciudad de Nápoles en dos comedias de Tirso de Molina y el poder del teatro, *Bulletin Hispanique*, 119-1 (2017), págs. 89-100.

Candelas Colodrón, M. Á. (1997), *Las silvas de Quevedo*, Vigo, Servicio de Publicaciones de la Universidad de Vigo, 1997.

Candelas Colodrón, M. Á., (2019): "La poesía española en los manuscritos de la Biblioteca Nazionale di Napoli: noticias y textos", en Sagrario López Poza, Nieves Pena Sueiro, Mariano de la Campa, Isabel Pérez Cuenca, Susan Byrne y Almudena Vidorreta (eds.). *Docta y Sabia Atenea, studia in honorem Lía Schwartz*, A Coruña, Universidade da Coruña, Servizo de Publicacións, 2019, págs. 145-166.

Cantú, C., (1865): *Gli eretici d'Italia. Discorsi storici*, Turín, Unione Tipografico Editrice, 1865.

Cantù, F., (2003): *L'Italia di Carlo V: Guerra, religione e politica nel primo Cinquecento*, Roma: Viella, 2003.

Capaccio, G. C., (1635): *Il forastiero*, Napoli, Giovan Domenico Roncagliolo, 1635.

Cappelli, F., (2013), "Italia en el encomio quevediano al duque de Osuna", en Alonso Veloso, M. J., *Italia en la obra de Quevedo*, Santiago de Compostela, Universidade, 2013.

Cappelli, F., (2017), "Hacia una definición del papel de Quevedo en Italia", *La Perinola*, 21, (2017), págs. 17-40.

Carreira, A., y Cid, J. A., (1990), ed. *La vida y hechos de Estebanillo González*, Madrid, Cátedra, 1990.

Carrió Invernizzi, D., (2008): *El gobierno de las imágenes. Ceremonial y mecenazgo en la Italia española de la segunda mitad del siglo XVII*, Madrid-Frankfurt am Main, Iberoamericana-Vervuert, 2008.

Carrió Invernizzi, D., (2008b): "El regreso de los virreyes de Nápoles a España (1665-1690)" en Halcón, F., coord. , *Italia como centro. Arte y coleccionismo en la Italia española durante la Edad Moderna*, Editorial Universidad de Granada y Universidad de Sevilla, 2018.

Carminati, C. y Nider, V. (eds.): *Narrazione e storia tra Italia e Spagna nel Seicento*, Trento, Università degli Studi di Trento, 2007.

Cáseda Teresa, J. (2020): "La *Cuestión de amor*, el *Dechado de amor*, la *Obra de un caballero, llamada Visión deleitable* y la *Corte de las tristes reinas*: del impresor Juan de Villaquirán ("Vasquirán") a las burlas y risas de Juan del Enzina", *Janus*, 9 (2020), págs. 119-145.

Cassol, A., (2000): *Vita e scrittura. Autobiografie di soldati Spagnoli del Siglo de Oro*, Milán, Edizioni Universitarie di Lettere, Economia e Diritto, 2000.

Celano, C. (1692), *Delle notizie del bello, dell'antico e del curioso della città di Napoli per i signori farastieri*. Napoli, Giacomo Raillard, 1692.

Ceriello, G. R., (1920): "*Comedias de santos* a Napoli nel '600", *Bulletin Hispanique* XXII (1920), págs. 77-100.

Chinchilla, R. H. (2010): "Garcilaso de la Vega, Catullus and the Academy of Naples", en *Calíope*, nº 16, 2, págs. 65-81.

Cione, E., (1938), *Juan de Valdés: la sua vita e il suo pensiero religioso*, Bari, Laterza, 1938.

Colomer, J. L., (2009): "España, Nápoles y sus virreyes", en Colomer, J.L., dir., *España y Nápoles Coleccionismo y mecenazgo virreinales en el siglo XVII*, Madrid, Centro de Estudios Europa Hispánica, 2009, págs. 13-37.

Colomer, J.L., dir., (2009): *España y Nápoles Coleccionismo y mecenazgo virreinales en el siglo XVII*, Madrid, Centro de Estudios Europa Hispánica, 2009.

Coniglio, G., (1983) *Il viceregno di don Pietro di Toledo (1532-1553)*, Nápoles, Giannini Editore, 1983, 2 vols.

Coniglio, G.,(1997): *Il regno di Napoli al tempo di Carlo V*, Nápoles: Ed. Scientifiche, 1997.

Coroleu, A. (2018): "Sobre la obra poética de Antonio Telesio, amigo de Garcilaso", en Fosalba-De la Torre Ávalos, ed., *Contexto latino y vulgar de Garcilaso en Nápoles. Redes de relaciones de humanistas y poetas (manuscritos, cartas, academias)*. Bern: Peter Lang, págs. 171-184.

Conrieri, D., (2010): "Schede secentesche. XLV. Francisco de Quevedo e Marcello Macedonio", *Studi secenteschi*, LI, págs. 366-370.

Conrieri, D., (2015): "Un modello secentesco di canzoniere tra Italia e Penisola ibérica" (in *Studi linguistici e letterari tra Italia e mondo iberico in età moderna*, a cura di M. Graziani e S. Vuelta García, Firenze, Olschki, 2015.

Croce, A., (1963): "Tirso de Molina e Italia", *Bulletin Hispanique,* 65 1-2 (1963), págs. 99-120.

Croce, B., (1915): *España en la vida italiana del Renacimiento*, Sevilla, Renacimiento, 2007. [Es traducción del libro de 1915].

Croce, B., (1900): *Illustrazione di un Canzoniere ms. Italo-Spagnuolo del secolo XVII*, Napoli, Stab. Tipografico della R. Università, Alfonso Tessitore e Figlio, 1900.

Croce, B., (1938): ed. Juan de Valdés, *Alfabeto cristiano*, Bari, Laterza, 1938.

Crosby, J. O., (1967): *En torno a la poesía de Quevedo*, Madrid, Castalia, 1967.

Czepiel,M, (2022): "Two newly discovered poems by Garcilaso de la Vega", *Bulletin of Spanish Studies* 99/5, pp. 741-776.

184   D'Agostino, M. y Gargano, A., (2014): "Cancioneros plurilingües en la Nápoles española: *Versos de Juan de la Vega* (Mattia Cancer, 1552)", Revista de Poética Medieval 28, pp. 189-210.

D'Agostino, M., (2018): *La nobil città de la sirena. Cultura napoletana.* Roma, Salerno Editrice, 2018.

D'Agostino, M., (2017): "La 'Égloga Nice' de Juan de la Vega", *Bulletin Hispanique,* 119/2, pp. 639-672.

D'Agostino, M., (2018): *La nobil città de la sirena. Cultura napoletana.* Roma, Salerno Editrice, 2018.

D'Agostino, M., ed., (2022): Juan de la Vega, *Versos*, Pisa, Edizioni ETS, 2022.

De Armas, F., (2006): *Quixotic Frescoes: Cervantes and Italian Renaissance Art*, Toronto, University, 2006.

De Armas, F.(2014): "El virreinato de Nápoles en las *Novelas ejemplares* de Cervantes", *Hipogrifo*, 2.1 (2014), págs. 87-98.

De la Torre Ávalos, G., (2016): ""… al servitio de la felice memoria del Marchese del Vasto". Notas sobre la presencia de Bernardo Tasso en la corte poética de Ischia", en *Studia Aurea*, 10 (2016), págs. 363- 392.

De la Torre Ávalos, G., (2017): "El grupo poético de Ischia y la adaptación al vulgar de la égloga piscatoria", en *Bulletin hispanique*, nº 119, 2, págs. 537 – 554.

De la Torre Ávalos, G., (2018): "Garcilaso y Alfonso d'Avalos, marqués del Vasto", en *Contexto latino y vulgar de Garcilaso en Nápoles. Redes de relaciones de humanistas y poetas (manuscritos, cartas, academias).* Bern: Peter Lang, págs. 221– 247.

De la Torre Ávalos, G., (2019): "Garcilaso de la Vega lettore di Vittoria Colonna: per una interpretazione del sonetto *Clarísimo marqués, en quien derrama*", en *Critica Letteraria*, nº 182, 1, págs. 13-39.

De la Torre Ávalos, G., (2020): *Garcilaso, Alfonso D'Avalos y el desarrolo de la literatura vulgar en Nápoles en la década de 1530,* Tesis Doctoral, Girona, Universitat de Girona, 2020.

De Miranda, G., (2000): *Una quiete operosa. Forma e pratiche dell'Accademia napoletana degli Oziosi (1611-1645),* Napoli, Fridericiana Editrice Universitaria, 2000.

Domínguez, J. M, (2012), "Redes y mecenazgo musical en torno a Nápoles entre 1696 y 1702", en Giorgio Monari (ed.), *Studi sulla musica dell'età barocca, Miscellanea Ruspoli,* vol. II (2012), Lucca, LIM, pp. 145-232.

Domínguez, J. M, (2015), "Carlos II en las óperas italianas entre 1674 y 1700" en Bernardo J. García y Antonio Álvarez-Ossorio (eds.): *Vísperas de sucesión. Europa y la Monarquía de Carlos II*, Madrid, Fundación Carlos de Amberes, 2015, pp. 375-395.

Elliott, J. H., (1990), *El conde duque de Olivares,* Barcelona, Crítica, 1990.

Enciso Alonso-Muñumer, I., (2004), "Revueltas y alzamientos en Nápoles. La crisis de 1647-1648 en la historiografía", *Studia historia. Historia moderna,* 26 (2004), págs. 129-153.

Enciso Alonso-Muñumer, I., (2008): "Nobleza y mecenazgo en la época de Cervantes" *Anales Cervantinos,* XL (2008), págs. 47-61.

Enciso Alonso-Muñumer, I., (2010): "Modelos de política cultural en Nápoles", en *Centros de poder italianos en la monarquía hispánica (siglos XV.XVIII),* coord, por José Martínez Millán y Manuel Rivero Rodríguez, vol. 3, 2010, págs. 1715-1796.

Ettinghausen, H. (1972), "Un nuevo manuscrito autógrafo de Quevedo", en *Boletín de la Real Academia Española*, LII (1972), págs. 211-279.

Ettinghausen, H., (1982), ed. Diego Duque de Estrada, *Comentarios del desengañado de sí mismo. Vida del mismo autor*, Madrid, Castalia, 1982.

Filioli Uranio, F., (2020): "Identidades, valor y precio: el mercado de los esclavos y de los cautivos en Nápoles y Valencia en la primera Edad Moderna", *Tiempos modernos,* 41, diciembre de 2020, págs. 1-16.

Firpo, M., (2015): *Juan de Valdés and the Italian Reformation*, Aldershot, Ashgate, 2015.

Fosalba, E., (2011): "El exordio de la *Epístola a Boscán*: contexto napolitano", en *Studia Aurea*, 5, págs. 23-47.

Fosalba, E., (2012): "Sobre la relación de Garcilaso con Antonio Tilesio y el círculo de los hermanos Seripando", en *Cuadernos de filología italiana*, nº 19, págs. 131-144.

Fosalba, E., (2015): "El desembarco de Garcilaso en Italia", Ínsula, 825 (2015), págs. 6-8.

Fosalba, E., (2016): "Más sobre Garcilaso en Nápoles. Epigramas funerales a la muerte de Ariosto", *Rinascimento meridionale. Napoli e il Viceré Pedro de Toledo (1532-1553)*, Napoli, Tulio Pironti, págs. 387-408.

Fosalba, E., (2018a): "La carta de Bembo a Garcilaso", Ínsula, 862 (2018), págs. 9-13.

Fosalba, E., (2018b): "Relevo del último humanismo pontaniano a la llegada de Garcilaso a Nápoles. (A modo de prefacio)", en Eugenia Fosalba y Gáldrick de la Torre Ávalos (ed.), *Contexto latino y vulgar de Garcilaso en Nápoles: redes de relaciones de humanistas y poetas (manuscritos, cartas, academias)*. Bern: Peter Lang Verlag, págs. 1-16.

Fosalba, E., (2018c): "Praxis neolatina y vulgar en Nápoles: contexto manuscrito de las odas neolatinas de Garcilaso", Eugenia Fosalba y Gáldrick de la Torre Ávalos (ed.), *Contexto latino y vulgar de Garcilaso en Nápoles. Redes de relaciones de humanistas y poetas (manuscritos, cartas y academias)*. Bern: Peter Lang Verlag, págs. 17-49.

Fosalba, E., (2018d): "Descripción del Ms. XIII AA 63 de la BN de Nápoles, transmisor de dos odas neolatinas de Garcilaso", en Eugenia Fosalba y Gáldrick de la Torre Ávalos (ed.), *Contexto latino y vulgar de Garcilaso en Nápoles: redes de relaciones de humanistas y poetas (manuscritos, cartas, academias)*. Bern: Peter Lang Verlag, págs. 297-327.

Fosalba, E., (2019a): *"Di qui Spagna et Italia han mostro / chiaro l'onor". Estudios para Tobia R. Toscano sobre Nápoles en tiempos de Garcilaso*, ed. Eugenia Fosalba & alii, Studia Aurea Monográfica, VIII , Universitat Autònoma de Barcelona, Bellaterra.

Fosalba, E., (2019b): *"Puchra Parthenope". Hacia la faceta napolitana de la poesía de Garcilaso*, Madrid, Iberoamericana Vervuert, 2019.

Fosalba, E., (2020): "La capa hecha sayo en el teatro de Torres Naharro o los comentarios de Badio Ascensio en la *Propalladia*", en Sánchez García, E. y Mondola, R., a cura di, *In onore di Pallade. La* Propalladia *di Torres Naharro per Ferrante d'Avalos e Vittoria Colonna. V Centenario dell'*editio princeps *(Napoli, Ioam Pasqueto de Sallo, 1517)*, Napoli, Tullio Pironti editore, 2020, págs. 197-210.

Fosalba, E., De la Torre Ávalos, G. (2017): *La Égloga renacentista en el Reino de Nápoles*, en *Bulletin Hispanique*, nº 119, 2, Presses Universtaires de Bordeaux.

Fosalba, E., De la Torre Ávalos, G. (2018): *Contexto latino y vulgar de Garcilaso en Nápoles. Redes de relaciones de humanistas y poetas (manuscritos, cartas y academias)*. Bern, Peter Lang Verlag, 2018.

Frutos Sastre, L., (2009), *El Templo de la Fama. Alegoría del marqués del Carpio*, Madrid, Fundación Arte Hispánico, 2009.

Frutos Sastre, L., (2013): "Questo vicerè è molto amico della musica. La imagen pùblica del monarca en Nàpoles" en *Devozione e Passione: Alessandro Scarlatti nella Napoli e Roma Barocca* a cura di Luca della Libera, Paolo Giovanni Maione, Napoli, Turchini edizioni, 2013, págs. 9-43.

Fulco, G., (1977), "Il diario di un consumatore di letteratura barocca a Napoli: Antonio Matina e lo spoglio critico della sua biblioteca", *Accademia d'Archeologia, lettere e belle arti di Napoli*, 51, Napoli, 1977.

Fulco, G., (1986): "Per il *Museo* dei fratelli Della Porta", en *Raccolta di Studi pubblicata in onore di Mario Santori*, Napoli, A. Fiory, 1986.

Furstenberg-Levi, S. (2016): *The Accademia Pontaniana: A Model of a Humanist Network*. Leiden: Brill, 2016.

Furstenberg-Levi, S. (2018): "Garcilaso and the Post-Pontano Accademia Pontaniana", en Eugenia Fosalba y Gáldrick de la Torre Ávalos (ed.), *Contexto latino y vulgar de Garcilaso en Nápoles: redes de relaciones de humanistas y poetas (manuscritos, cartas, academias)*. Bern: Peter Lang Verlag, págs. 297-327.

Gagliardi, D., (2019): "De aristócratas, ahorcados, hechiceras y clérigos salvajes: Nápoles en dos novelas de doña María de Zayas", *eHumanista*, 43 (2019), págs. 376-394.

Galasso, G., (1995) *Alla periferia dell'Impero. Il Regno di Napoli nel periodo spagnolo*, Turín: Einaudi, 1995. Traducción española como *En la periferia del impreio. La monarquía hispánica y el Reino de Nápoles*, Madrid, Península, 2000.

Galasso, G., (2006): *Storia del Regno di Napoli*, vol. II, *Il Mezzogiorno spagnolo (1494-1622)*, Torino, Unione Tipografico-Editrice Torinese, 2006, págs. 414-550.

Gallego, E. / Moya, F., (2013): "Las traducciones de textos del Anacreon de Quevedo exclusivas del manuscrito Nápoles", en Encarnación Sánchez García, dir., *Lingua spagnola e cultura ispanica a Napoli fra rinascimento e barroco*, Napoli, Tullio Pironti Editore, págs. 181-200.

García Aguilar, I., (2013) "Modelos editoriales para *El Parnaso* de Quevedo", en Alonso Veloso, M. J., ed., *Italia en la obra de Quevedo*, Santiago de Compostela, Universidade, 2013, págs. 147-181.

García López, J., ed., (2013): Miguel de Cervantes, *Novelas ejemplares*, Madrid, RAE, 2013.

García Santo Tomás, E., (2011): "Ruptured Narratives: Tracing Defeat in Diego Duque de Estrada's *Comentarios del desengañado de sí mismo* (1614-1645)", *eHumanista*, 17 (2011), págs, 78-98.

Gargano, Antonio (1993): "La oda entre Italia y España en la primera mitad del siglo XVI", en Grupo P.A.S.O., *La Oda*, ed. Begoña López Bueno, Sevilla, Universidad de Sevilla, 1993, págs. 121-145.

Gargano, Antonio (2005): *Con acordato canto. Studi sulla poesia tra Italia e Spagna nei secoli XV-XVII.* Napoli: Liguori Editore.

Gargano, A., (2008), "La égloga en Nápoles de Sannazaro a Garcilaso", en López Bueno, B., *La égloga*, Sevilla, Servicio de Publicaciones, 2008, págs. 57-76.

Gargano, A., (2011): "Riflessione e invenzione nell'Epístola a Boscán di Garcilaso de la Vega", en Antonio Gargano (ed.), *"Pero convien ch'io canti per disdegno". La satira in versi tra Italia e Spagna dal Medioevo al Seicento.* Napoli: Liguori Editore, 2011, págs. 73 –116.

Gargano, A., (2014): "Lettura del sonetto "Ilustre honor del nombre de Cardona" de Garcilaso de la Vega", *"Deste artife" estudios dedicados a Aldo Ruffinatto en el IV centenario de las Novelas ejemplares* editados por Guillermo Carrascón y Daniela Capra con la colaboración de Maria Consolata Pangallo y Iole Scamuzzi, Alessandria, Edizioni dell'Orso, 2014.

Gherardi, F., (2011), "El *Pusílipo* de Cristóbal Suárez de Figueroa: de 'teatro de delicias' a 'vigilante atalaya' de la vida humana", en Civil, P., Gargano, A., Palumbo, M., Sánchez García, E., eds., *Fra Italia ed Spagna: Napoli crocevia di cultura durante il vicereame*, Napoli: Liguori Editore, 2011.

Gherardi, F., (2013), *"Due nere stelle c'han virtù possente:* Tasso, Quevedo y una 'evolución' petrarquista", en Alonso Veloso, M. J., ed., *Italia en la obra de Quevedo,* Santiago de Compostela, Universidade, 2013, págs. 71-90.

Gómez Canseco, L., (2012): ed. Mateo Alemán, *Guzmán de Alfarache,* Madrid-Barcelona, RAE, 2012.

Gómez-Montero, J., (2015): "De la *descriptio partenopea* a la topología narrativa – la escenificación literaria de Nápoles en el Siglo de Oro". Gernert, Folke. *Los malos saberes.* Toulouse: Presses universitaires du Midi, 2015, págs. 205-221.

Gómez-Montero, J., ed., (2005): *Nápoles-Roma 1504. Cultura y literatura española y portuguesa en Italia en el quinto centenario de la muerte de Isabel la Católica,* Salamanca, Semyr, 2005.

Gray, A. (2016): "Garcilaso at home in Naples: on the Neo-latin Muse of the Príncipe de los Poetas Castellanos", en *Calíope,* nº 21, págs. 5-33.

Grendler, Paul M., (2002): *The Universities of Italian Renaissance,* Baltimore, John Hopkins, 2002.

Guarino, A., (2004): "Lope de Vega e le guerre d'Italia" en *Le radici spagnole del teatro moderno europeo. Atti del Convegno di Studi. Napoli 15-16 maggio 2013,* Guarino, A., Grossi G., Salerno, Edizioni del Paguro, 2004., págs. 77-94.

Guarino, A., (2006): "Nápoles y el teatro español del Siglo de Oro. Una primera aproximación", *Annali dell'Università degli Studi di Napoli l'Orientale,* LVIII 1 ((2006), págs. 7-17.

Guarino, A., (2012): "Nápoles y Tirso: ambientación histórica y verosimilitud en algunas comedias palatinas", en *Rumbos del hispanismo en el umbral del Cincuentenario de la AIH,* vol. 4 (Teatro), coords. Botta, P., Vaccari, D., Roma, Baggato Libri, 2012, págs. 124-132.

Guillén, C., (1988): "Sátira y poética en Garcilaso", *El primer Siglo de Oro. Estudios sobre géneros y modelos.* Barcelona: Crítica.

Hernando Sánchez, C. J., (1993): "Idea y realidad de una corte periférica en el Renacimiento. Aproximación a la dialéctica público-privado del poder virreinal en Nápoles durante la primera mitad del siglo XVI", en L. C. Álvarez Santaló y C. M. Cremades Griñán (eds.), *Mentalidad e ideología en el Antiguo Régimen. II Reunión Científica de la Asociación Española de Historia Moderna,* vol. II, Murcia, Universidad de Murcia, 1993, págs. 261-277.

Hernando Sánchez, C. J., (1993b) "La vida material y el gusto artístico en la corte de Nápoles durante el Renacimiento. El inventario de bienes del virrey Pedro de Toledo", en *Archivo Español de Arte,* 261 (1993), págs. 35-55.

Hernando Sánchez, C. J., (1994) *Castilla y Nápoles en el siglo xvi. El virrey Pedro de Toledo (1532-1553). Linaje, estado y cultura,* Salamanca, Junta de Castilla y León, 1994

Hernando Sánchez, C. J., (1994b) "Nobiltà e potere vicereale a Napoli nella prima metà del '500", en Musi (dir.), *Nel sistema imperiale. L'Italia spagnola,* Napoli, Edizioni Scientifiche Italiane, 1994, págs. 147-163

Hernando Sánchez, C: J., (2001) "El Glorioso Trivmpho de Carlos V en Nápoles y el humanismo de corte entre Italia y España", en G. Galasso (coord.), *Carlo V, Napoli e il Mediterraneo,* en *Archivio Storico per le Provincie Napoletane* (Napoli), CXIX (2001), págs. 447-521.

Hernando Sánchez, C. J., (2003) "Parthénope ¿tan lejos de su tierra? Garcilaso de la Vega y la poesía de la corte en Nápoles", en J. M. Díez Borque y L. A. Ribot García (ed.), *Garcilaso y su época: el amor y la guerra,* Madrid, Sociedad Estatal de Conmemoraciones Culturales, 2003, págs. 71-141

Hernando Sánchez, C. J., (2007): "Corte y ciudad en Nápoles durante el siglo xvi. La construcción de una capital virreinal", en F. Cantú (coord.), *Actas del I Coloquio Internacional "Las Cortes virreinales de la Monarquía Española: América e Italia",* Madrid, Fundación Europa Hispánica, 2007.

Hernando Sánchez, C. J., (2017): "El banquete de damas y caballeros: la corte galante de Carlos V en Nápoles", en Eugenia Fosalba y Gáldrick de la Torre Ávalos (eds.), *La égloga renacentista en el Reino de Nápoles*. Bordeaux: Bulletin Hispanique, Presses Universitaires de Bordeaux.

Hernando Sánchez, C: J., (2001) *El reino de Napoles en el imperio de Carlos V*, Madrid: Sociedad Estatal de Conmemoraciones Culturales, 2001.

188

Izquierdo Misiego, J. I., (2016): "Vida del soldado ampudiano Miguel de Castro ", *Revista Cultural de Ampudia*, 2016, págs. 24-44.

Jauralde Pou, P., (1991), "Las silvas de Quevedo", en *La silva*, Begoña López Bueno (ed.), Sevilla, Secretariado de Publicaciones de la Universidad de Sevilla (157-180).

Jauralde Pou, P., (1999), *Francisco de Quevedo (1580-1645)*, Madrid, Castalia, 1999.

Jedin, H. (2016): *Girolamo Seripando. la sua vita e il suo pensiero nel fermento spirituale del XVI secolo* (2 vols). Morcelliana: Centro Culturale Agostiniano.

Juárez Almendros, E., (1989): "Algunas notas más sobre Marino y Quevedo", *Rilce*, 5.2 (1989), págs. 285-290.

Juárez Almendros, E., (1990): *Italia en la vida y obra de Quevedo*, New York, Peter Lang, 1990.

Juárez Almendros, E., (2006): *El cuerpo vestido y la construcción de la identidad en las narrativas autobiográficas del Siglo de Oro*, Woodbridge, Tamesis, 2006.

Kallendorf, H. y C., (2000): "Conversations with the Dead: Quevedo and Statius, Annotation and Imitation", *Journal of the Warburg and Courtauld Institutes*, Vol. 63 (2000), pp. 131-168.

Levisi, M., (1984): *Autobiografías del Siglo de Oro*, Madrid, SGEL, 1984.

Longo, E. (1639), *Relatione delle feste fatte in Napoli dall'Eccellentissimo Signor Duca di Medina de las Torres Viceré del Regno per la nascita della Serenissima Infanta di Spagna*, Napoli, Egidio Longo, 1639.

López Grigera, L. (1988): "Notas sobre las amistades italianas de Garcilaso: un nuevo manuscrito de Pietro Bembo", en Luisa López Grigera y Agustín Redondo (eds.), *Homenaje a Eugenio Asensio*. Madrid: Gredos.

López Grigera, L., (1998): *Anotaciones de Quevedo a la* Retórica *de Aristóteles*, Salamanca, Universidad, 1998.

Lucianelli, A. S., (1993): "Il fondo di San Giovanni a Carbonara", *"Postera crescam laude". Orazio nell'età moderna*, Istituto Poligrafico e Zecca dello Stato, Librería dello Stato, Roma, 1993.

Lucianelli, Alma Serena, (2011), "Catalogo della Mostra Scrittura e stampa a Napoli ai tempi di Pedro Téllez Girón (*Biblioteca Nazionale di Napoli 'Vittorio Emanuele III, 8-18 ottobre 2010'*, en Sánchez García, E., dir., *Cultura della guerra e arti della pace. Il III Duca di Osuna in Sicilia e a Napoli (1611-1620)*, Napoli, Tullio Pironti Editore, 2011, págs. 711-722.

Mansi, M. G., (2020): "Giovanni Pasquet de Sallo e a la sua stamperia (1517-1526), en Sánchez García, E. y Mondola, R., a cura di, *In onore di Pallade. La* Propalladia *di Torres Naharro per Ferrante d'Avalos e Vittoria Colonna. V Centenario dell'*editio princeps (*Napoli, Ioam Pasqueto de Sallo, 1517*), Napoli, Tullio Pironit editore, 2020, págs. 231-261.

Marcello, E. E., (2018) "Lecturas españolas en la Nápoles virreinal: el *Myrobiblon…* de Antonio Matina", *Studia Aurea*, 12 (2018), págs. 307-343.

Martinengo, A., (1992): *La astrología en la obra de Quevedo*, Pamplona, Eunsa, 1992 [Hay versión anterior de 1983].

Martínez Millán, J., y Rivero Rodríguez, M., coords., (2010), *Centros de poder italianos en la monarquía hispánica (siglos XV.XVIII)*, Madrid, Ediciones Polifemo, 2010.

Megale, T., *Tra mare e terra. Commedia dell'Arte nella Napoli spagnola (1575-1656)*, Roma, Bulzoni, 2017.

Mele, E., (1923/1924): "Las poesías latinas de Garcilaso de la Vega y su permanencia en Italia", en *Bulletin Hispanique*, 25, (1923) págs. 105-148 ,y 26 (1924), págs. 35-51.

Minguito Palomares, A., *Nápoles y el virrey conde de Oñate. La estrategia del poder y el resurgir del reino (1648-1653)*, Madrid, Sílex, 2011.

Miola, A., (1895), *Notizie di manoscritti neolatinidella Biblioteca Nazionale di Napoli*, Napoli, Federigo Furchheim, 1895.

Molinaro, A., (1919): *Il* Cancionero *ms. brancacciano V A 16 della Biblioteca Nazionale di Napoli*, Pisa, ETS, 2019.

Montero, J. y Escobar, F. J. (2005): "La sátira antirromana en la poesía de Bartolomé de Torres Naharro", en Gómez-Montero, J., ed.. Nápoles-Roma 1504. Cultura y literatura española y portuguesa en Italia en el quinto centenario de la muerte de Isabel la Católica, Salamanca, Semyr, 2005.

Morabito, M. T., "Il duca di Osuna sulla scena teatrale barocca: *Las mocedades del duque de Osuna* di Cristóbal de Monroy y Silva", en Sánchez García, E., dir., *Cultura della guerra e arti della pace. Il III Duca di Osuna in Sicilia e a Napoli (1611-1620)*, Napoli, Tullio Pironti Editore, 2011, págs. 621-635.

Morros, B., (2009), "La muerte de Isabel Freyre y el amor napolitano de Garcilaso", *Criticón*, 105 (2009), págs. 5-35.

Morros, B., (1990): "Problemas de Garcilaso: la "Epístola a Boscán" (versos 5 y 6)", en Actas del I Congreso Internacional de Hispanistas del Siglo de Oro. London: Tamesis Books.

Morros, B., (1995): *Garcilaso de la Vega, obra poética y textos en prosa*, Barcelona, Crítica, 1995.

Mrozek Eliszezynsk, G., (2020): "Parentesco y virreinato. La influencia de los validos y el poder de sus familiares en la Nápoles del siglo XVII", *Cuadernos de Historia Moderna*, 45, 2, (2020), págs. 665-687.

Musi, A., (2000): *L'Italia dei Viceré. Integrazione e resistenza nel sistema imperiale spagnolo*, Salerno: Avagliano Editori, 2000.

Musi, A., dir., (1994): *Nel sistema imperiale: L'Italia spagnola*, Napoli, Guida, 1994.

Novoa, J. N., (2005): "Un humanista sefardí en Nápoles. León Hebreo y sus *Diálogos de Amor*: un hombre un yn texto entre dos mundos", en Gómez-Montero, J., ed.. *Nápoles-Roma 1504. Cultura y literatura española y portuguesa en Italia en el quinto centenario de la muerte de Isabel la Católica*, Salamanca, Semyr, 2005.

Oleza, J., (2004): "En torno a los últimos años de Bartolomé de Torres Naharro, en P. Garelli e G. Marchetti, eds. Un *'Hombre de bien'. Saggi di lingue e letterature iberiche in onore di Rinaldo Froldi*, Alessandria, Edizioni dell'Orso. 2004. págs. 233-248.

Pane, G., y Valerio, V., (1988), *La città di Napoli tra vedutismo e cartografia. Piante e vedute dal XV al XIX secolo*, Napoli, Grimaldi & C. Editori, 1988.

Parrino, D. A., (1692): *Teatro eroico e político de'governi de'Viceré del Regno di Napoli [...]*, vol. I, Napoli, D. A. Parrino, 1692, págs. 149-198.

Pérez Priego, M. Á., (2010): "Los versos españoles a Lucrezia Borgia y sus damas" en *Ejercicios de crítica textual*, Madrid, UNED, 2010.

Pilati, R., (2002): "Ceti e potere: Napoli alla vigilia della rivoluzione del 1547", en L. Barletta (ed.), *Integrazione ed emarginazione. Circuiti e modelli: Italia e Spagna nei secoli xv-xviii*, Napoli, Cuen, 2002, págs. 91-120.

Piqueras Flores, M., Santos de la Morena, B.,(2019): "'Parténope Santa'. Nápoles en el teatro de Lope de Vega: un acercamiento por géneros", Anuario Lope de Vega, Texto, literatura, cultura, XXV (2019), págs. 103-121.

Plett, H. H., (2004): Rhetoric and Renaissance, Berlin-New York, Walter de Gruyter, 2004.

190

Ponce Cárdenas, J., (2018): ed., *Retrato Panegírico del conde duque de Olivares,* de García Salcedo Coronel, Panegíricos.com, 2018.

Rao, Anna M., (2005): "Fra amministrazione e politica: gli ambienti intelettuali napolitani", en Boutier, J. *et al.*, ed., *Naples, Rome, Florence: Une histoire comparée des milieux intellectuels italiens (XVII-XVII-Ie siècles),* Roma, Publications de l'École française de Rome, 2005, págs. 33-88.

Refini, E., (2016): "'Io vorrei trasformarmi in libri: note sul carteggio dellaportiano", en *La 'Mirabile Natura'. Magia e scienza en Giovan Battista Della Porta,* Pisa/Roma, Fabrizio Serra, 2016 .

Rey Álvarez, A., (2006), "La colección de silvas de Quevedo. Propuesta de inventario", en *Modern Language Notes,* 121, 2 ,págs. 257-277.

Rivero Rodríguez, M., (1998): *Felipe II y el gobierno de Italia,* Madrid, Sociedad Estatal de Conmemoraciones de los centenarios de Carlos V y Felipe II, 1998.

Rivero Rodríguez, M. , (2004): "Italia en la monarquía hispánica (siglos XVI y XVII)", *Studia historica. Historia Moderna,* 26 (2004), págs. 19-41.

Rivero Rodríguez, M. , (2011): *La edad de oro de los virreyes. El virreinato en la Monarquía Hispánica durante los siglos XVI y XVII,* Madrid, Akal, 2011.

Rosselló, G., (1830): *Poetas baleares. Siglos XVI y XVII,* Palma de Mallorca, Imprenta de Pedro José Gelabert, 1830.

Sánchez García, E., (2005), "Nápoles por Santa Teresa: la edición partenopea de las *Obras* y otras iniciativas", en *Dejar hablar a los textos. Homenaje a Francisco Márquez Villanueva,* ed. Piñeiro Ramírez, P., Sevilla, Universidad de Sevilla, 2005, págs. 473-493.

Sánchez García, E., (2007): *Imprenta y cultura en la Nápoles virreinal: los signos de la presencia española,* Firenze, Alinea, 2007.

Sánchez García, E., (2011), dir., *Cultura della guerra e arti della pace. Il III Duca di Osuna in Sicilia e a Napoli (1611-1620),* Napoli, Tullio Pironti Editore, 2011.

Sánchez García, E., (2012): "Producción impresa hispánica en el Reino de Nápoles (1503-1707), en *Rumbos del hispanismo en el umbral del cincuentenario de la AIH,* coord. por Patrizia Botta, Aviva Garribba, María Luisa Cerrón Puga, Debora Vaccari, vol. 3, 2012, págs. 338-347.

Sánchez García, E., (2017), "Aplicossi a render inmortale la sua memoria nel regno. El virrey Medina de las Torres en Nápoles (1636-1647)", en Carrasco Martínez, A., ed., *La nobleza y los reinos. Anatomía del poder en la monarquía de España (siglos XVI y XVII),* Madrid, Iberoamericana, 2017, págs. 361-394.

Sánchez García, E., (2018): "Un cenáculo napolitano para Juan de Valdés: la villa de Leucopetra de Bernardino Martirano y el *Diálogo de la lengua*", en Fosalba, E., y Torres de Ávalos, G., eds., *Contexto latino y vulgar de Garcilaso en Nápoles,* Peter Lang, 2018, págs. 240-272.

Sánchez García, E. y Mondola, R., a cura di, *In onore di Pallade. La* Propalladia *di Torres Naharro per Ferrante d'Avalos e Vittoria Colonna. V Centenario dell'*editio princeps *(Napoli, Ioam Pasqueto de Sallo, 1517),* Napoli, Tullio Pironti editore, 2020.

Sánchez García, E., "La *Propalladia* di Bartolomé Torres Naharro: libro del rinascimento ispano-napoletano", en Sánchez García, E. y Mondola, R., a cura di, *In onore di Pallade. La* Propalladia *di Torres Naharro per Ferrante d'Avalos e Vittoria Colonna. V Centenario dell'*editio princeps *(Napoli, Ioam Pasqueto de Sallo, 1517),* Napoli, Tullio Pironti editore, 2020, págs. 1-49.

Sánchez, J. A., (2013): "Duque de Estrada en Bohemia", *Pictavia aurea*, Toulouse, Presses Universitaires du Midi, 2013, págs. 657-664.

Santoro, M., (1986): *Le secentine napoletane nella Biblioteca Nazionale*, Roma, Istituto Poligrafico e Zecca dello Stato, 1986.

Schmitz, C., (2016): "Barberos, charlatanes y enfermos: la pluralidad médica de la España barroca percibida por el pícaro Estebanillo González" *Dynamis*, 36, 1, 2016.

Silveira, M. de (1638): *El Macabeo. Poema heroico*, Napoli, por Egidio Longo Stampador Real, 1638.

Toscano, T. R., (2000): *Letterati, corti, accademie. La letteratura a Napoli nella prima metà del Cinquecento*, Napoli, Loffredo Editore, 2000.

Toscano, T. R. (2017): "Le egloghe latine di Giano Anisio, 'amico' napoletano di Garcilaso", en *Bulletin hispanique*, nº 119, 2, págs. 495-516.

Toscano, T. R. (2018): *Tra manoscritti e stampati. Sannazaro, Vittoria Colonna, Tansillo e altri saggi sul Cinquecento.* Napoli: Paolo Loffredo Iniziative Editoriali.

Toscano, T. R. (2018b): "Onorato Fascitelli alma de verdadero poeta: dall'amicizia possibile con Garcilaso all'invettiva contro l'hispana avaritia", en Eugenia Fosalba y Gáldrick de la Torre Ávalos (eds.), *Contexto latino y vulgar de Garcilaso en Nápoles. Redes de relaciones de humanistas y poetas (manuscritos, cartas y academias).* Bern: Peter Lang Verlag, págs. 185 –219.

Trombetta, V., (2002): *Storia e cultura delle biblioteche napoletane.* Napoli, Vivarium/ Istituto Italiano per gli Studi Filosofici, 2002.

Vaíllo, C., "Realidad histórica y mitificación tardía del duque de Osuna en un pasaje de Quevedo", en Sánchez García, E., dir., *Cultura della guerra e arti della pace. Il III Duca di Osuna in Sicilia e a Napoli (1611-1620)*, Napoli, Tullio Pironti Editore, 2011, págs. 687-708.

Vian Herrero, A., (2005): "El *Sacco di Roma* en diálogos italianos y españoles: aportaciones de los diálogos a noticia a la fantasía literaria renacentista", en Gómez-Montero, J., ed.. Nápoles-Roma 1504. Cultura y literatura española y portuguesa en Italia en el quinto centenario de la muerte de Isabel la Católica, Salamanca, Semyr, 2005.

Viceconte, F. (2012), *Il duca di Medina de las Torres (1600-1668) tra Napoli e Madrid. Mecenatismo artistico e decadenza della Monarchia*, Barcelona, Universitat de Barcelona, tesis doctoral, 2012.

Vidales, F., *El VII Marqués del Carpio y las letras*, Tesis Doctoral (dirigida por Fernando Bouza), Universidad Complutense, 2015.

Vidorreta, A., (2019): "Teatro, poder y mecenazgo en la Cerdeña del siglo XVII": la imprenta de los Galçerín", *Dieciocho. Spanish Enlightenment*, vol. 42, extra 5, 2019, pp. 399-417.

Vigier, F., (2006): ed., *Cuestion de amor (Valence: Diego de Gumiel, 1513)*, Paris, Sorbonne, 2006.

Villalba de la Güida, I., (2010): "Elogios a Francisco de Quevedo en una oda encomiástica de Giulio Cesare Stella (1618). Panorama del círculo literario neolatino del tercer duque de Osuna, virrey de Nápoles", *Myrta*, 25 (2010), págs. 259-286.

Villari, R., (1976): *La rivolta antispagnola a Napoli. Le origini (1585-1647)*, Bari, Laterza, 1976. [Hay traducción en Madrid, Alianza Universidad, 1979].

Zazzera, F., (1623?), *Giornali di Francesco Zazzera nel felice governo del Duca d'Ossuna*, Manuscrito.